大方
sight

盛世 康乾

侯杨方

中信出版集团 | 北京

图书在版编目（CIP）数据

盛世．康乾 / 侯杨方著．--北京：中信出版社，
2019.6（2019.9重印）
（盛世启示）
ISBN 978-7-5217-0544-7

I. ①盛… II. ①侯… III. ①中国历史－清代 IV.
① K22

中国版本图书馆 CIP 数据核字 (2019) 第 086213 号

盛世：康乾

著　　者：侯杨方
出版发行：中信出版集团股份有限公司
（北京市朝阳区惠新东街甲 4 号富盛大厦 2 座　邮编　100029）
（CITIC Publishing Group）
承 印 者：上海盛通时代印刷有限公司

开　　本：880mm × 1230mm　1/32　　印　　张：10.125　　字　　数：147 千字
版　　次：2019 年 6 月第 1 版　　印　　次：2019 年 9 月第 3 次印刷
广告经营许可证：京朝工商广字第 8087 号
书　　号：ISBN 978－7－5217－0544－7
定　　价：48.00 元

目录

序：剖析对现代中国影响最深的两段历史

中国现存的本国历史书大概是世界之最，大至历朝历代，小至家族个人，都有大量文献资料，以及后人为之撰写的历史书。从研究出发，当然史料和史书多多益善，不厌其烦，但从学习和了解历史出发，不得不有所选择，因为它们的数量已经远远超出了一般人终身的阅读量。正因为如此，如何根据当代人的不同需求，写出最适用于某一类读者的历史书，是历史学家的一项重要任务。

历史有两种写法，一是科学化，即运用社会科学和自然科学的方法探寻历史内在的规律，其代表是法国年鉴学派以及经济史、自然史、人口史等专门史学派；二是叙事化、文学化，其杰出的代表是司马迁的《史记》，是一部纪传体史书，另一代表是《资治通鉴》，也以叙事为主，兼具文学化。两种写法各有侧重，各有所长，前者更适合专业读者，后者更受一般读者的欢迎。

本书作者侯杨方博士的研究领域是经济史、人口史以及历史地理，均属于第一类科学化历史研究的范畴，他曾利用人口学方法撰写了《中国人口史》第六卷（1910—1953年）。他酷爱历史，并不满足于专业研究，还阅读了大量史书，其读书心得不时见诸报刊，颇受非专业的读者喜爱。他既有扎实深厚的专业基础，又有简洁可读的文笔，加上阅历渐增而对历史理解愈深，终于在不惑之年写出了综合两种写法的这本新书——既有对人性、历史事件本身的分析，也侧重于从人口、经济、环境的角度去阐释传统的历史叙事，通过分析权力结构与政治生态的长时期性变化来探究历史的内在发展逻辑。

本书从始至终反复强调职业经理人是不可靠的，因为这是由基本的人性决定的，是超越社会制度与时代的存在。作为管理国家的职业经理人，官僚集团同样如此，因此必须要有一个有效的监督、制约机制。作为职业经理人，官僚们会出于自身利益而罔顾国家、社会的长远利益，或渎职、不作为，或从个人到组织化的贪腐，这些都是官僚们或人类的自然天性。在当时的社会与技术条件下，不可能通过民主宪政的方式，而只有通过皇权与官僚集团抗衡，并进行制约、监督。与天然具有短期行为的官僚集团不同，家天下的皇权代表的是政权的长远利益，因此在一定程度上与国家、民众的长远利益比较吻合。汉武帝、汉宣帝、雍正帝对官僚、贵族强势集团进行了一系列严厉的打击，以缓和社会阶级矛盾，汉文帝、汉宣帝、康熙帝、乾隆帝又通过大规模的减免赋税让利于普通民众，而这些行为都严重损害了官僚、贵族们以及强势集团的利益。如果没有强大皇权，这些行为都是不可能得到有效执行的。西汉盛世与康乾盛世能够长期强盛，与当时的皇权强大，能比较有效制约官僚集团密切相关，信赏必罚的体制创造出了高效的组织力与执行力，这是两个盛世非常突出的特点，本书着重从这个角度与权力结构的转移变化来叙述、阐释历史。

历史事件在其必然性的背后也有偶然性，这两个盛世的最高执政者大多是历史上的杰出政治家，不仅具有高超的政治规划与执行力，而且有坚强的意志力，他们的存在本身就是非常偶然的现象，并非历史常态，因此他们才能独排众议，做出某些突破常规的举动，从而改变了历史的进程，这也是盛世并非常态的重要原因所在。历史的必然性则表现在气候、经济、人口、技术等长时段的背景变化方面，这些变化犹如缓慢而不可逆转的地壳运动，在上面活动的人类并没有意识到脚下的运动，再杰出的历史人物也无法扭转历史的大趋势，最多只能延缓或加速，这就是历史必然性与不可控性。虽然本书作者的专业研究更侧重于第一类的科学化，但在本书中他却较好结合了偶然性与必然性，较为平衡、客观地分析了这两个盛世发育、壮大以及衰落的全过程，以及其中的人为与自然的双重因素，而不是过于强调某一方面，特别是传统史学容易过分强调的人为一面，即所谓的明君贤臣史观，同时也没有将历史解释成为单纯的物理要素的组合。

本书的主人公无疑是创造盛世的杰出政治家、军事家们，盛世同时也是这些杰出历史人物集中涌现的年代。本书对这些主人公无疑抱有一种同情之理解，即试图在当时的历史情境下理解他们的所作所为，而不是用现时的观念与标准去削足适履地评判他们，否则他们都很难摆脱大独裁者及其帮凶的头衔，这样历史就会沦于一种儿童式的漫画。对历史的评价应是多元的，不能非黑即白，非优即劣，而更多会带有一种混合的复杂。这些引领时代的历史人物也具有不同程度的优、缺点，所作所为既有值得肯定、敬佩之处，也有引起非议之处，只有抱着这样的理解才能较好地还原一个相对丰满、真实的历史。

本书行文流畅、清晰，没有晦涩难懂的术语，但也没有运用当下流行的戏说体。本书引用的史实都给出了明确的出处，并引用了大量原始、可靠的材料，体现了作者长期从事学术研究的严谨，并对一些基本的史实给出了自己的解释与考证，比如对长期争论纷纭的雍正帝继位问题的考证与解释就很有新意。“言之无文，行之不远”与“文以载道”这两句古语并不矛盾，一本好的历史书应该是两者的结合，既有可读性，又有学术性与思想性，并能给读者以启发，让他们在会心一笑之后又有所回味。

葛剑雄

前言：在盛世与衰世之间

为什么选择西汉与清朝？

中国历史以秦始皇统一为标志，可以分为两个阶段，之前的“先秦”，之后的“后秦”。“后秦”时代一直延续到了20世纪初，长达2 200多年，主要特征是实行家天下的帝制，均以建立一个中央集权的大一统帝国为目标，而“先秦”则是分封制。秦始皇统一六国建立的中央集权的帝国只存在了12年，就被六国的旧王族、贵族以及民众联手颠覆，中国重新回到了群雄割据的内战时代。在这场史称“楚汉相争”的新版七国争雄的内战中，先秦诸国的王族、贵族被消灭殆尽，原楚国的一个平民刘邦率领一群平民在废墟上建立了汉朝，这是中国历史上第一个“布衣卿相”——即由平民建立的政权。

虽然表面上继承了秦朝的制度，汉朝实质上更类似于先秦的周朝，并不是一个中央集权的大一统帝国；皇帝只是天下的盟主，全国62个郡，他只能控制其中的15个，其他地区均由楚汉之争中的盟友们即所谓的异姓诸侯王们控制，历史似乎又恢复到了从前。汉高帝刘邦运用各种阴谋、阳谋翦除了异姓诸侯王，但吸取了秦朝迅速崩溃的教训，他将同姓的子弟分封到全国各地建立了众多的同姓诸侯国以维护、巩固刘家的政权，而不是像秦始皇那样建立一个中央集权的郡县制帝国。当时处于长期独立状态下的民众毕竟并未形成一个统一国家的认同，统一需要循序渐进，所以汉朝不能像秦朝那样急于求成。随着时间的推移，当年刘邦的子侄们逐渐长大成人，与中央政府的离心力越来越强，最终演变成为七国之乱的内战。战后，诸侯王国的独立性大大削减；汉武帝又通过推恩令等一系列措施，使得诸侯王国实质变成中央直辖的政区，汉朝终于实现了中央集权，成为一个统一的国家。

经过70年的韬光养晦，实行轻徭薄赋、宽政简刑的仁政，汉朝实现了国强民富，汉武帝才有可能北击匈奴，南平两越，开疆拓土，不仅全面恢复而且超过了秦朝的版图；独尊儒术不仅为了加强皇权，而且通过官方提倡的意识形态来塑造全体民众对统一国家的认同。秦朝只是昙花一现，汉朝才是中国历史上第一个稳定的大一统帝国，并成为历代王朝仿效的样板。无论后来的历史如何跌宕起伏，分分合合，重现汉朝，更准确地说，重现汉武帝的大一统帝国都是历代王朝的最高理想。汉武帝的杰出继承人汉宣帝在中国历史上第一次征服了蒙古高原的游牧帝国，并第一次占领、统治遥远的中亚，此时的汉帝国统一了东亚农耕区与中亚游牧区，这又成了以后历代杰出有为的皇帝们追求的最高政治理想——成为华夷天下共主。在当时的世界上，汉朝的兴盛、强大、文明，只有西方的罗马才堪与匹敌。汉朝光辉的历史界定了“盛世”的涵义：国内政治长期稳定、和平，经济实力持续发展，国力强盛，威服四夷。如果不具备这些条件而妄称盛世，只能徒留笑柄，因此我选择了“西汉盛世”作为上编，因为它是中国盛世的发端与典范。

西汉盛世与“文景之治”并不等同，“文景之治”是西汉盛世的酝酿期。西汉盛世有两座高峰：一是匈奴北遁、统一南越，以汉武帝封禅泰山为标志；二是宣帝时期匈奴单于来朝，设立西域都护。虽然距今已经两千多年，但西汉盛世留给今天中国人的直接遗产仍然非常丰厚，高度的民族认同意识与稳定的核心地区的版图，无论历经多少波折、磨难，它们都是中国文明始终历久不衰、从未中断的精神、物质的两大基础。两千多年来，生活在东亚大陆农业区的亿万人一直以口说汉语、手写汉字、家居汉土、身为汉人而自豪，这都是西汉盛世留给我们的最宝贵的精神、物质双重遗产。

以西汉作为盛世的标准，比较符合这个标准的是唐朝盛世，它由贞观之治发端，截止于天宝年间，超过了一个世纪，同样建立了一个统一东亚农耕区与中亚游牧区的大帝国，与阿拉伯帝国并列为当时世界最先进、最强大的帝国。但由于唐朝热衷对外扩张，招募了大量的胡人雇佣军，又因制度设计上的缺陷，形成了势力强大的私人军队。这些雇佣军发动了叛乱，即史称的“安史之乱”，唐帝国迅速失去了扩张占领的所有领土，版图大大压缩，边境线竟然收缩到首都长安的远郊，内部也藩镇割据，从此一蹶不振，并直接导致五代十国的大分裂；因为分裂，五代时又失去了最重要的战略要地——燕云十六州，它不仅是重要的马匹产地，也是华北平原与蒙古、东北游牧、狩猎区之间的天险，燕山山脉以及从蒙古高原、东北进入华北平原的各个山口从此被游猎民族控制；游猎民族第一次长期、稳定地占领了中原农业区，进而从原始的部落联盟升级成了高度文明的帝国，在政治、经济体制等文明进化上不再落后，同时仍然保持了游猎、骑射传统以及军事上对中原的巨大优势。这些都是后来崛起于东北渔猎区的女真占据了北中国、蒙古人占领了整个中国的重要因素。不像西汉盛世，唐朝盛世只是一个过渡，制度缺乏创新，基本的统治模式与西汉没有本质的差别，取得的成就也远不及西汉对中国文明的奠基作用，因此我没有重点撰写唐朝的内容，而只是将它作为与西汉盛世比较的对象。

清朝是中国两千年帝制时代的最后一个朝代，也是最后一个华夷一统的大帝国。与西汉不同的是，清朝的最高统治层是原居住在中国东北地区的少数民族——满洲，他们利用明朝的衰落在东北建立了后金国，又利用明朝的内乱趁机入关消灭了李自成、张献忠以及明朝的残余力量，占领了明朝的全部版图。早在入关前，满洲就与部分漠南蒙古结盟，并征服其他的诸部，满蒙同盟成为清朝重要的统治基础。由于满洲人数很少，因此他们利用明朝的投降官兵作为先锋征服了广大的南方，这些明朝降将被封为藩王，在南方形成割据的半独立局面。直至康熙年间三藩之乱后，这些藩王被清军消灭，清朝才真正成为大一统的帝国，开始了长期和平、稳定的时期，揭开了长达一个多世纪的盛世序幕。

清朝盛世通称为“康乾盛世”，这是两位祖孙皇帝康熙帝和乾隆帝的年号，其中的雍正帝被忽略，因此准确地讲，应该称为“康雍乾盛世”。康乾盛世的初期面临的最大问题是缓和国内的满汉民族矛盾，克服明末清初包括三藩之乱等战乱带来的大萧条，恢复经济发展，因此康熙帝积极推行垦荒缓征，更名田产权划归实际的开垦者，频繁蠲免赋税，“滋生人丁，永不加赋”，治理黄河等政策，迅速恢复了经济，形成了国强民富的局面，从而得以从容应对外来的严峻挑战。

在消灭了汉人藩王与台湾郑氏集团后，清朝面临的第一个外来挑战是俄国的不断东进，侵占了黑龙江流域，并试图进一步征服蒙古喀尔喀部。康熙帝独排众议，果断两次出兵围攻俄国在黑龙江流域建立的最重要据点雅克萨，迫使俄国签订了城下之盟。《中俄尼布楚条约》确定了广大的黑龙江流域属于清朝版图，这是中国历史上第一次在现代国际法框架下签订的国际条约，第一次明确了边界的划分。俄国势力就此退出黑龙江流域长达170年，清朝解除了后顾之忧，得以集中全力对付另一个迫在眉睫的、更为重大的威胁。

漠西蒙古准噶尔部在大汗噶尔丹的领导下，在中亚建立了一个幅员辽阔的统一帝国。在西藏政教合一政权的支持下，准噶尔帝国抱着统一全蒙古，恢复成吉思汗蒙古帝国的雄心，向东进攻漠北蒙古喀尔喀部，并击败了清军，追击到了清朝境内，迫近京城。在形势万分危急的情况下，康熙帝果断决定出兵击退了准噶尔军队，并决定接受喀尔喀诸部的归附，统一了漠北蒙古，随后不断发动亲征，彻底解除了准噶尔的威胁，并将势力扩张到了青海、西藏。晚年的康熙帝出兵安藏，驱逐了占领西藏、并试图用宗教控制全蒙古的准噶尔军队，青海、西藏就此纳入了清朝版图。此时的清朝已经成为统治了几乎整个东亚大陆农业区、蒙古高原、东北亚渔猎区以及青藏高原区的统一大帝国，这是康乾盛世的第一个高峰。雍正帝继承了父亲的事业，着力解决财政、吏治问题，为盛世的第二个高峰打下了基础。

乾隆帝身负祖父、父亲两代的重托，在雄厚的国力基础上开始了新一轮的开疆拓土，他的最大贡献是彻底消灭了威胁清朝长达67年的准噶尔帝国，拓土两万余里，将中亚的西域新疆纳入版图，这是康乾盛世的第二个高峰，标志着清朝达到了极盛。乾隆帝的另一个伟大贡献是击败了入侵西藏的廓尔喀，完善了驻藏大臣制度，创立了“金瓶掣签”，加强了对青藏与蒙古诸部的管理与控制。另外，乾隆帝忠实继承并发扬光大了康熙帝的“仁政”，在其统治期间频繁大规模蠲免赋税，更是空前绝后地五次普免全国赋税。

在这一时期，中国人口第一次突破了2亿、3亿，并在盛世结束后的30多年内突破了4亿。在传统时代，这些空前的人口数量标志着空前的经济实力和国力；这一时期的全国耕地面积与粮食单产量、总产量也达到了空前的高峰。强大的经济实力是康乾盛世政治、军事成就的基础，这一时期虽然对外征伐不断，开疆拓土，但由于中央政府财力雄厚，并不需要额外增加普通民众的负担，而仅靠户部库银就足以应付，同时由于是常备军制，不需要额外征发人力，与之前的历代王朝，例如汉武帝时期征伐四夷的同时，必须横征暴敛形成了鲜明的对比，这反映了中原王朝与周边少数民族的实力一长一消；不仅征伐不需要额外加税，康乾盛世最突出的特征是大规模、频繁的减税，并已经成为常态。“永不加赋”冻结了实行数千年的人头税，“摊丁入亩”又将人头税与土地税合并，甚至还有六次普免天下钱粮，这是康乾盛世期间最大的仁政，亿万民众普遍从中受益，这也是中国人口得以长期、稳定、较快增长的重要因素。

康乾盛世对现代中国的影响最大，它不仅最终奠定了现代中国的版图，而且确定了现代中国人口的基本格局，但中国在世界格局中的衰落也肇始于此时期。16世纪起，随着地理大发现，世界开始进入了全球化的时代，以英国为代表的西北欧开始进入了工业化时代，西方社会在技术、制度、掌握的资源上都开始突飞猛进。虽然从纵向看，康乾盛世在政治、经济上都是传统中国的最高峰，在旧有的体制框架下，将传统制度的力量发挥到了极致；但横向比，在这关键的一个多世纪里，却全方位落后于世界最先进的工业文明，这其中不仅有中国传统太过强大，盲目自大的因素，也有清朝统治者为了本民族的利益，刻意闭关锁国、不思进取的因素。从积极与消极两方面看，康乾盛世对现代中国的影响最为直接、深远、巨大，这可以回答我为什么要选择清朝。

西汉标志着大一统中华帝国的诞生，确立了盛世与大一统帝国的标准与认同，清朝是两千年帝国的终结，确定了现代中国的版图与人口，这两个时期对现代中国的影响既深远又巨大，都超过了其他时期。

产生盛世的制度性因素与偶然性

盛世之所以能够成为盛世的一个必要条件：政权要长期稳定，经济必须长期稳步发展。盛世像一个有机的生命体，有发育、壮大、衰落三个阶段，没有足够长的时间很难成长、壮大。西汉、唐朝、清朝的盛世都经过了一个世纪左右才能到达顶峰，在盛世的发育阶段都奉行了长时期的休养生息、轻徭薄赋的政策以恢复国力。

除了长期稳定的发展之外，执政集团的长远战略目标、规划也是一个必不可少的因素。西汉盛世的战略目标首先是解除一切对皇权形成威胁的国内势力，主要是功臣集团和诸侯王，通过七国之乱、推恩令、酎金案等一系列措施，实现了中央高度集权、内政统一；第二个目标是解除最大的劲敌匈奴的威胁，经过了汉武帝多次主动出击匈奴而达成；第三个目标是征伐四夷、开疆拓土，完成于汉武帝、宣帝时期。清朝康乾盛世的首要战略目标是国内统一，消灭割据的三藩、统一台湾，完成于康熙时期；解除准噶尔帝国的威胁，争夺、加强对蒙古与西藏的控制权，经过康熙、雍正、乾隆三朝的持续战争，最终实现了这一目标，征服准噶尔帝国成为盛世顶峰的标志。相对来说，唐朝盛世的战略目标与规划不是很清晰，达成的效果也很不尽人意，虽然征服了东、西突厥、高丽，但都不能像西汉、清朝那样维持长期、稳定的统治，而面对吐蕃、南诏等也占不了上风，甚至遭到惨败，安史之乱后，疆域更是大幅度萎缩，丢失了之前扩张占领的所有领土。

西汉与清朝盛世还有制度上的优势，在这两个历史时期，都是皇权独大，实行高度的中央集权。在传统的技术手段下，中国这样幅员辽阔的大国不可能像古希腊城邦一样实行直接民主制或间接民主制。除了极少数的例外，官僚滥用职权、谋取私利是普遍的自然现象，如果缺乏有效的监督与制衡，必然会愈演愈烈，最终政权、社会全面崩溃，因此在传统中国，只有实行帝制才能制衡官僚阶层。皇帝通过血缘世袭，在名义上拥有国家的最高主权和所有权，对国家负有最终的无限责任，因此他的个人利益与政权的利益、国家的利益相对一致；而官僚只是职业经理人，任期有限，会天然地为了个人与集团的私利而损害政权、国家、民众的利益，因此在缺乏相应技术手段的特定历史时期，只有高度集权的帝制才有可能制衡、监督官僚，在这个意义上，皇权可以超然于各个利益集团之上，起到制约、平衡的作用，可以在一定程度上保护、代表广大的普通民众利益。在这两个盛世中，皇帝经常性地打击贵族、官僚等特权阶层，某些时期甚至可以说不遗余力，尤其以汉武帝、宣帝时期最为严厉，清朝雍正帝、乾隆帝对贪腐官僚的打击也较为严厉。如果不是帝制，而是代表不同利益集团的官僚寡头统治，他们会形成分赃体制、共犯集团，腐败将因缺乏有效的制衡、监督而不可遏制地蔓延、深化，最终导致整个社会系统的崩溃。与贪腐一样，不断增加赋税同样是官僚的天然冲动，是他们的利益所在，而这两个盛世却频繁减免赋税、大力度赈灾，这都是皇帝出于政权、国家的长远利益而让利于民、藏富于民，这些都是皇权与广大普通民众利益基本一致的最重要的体现。

拥有高度权威的帝制也带来了高效的组织动员和执行能力。西汉与清朝两个盛世给人印象非常深刻的一点是令行禁止、信赏必罚。西汉继承了秦朝的制度，崇尚军功，有功封爵，无功严惩，常常是死刑。军功只看效果，不看过程，因此李广的作战过程再曲折、再传奇照样不会立功封侯，反而遭到严惩，最终被迫自杀。清朝军事集团的核心层是八旗军功贵族，他们同样按照军功封爵，或因失利严惩，而并不考虑他们原有的地位、身份——爵高为公，官高为一品，因作战失利被处死的比比皆是，同样因军功封爵的也比比皆是。如果没有掌握至高无上权力的皇帝，奖励和惩罚如此严明都是难以想象的，官僚寡头集团间的博弈、妥协与利益交换不可能具有奖罚分明的高效率机制。

秦朝以后，中国文明稳定持续了两千年，且长时期世界领先，权责相符，能有效监督、制衡官僚集团，能代表政权根本利益的帝制是其重要的制度保证，与同时期的政教合一、四分五裂、战争不断的欧洲相比，在绝大部分时间里，无论是在国家的统一、政治的稳定、政教分离等方面，还是在经济、生活水平、文化等方面，中国都遥遥领先。

本书正面评述帝制的优越性局限于特定的历史时期。评价历史不能带入现时的观念，认为民主比专制优越，所以就可以否定秦皇、汉武、唐宗、宋祖，认为他们是清一色的大独裁者，那么在这些人眼中历史就会是一团黑；同样，更不能带入过去的观念，认为中国历史帝制具有优越性来宣扬专制、人治比宪政、民主更先进。

但是中国帝制时期并非都具有以上这些优势，这也是盛世不可能是常态的重要原因。帝制是高度集权的人治独裁，因此皇帝的个人能力、个人精力、意志品质、战略眼光、责任心都非常重要。像汉文帝、汉武帝、汉宣帝，清朝的康熙帝、雍正帝、乾隆帝等都是非常杰出的政治人物，他们集中在一个特定的时期连续出现，这本身就是一个非常罕见的现象，而正是如此才造就了中国历史上罕见的两大盛世。更加难以复制的是，西汉盛世在不同的历史背景下，就会相应出现最符合时代要求的皇帝。设想汉武帝出现在汉文帝时期，因为没有充足的国力提供他的挥霍，西汉可能直接变成秦朝第二，汉武帝就会是秦始皇或隋炀帝；但如果是汉元帝产生在汉武帝的时代，那就根本不会出现盛世，而是直接奔向平庸甚至衰世。另外，如果没有汉武帝、康熙帝、乾隆帝，以及他们出现在相应的时代，历史极大可能就会改写，因为他们都曾独排众议，不顾众人的反对，乾纲独断了很多改变历史、影响深远的战略决定，因此从这个意义上讲，盛世的产生也带有偶然性。

盛世是灰色的，衰世是猥琐的

盛世并非黑白分明，并非光明灿烂，并非如传统戏剧中表现的那样明君忠臣，实际它是灰色的，既充满着理想、热血、奋斗、阳刚，也充满着残酷、苟活、卑琐、阴谋。堪称千古第一仁君的汉文帝整治功臣周勃，汉景帝残酷杀害晁错，汉武帝任用酷吏滥杀无辜，包括自己的太子一家，唐太宗杀兄屠弟逼父，康熙帝与太子反目，诸皇子争位内斗不息，雍正帝手足相残，乾隆帝屡兴文字狱……这些还只是统治集团高层的内斗，汉唐时代更有成千上万的普通民众因征发而家破人亡，清朝的中下层文人则因文字屡屡招致飞来横祸。不能用现代的眼光虚构、美化历史上的盛世，因为在蓬勃向上的同时，盛世同样充斥着暴力、血腥、阴谋与丑恶。

与盛世相对的是衰世，介于两者之间的是治世。盛世与治世、衰世最大区别当然在于文治武功的成就，而盛世与衰世还有一个非常明显的差异，即“盛世常见多才，衰世常患无才”。西汉、唐朝、康乾三大盛世都是由一群杰出人物创造出来的，贤君与功臣名将是盛世的主角，因此人才的有无、多少也是盛世、衰世明显的不同。

西汉盛世人才辈出，周亚夫、卫青、霍去病、主父偃、张骞、桑弘羊、霍光、常惠……；康乾盛世中的图海、施琅、索额图、明珠、费扬古、靳辅、岳钟琪、年羹尧、策凌、傅恒、阿桂、刘统勋、福康安、海兰察、明瑞……而这两个盛世中最杰出的人才莫过于汉文帝、汉武帝、汉宣帝以及康熙帝、雍正帝、乾隆帝，作为国家的最高领导人，他们都具有高超的政治能力——既有清晰明确的战略目标与规划，也有实现目标与规划的管理、执行能力，还具有高度的责任心、使命感与坚强的意志力，这些都是盛世能够产生的必要条件。

与之形成鲜明对比，衰世则是一个万马齐喑、平庸、衰败、猥琐的时代，清朝长达三十年的道光时期就是一个貌似治世的衰世，当时龚自珍一针见血直斥这个衰世：“人心混混而无口过也，似治世之不议。左无才相，右无才史，阃无才将，庠序无才士，陇无才民，廛无才工，衢无才商，抑巷无才偷，市无才驵，薮泽无才盗；则非但鲜君子也，抑小人甚鲜。”每个人都在混日子，不敢说真话，好像治世对政治没有意见。不仅找不到有才能的文武大臣，有才能的知识分子，有才能的老百姓，有才能的工匠，有才能的商人，甚至连有才能的小偷、流氓、强盗都没有，不仅君子少，甚至小人也少，因为所有的人实在是太平庸了。偶尔出现了有才能的人，“则百不才督之、缚之，以至于戮之。戮之非刀、非锯、非水火，文亦戮之，名亦戮之，声音笑貌亦戮之。……徒戮其心，戮其能忧心、能愤心、能思虑心、能作为心、能有廉耻心、能无渣滓心”，就像一个没有缝隙的黑屋，所有的人在里面一起昏睡，不知道外面的世界正在发生的巨大变化。道光执政的第十九年，鸦片战争爆发，最后以签订《南京条约》赔款割地而告终。

盛世如同一个生命体，既然有发育和壮大，也必然有衰落；盛世本来就不是常态，因此衰落是一个随时可能发生的、自然的过程。西汉、清朝两个盛世衰落的最底层原因可能都是气候环境的变化，气温下降导致灾害频繁，粮食产量下降，引发社会动乱。人力无法挽回气候的趋势，但一个有能力、有作为的皇帝及其执政团队可以通过一系列整顿吏治、加强赈灾的措施延缓这个衰落的过程，然而汉元帝、晚年的乾隆帝、嘉庆帝显然都对此力不从心，甚至他们自己或因年老怠政、或因能力低下导致吏治败坏、决策错误、执行力丧失，他们本人就成了衰落的原因之一，这都是人治不可避免的缺陷。清朝的人口随着经济而增长，最终超过了经济增长的速度，生活水平开始持续下降，没有经济发展模式的根本转型，就会不可逆转地引发经济危机与政治危机，白莲教造反引起的全国性内战是这一危机的总爆发，这是清朝盛世衰落的最大特点，也是中国历史的首例。与西汉、清朝不同，唐朝盛世的衰落则更多要归因于人为因素，制度设计的缺陷导致了内战，盛世在突然间就终结了。

反过来看，盛世的产生固然有人为努力的因素，但气候的大背景因素同样也不可以忽视。西汉前期和唐朝的中前期都是暖湿期，有利于动、植物生长，粮食单产量高，清朝康熙年间，气温正从明末清初的干冷小冰期开始回升，从而使得双季稻在全国的推广成为可能，乾隆年间更是进一步推广一年多熟作物，并且都得到了康熙帝、乾隆帝本人的大力支持，这些都是康乾盛世得以产生、维系的最重要经济基础，既有天助，也有人为，天人因缘际会才能创造出一个盛世。

正是因为大自然与人为因素的共同合力导致了盛世的兴衰，因此我们不能过高估计人为因素在其中的作用，并非任何时代有了贤君能臣就能创造出一个盛世，因此盛世只存在于少数时间段；当然如果没有贤君能臣，缺乏明智的治国理念与政策，时代背景再好也不可能创造出一个盛世，统一后迅速崩溃的秦朝、隋朝就是两个极端的反证。

人类很难改变大自然的变化趋势，但要尽自己的人力，在好的趋势中要努力创造出盛世，而在坏的趋势中要努力延缓盛世的衰落、推迟衰世的到来，因此在这个意义上，历史上的盛世仍然会对现代有些启示：盛世需要一个能为国家的长远利益真正负责的领导层；需要长远的国家发展战略规划；需要强大的执行力以及奖惩严明的高效率制度；需要经济长期稳定的发展；需要抑制既得利益集团的膨胀；需要一个有效的监督机制来制衡、监督官僚并清除贪腐；需要一个良好的人才选拔、任用机制；需要强大的国防保卫国家的安全……这些要素都是超越时代的，如果缺乏这些因素，盛世只会是海市蜃楼。

侯杨方

第一章

虽曰守成，实同开创

满洲、蒙古与辽东军事集团结成同盟入关，占领了明朝的全部疆土，但是满洲与辽东军事集团的同盟关系是脆弱的，二者爆发了内战；在平定三藩之乱后，清朝才真正确立了对中国的统治。在清军入关前后，沙俄入侵了黑龙江流域，康熙皇帝独排众议，决定出兵以拔除沙俄据点，以战迫和，签订了《尼布楚条约》，确立了对黑龙江流域的主权。与此同时，在中亚兴起的准噶尔入侵喀尔喀蒙古，并越过了清朝边境，康熙皇帝果断抓住时机，接受了喀尔喀的归附，多次出兵，击败准噶尔，彻底解除了威胁；随后他进一步出兵青海、西藏，控制达赖喇嘛，兴黄教以安蒙古，并将青海、西藏纳入版图。康熙皇帝"虽曰守成，实同开创"，他是清朝华夷大一统帝国的真正创立者。

第一节｜三藩之乱：满洲与辽东军事集团同盟的瓦解

1. 撤亦反，不撤亦反：决策的失误

初秋的京师（今北京）黎明，一位身材高大，五官端正，双目炯炯有神，鼻尖略圆而稍显鹰钩状，仪表堂堂、威武雄壮、举止不凡的中年人登上了新落成的太和殿宝座，接受文武百官的盛大朝贺。如果近前仔细察看，可以看到他的脸上有少许天花导致的痘痕，他就是庙号圣祖的清朝康熙皇帝玄烨。[1]这一天是康熙三十六年七月丁酉日，即公历1697年9月4日。此次朝贺有两大目的，一是庆贺平定了准噶尔部、征服了漠北喀尔喀部（包括今蒙古国）；二是庆祝遭焚毁近18年的太和殿重建终于完工。此时的康熙皇帝43岁，正值盛年，但已君临天下达37年之久。在他即位之初，清朝还没有包括漠北喀尔喀部，云南、贵州、广东、广西、福建等地还处于半独立状态，而在这一天，这些地

1　康熙皇帝的外貌、气质见［法］白晋（Joachim Bouvet）：《康熙皇帝传》，《清史资料》第一辑，北京：中华书局，1984：193—252.

区全部纳入了版图。

康熙7岁即位，一年后，清军在吴三桂的率领下俘获并杀害了逃往缅甸的南明永历皇帝朱由榔，标志着前明势力被彻底消灭，而占据台湾、金门、厦门一带的另一宿敌郑成功也已病故。但旧的敌人没了，新的敌人又很快产生，他们正是充当清军入关急先锋的汉人四藩，即驻守云南的平西王吴三桂、广西的定南王孔有德、广东的平南王尚可喜、福建的靖南王耿仲明。四人均是明朝的降将，后三位早在清太宗皇太极时期就投降了清朝，而吴三桂则是后来者居上，为清朝立的战功最大，被封为亲王，爵位最高，势力也最大。孔有德早在顺治九年（1652年）被李定国兵围桂林，自杀身亡，全家仅有其女孔四贞出逃，孔有德的余部则由其女婿孙延龄率领，仍然驻守广西，所以汉人四藩只余三藩。

自从康熙元年（1662年）南明势力被消灭后，汉人三藩就失去了作用，逐渐成了清廷的累赘，甚至造成威胁。三藩掌握重兵，属下有八旗军和绿营兵，他们的部将遍布陕西、四川、贵州等地，身居要职，还拥有当地的行政、经济大权。吴三桂不仅可以节制云、贵督抚，还可以任命文武官员，号称“西选”，“西选”官员遍布全国；他还可以采矿铸钱，号称“西钱”。吴三桂与西藏政权也保有联络，常常经西藏购买蒙古马匹，储存军械物资。尚可喜则掌握广州这一对外贸易口岸，每年获利高达数百万两白银。福建的耿精忠袭爵后，横征暴敛，并纵容属下侵夺民众的家业。三藩虽然掌握当地的政治、军事、经济大权，但每年仍然需要中央政府大量的补贴，顺治十七年（1660年），云南的俸饷900余万两，再加上闽、粤二藩的运饷，共需要2 000余万两，占当时全国财政收入的一半。三藩不仅是中央政府的沉重负担，更是严重的威胁。

面临着这种三藩实际上处于独立状态的严峻形势，13岁亲政的康熙皇帝将三藩、河务、漕运作为三件不得不处理的头等大事，“夙夜廑念，曾书而悬之宫中柱上”[1]，但是因为三藩手握重兵，不敢轻易撤藩。机会终于来了，康熙十二年（1673年）三月，平南王尚可喜上疏，称年过七十，精力已衰，愿意率领属下“两佐领甲兵，并藩下闲丁、孤寡老弱共四千三百九十四家，计男妇二万四千三百七十五名口”[2]，归老辽东家乡。康熙非常高兴，要求议政王大臣与户、兵二部讨论此事。讨论后，朝廷要求除留两镇6 000余名绿旗兵（又称“绿营”，汉人组成的军队）镇守广东外，平南王尚可喜属下全部人员撤离广东。四个月后，平西王吴三桂、靖南王耿精忠分别上疏要求撤藩，议政王大臣会议发生了分歧，以大学士索额图、图海为首的多数大臣反

1 《圣祖仁皇帝实录》卷154。

2 《圣祖仁皇帝实录》卷40。

对撤藩，而刑部尚书莫洛、户部尚书米思翰、兵部尚书明珠等少数人主张撤藩，意见不一。但年仅19岁的康熙皇帝最终决定撤藩。康熙皇帝决意撤藩的原因并非是通常所认为的“三桂久蓄异志，撤亦反，不撤亦反。不若及今先发，犹可制也”[1]，《清史稿》的这一段记载来源于嘉庆年间礼亲王昭梿的笔记《啸亭杂录》，仅是传闻，而《清实录》中的说法并非如此。

康熙二十年（1681年），三藩之乱被平定后，湖广道御史何嘉祐上疏，要求给康熙皇帝加尊号，康熙皇帝拒绝了这个要求，理由是“前议撤三藩时，令议政王大臣等会议，言不可撤者甚多，言宜撤者甚少。朕决意撤回，乃吴三桂背叛，各处驿骚，兵民困苦。今蒙天地鸿庥，祖宗福庇，数年之内，幸得歼灭贼寇。若再延数年，兵损民困，则朕决意迁撤之举，何以自解耶？”[2]如果说康熙皇帝在这段话中还没有透露自己当时的决策失误，那么随后的一段话就很明显了。当群臣再次要求给康熙皇帝上尊号时，他又一次拒绝。康熙皇帝撤藩是担心“三藩俱握兵柄，恐日久滋蔓，驯致不测，故决意撤回”，结果“不图吴三桂背恩反叛，天下骚动；伪檄一传，四方响应。……忆尔时惟有莫洛、米斯翰、明珠、苏拜塞克德等言应迁移，其余并未言迁移吴

1 《清史稿》卷474《吴三桂传》。

2 《圣祖仁皇帝实录》卷98。

三桂必致反叛也。议事之人至今尚多，试问当日曾有言吴三桂必反者否？"[1]显然，当时康熙皇帝以及所有大臣都没有预料到三藩会因撤藩而造反，因此"撤亦反，不撤亦反"只是后来为掩盖当时判断失误的人为编造。这些事实说明，以康熙皇帝为首的清朝中央政府严重低估了吴三桂的野心与胆略。

吴三桂是在明末清初残酷战争的血海中成长起来的一代枭雄，他的对手曾是康熙的祖父皇太极、叔公多尔衮等，而当时与吴三桂同辈的清朝开国功臣宿将，包括入关的八旗将士，已经全部凋零，这也是吴三桂悍然起兵造反的重要原因。康熙皇帝低估吴三桂，还有一个重要原因：撤藩的实质仅是将三藩所部调防至山海关至锦州一线的家乡，并分配田地、住宅，而非将他们撤职、罢爵，且吴三桂的独生子尚在京师充当人质。因此他没有预料到吴三桂并不想放弃他的既得利益，已经有了世袭割据云贵的野心，这是一个中央集权的政权绝对不能容忍的。撤藩导致反叛的事实也足以证明撤藩的正确性，三藩与中央政府之间存在着不可调和的根本性矛盾；撤藩只是时机选择的问题，这一关迟早要过。康熙皇帝犯的错误是没能预料到撤藩导致反叛，没有预先作好充分的两手准备。

---

1 《圣祖仁皇帝实录》卷99。

既然三藩问题迟早要解决，拖延并不是个好办法。虽然吴三桂当时已经60多岁，不久于人世，但可以像福建的耿仲明一样，由儿孙继位，三藩与中央政府之间对立的紧张关系仍然不可能化解。从这个意义上讲，早解决比晚解决好，因为三藩问题一天不解决，太平盛世一天不会到来，三藩就是三颗随时可能爆炸的定时炸弹，更何况当时谁也预料不到康熙皇帝能在位62年之久，如果换一个软弱无能的皇帝，情况会更加糟糕。

2. 平定三藩：盛世的开端

撤藩令下达后，吴三桂率先造反，他以反清复明为号，自称“总统天下水陆大元帅、兴明讨虏大将军”，兵锋直指湖南。从康熙十二年（1673年）底至次年三月，吴军连陷沅州、常德、辰州、长沙、岳州、衡州等要地，而清军在军事上“处处无备”，“五千里无只骑拦截”，所经之地，诸府州县将吏非逃即降，湖南绿旗兵更是纷纷投降。这些事实证明中央政府并没有预料到吴三桂造反，因此才处处被动，毫无准备。随着湖南、四川落入吴三桂之手，四川提督郑蛟麟，广西将军孙延龄、提督马雄，福建的靖南王耿精忠，占据台湾的南明延平王郑经（郑成功之子），陕西提督王辅臣，广东讨寇将军尚之信（尚可喜之子）、总督金光祖、提督严自明等相继反叛。他们或是吴三桂的旧部，或是前明降清旧臣，或是一直坚持的反清力量，在反清的大旗下联合起来，半壁江山易主，烽火燃遍大半个中国，清朝面临着入关以来最大的政治危机。面对此情此景，惊慌失措的群臣怪罪赞成撤藩的明珠、米思翰等人，但康熙皇帝却承担起了撤藩导致叛乱的责任，不肯诿过臣下。同样的情景在两千年前也发生过，而当时的汉景帝却采取了截然不同的做法，将逼反吴楚七国的责任诿过晁错，并将他残酷杀害，天真地幻想以此来平息七国的反叛；两千年后，年仅19岁的康熙皇帝表现得远比34岁的汉景帝有担当得多。

康熙皇帝调兵遣将，命令顺承郡王勒尔锦为宁南靖寇大将军，统率八旗军驻守战略要地湖北荆州，阻止吴军渡江北上；安西将军都统赫业、驻防西安的副都统扩尔坤率八旗军分别出师四川、汉中，防止吴军从四川进攻陕西，包抄京师。就在吴军进展顺利之际，吴三桂犯了一个战略性的错误，他没有命令军队乘胜北渡长江，向京师进军，或东下占领江宁（今江苏南京市），断绝南北漕运，或西上占领四川、关中，却顿兵不前。他于康熙十三年（1674年）四月上奏，妄图与清朝划长江或黄河而治，这给了清军宝贵的喘息机会。康熙皇帝接到吴三桂的奏章后勃然大怒，将吴三桂的儿子、清太宗的额驸（清朝皇帝的女婿）、自己的姑父吴应熊及其子吴世霖绞刑处死，以示绝不妥协。吴三桂闻讯，知道只有拼死一搏，随即派兵攻打江西和陕西。这年年底，他的部下陕西提督王辅臣也杀了上司经略莫洛反叛，形势极为危急，康熙皇帝闻讯，甚至一度想要亲自坐镇荆州，指挥平叛。

与此同时，蒙古察哈尔部成吉思汗黄金家族的嫡系后裔、蒙古国最后一任大汗林丹汗的孙子布尔尼又发动叛乱，而此时“诸禁旅皆南征，宿卫尽空”[1]，连皇宫门口的警卫都是些孩子。如果不能及时平乱，蒙古骑兵几天内就可以兵临京师城下，这时的情势可以说是万分危急。康熙皇帝采纳了祖母孝庄太皇太后的建议，任用图海平叛。图海无军可领，因此奏请选八旗家奴中的健勇者数万人，由他率领这支以乌合之众组成的军队，星夜疾驰，突袭察哈尔，布尔尼叛军猝不及防，被迅速平定，他本人被杀，清朝度过了最危急的关头。

吴三桂企图进军陕西，与王辅臣联手进攻京师，康熙十五年（1676年），康熙皇帝任命图海率军进攻陕西，击败并迫降了王辅臣，平定了陕、甘，吴三桂丧失了取胜的最后机会，可以说此时三藩之乱被平定只是时间问题，但这个时间拖得很长。由于清军统帅（普遍是官二代）的无

1 （清）昭梿：《啸亭杂录》卷2。

能怯战，战争一直拖到康熙二十年（1681年）方告结束，长达八年的三藩之乱最终被平定，清朝消灭了原来的同盟者——辽东汉人军事集团，最终确立了对全中国的统治，长时期稳定的和平终于来临，长达一个世纪的盛世也就此揭开了帷幕。

吴三桂起兵失败还有一个非常重要的原因，他行事太绝，当年为了向清朝表忠心，竟然不依不饶出兵境外，在缅甸俘获了明朝的最后一任皇帝永历帝朱由榔，并在昆明将其绞死，这就断绝了利用“反清复明”这一最能激起汉人反清口号的可能性，丧失了绝大多数汉人的支持。这也算是他当年机关算尽太聪明。

第二节｜统一台湾：耕凿从今九壤同

1. 郑经乃中国之人：两岸和谈

三藩之乱后，仅在台湾、澎湖还有残存的反清势力，即依旧奉明朝正朔的郑氏政权。此时郑成功之子郑经承袭了延平郡王的爵位，他积极参与三藩之乱，曾一度占领福建、广东的部分地区，失败后退守台湾、澎湖，并丢失了根据地金门、厦门。

清朝曾与郑经进行过九次和谈，但均未成功。郑经的首要目标是保持台湾的独立地位，因此他不断宣称台湾不是中国领土，但他又面临着清朝严重的军事威胁，因此做出妥协，欲向清朝臣服，但要依据清朝的藩属国朝鲜的先例，不剃发，不登岸，不易衣冠，仍由郑氏世代统治台湾。在康熙六年（1667年）的和谈中，郑经声称台湾“非属（中国）版图之中”；在康熙八年（1669年），郑经又强调台湾“于版图疆域之外，别立乾坤”，说台湾“远在海外，与版图渺不相涉”。康熙皇帝曾一度作出重大让步，允许郑氏封藩，世守台湾。郑经却仍然主张：“苟能照朝鲜事例，不削发，称臣纳贡，尊事大之意，则可矣。”这一点触及了康熙皇帝的底线，他答复：“若郑经留恋台湾，不思抛弃，亦可任从其便。至于比朝鲜不剃发，愿进贡投诚之说，不便允从。朝鲜系从未所有之外国，郑经乃中国之人。”[1]谈判因此最终破裂。

台湾郑氏集团的存在令清政府如芒刺在背，在一时无法消灭的情况下，清朝实行了长达几十年的“禁海令”。顺治十三年（1656年）六月，顺治皇帝敕谕浙江、福建、广东、江南、山东、天津地方官：“海逆郑成功等窜伏海隅，至今尚未剿灭，必有奸人暗通线索，贪图厚利，贸易往来，资以粮物。若不立法严禁，海氛何由廓清？自今以后，各该督抚镇，著申饬沿海一带文武各官，严禁商民船只私自出海，有将一切粮食货物等项与逆贼贸易者，或地方官察出，或被人告发，即将贸易之人，不论官民，俱行奏闻正法，货物入官，本犯家产尽给告发之人。”[2]“禁海令”的目的是封锁郑成功集团，而不是断绝中外贸易。禁海令实行五年后，效果并不明显，郑成功集团仍然可以从沿海地区获得各种物资，于是清政府采纳了原郑成功的部下、降将黄梧的建议，实行了更为严厉的“迁海令”，将江苏、浙

1 中国科学院编：《明清史料·丁编（下）》，北京：北京图书馆出版社，2008.

2 《世祖章皇帝实录》卷102。

江、福建、广东、山东、直隶（今河北）六省的沿海居民迁离海边30里至50里，“寸板不许入海”，界外房屋村舍一律拆毁焚烧，制造出宽达几十里的无人区作为隔离带，“至是上自辽东下至广东皆迁徙，筑短墙，立界碑，拨兵戍守，出界者死。”[1]“禁海令”与“迁海令”给沿海居民带来了深重的灾难，背井离乡，家庭破产，原来繁荣的沿海地区变成了无人区，经济损失更是难以估量，沿海的渔业、盐业、海运贸易等完全废弃。对清朝来说，台湾问题一日不解决，海禁便一日不能开放，沿海地区便一日不能恢复，太平盛世更无从谈起。

康熙二十年（1681年），平定三藩之乱后，清朝政权终于统一、稳定，台湾问题才有解决的可能，而正在此时，台湾郑氏集团发生了严重的内讧。郑经去世，郑氏集团的实力派人物冯锡范、刘国轩联合发动政变，杀死掌握军政大权郑经的长子郑克臧，扶持他年仅12岁的弟弟郑克塽，实际权力掌握在了冯、刘二人手中，他们借机迫害异己势力，郑氏集团内部矛盾激化，人心涣散。在和谈过程中，清朝并没有放松招降，再加上经济封锁，郑经的部下纷纷投降清朝，前后高达20多万人，严重削弱了郑氏集团的实力。

1 （明）阮旻锡：《海上见闻录》卷2。

在平定三藩的过程中，清朝恢复福建水师建制，并训练成了一支劲旅。康熙十九年（1680年），福建水师与陆军联合夹击，将东南沿海地区的郑氏集团军队全部驱逐。福建水师在收复东南沿海地区的作战中显示出的实力和作用，增强了清朝统治者实施海上军事行动和武力统一台湾的信心。此后，清政府改变了以往放弃沿海、守卫内陆的消极防御方针，将水师部队分别部署在金门、厦门、铜山、海坛（今福建龙海县），随时准备对台湾郑氏集团采取军事行动。

2. 耕凿从今九壤同：澎湖一战定台湾

三藩平定后，康熙皇帝终于下了平定台湾郑氏集团的决心，他任用原郑成功父亲郑芝龙手下的大将施琅为福建水师提督，让他全权指挥对台作战，不加遥制，并且命令福建总督姚启圣只分工后勤事务，不得干涉前方作战。施琅熟知郑氏集团的内部情况以及水军战术，又擅长海战指挥，并对台湾海峡的水文气象非常熟悉。他凭借多年海疆活动积累的丰富经验和对海峡季风规律的掌握，决定在夏季六月渡海，因为冬季北风刚硬强劲，不利于船队的航行和停泊。澎湖之战，未必能一战而胜，一旦舰船被海风吹散，就很难再次迅速集结，发起二次进攻。夏季的西南季风则比较柔和，海上风轻浪平，清军船队可编队航行，官兵可免除晕眩之苦，也有利于船队集中停泊，实施下一步作战行动。同时，由于夏季多台风，不宜渡海，所以敌人防备定然松懈。此时发动攻击，可使敌人猝不及防，取得兵法所谓“出不意，攻无备”的奇效。为避开台风袭击，施琅选定夏至前后20余日为最佳渡海和作战时机，他凭借多年的航海经验判断，这段时间风浪最平和，台风发生的可能性较小。

康熙二十二年（1683年）六月十六日，施琅率领两万多军队，大小300条战船从铜山（今福建东山岛）启航，乘着西南季风穿越台湾海峡，直接攻打郑军大将刘国轩率重兵防守的澎湖，经过七日激战，焚杀郑军官员300余人，士兵1.5万余人，郑军将军杨德等165名官员率领4 800多名士兵倒戈投降，击沉郑军大战船194艘，而此役清军损失甚微，仅阵亡329人，负伤1 800余人。澎湖一战全歼了郑军主力精锐，此时清军屯兵澎湖，暂停进攻，威慑台湾。为了贯彻“因剿寓抚”的战略方针，施琅派人向郑氏集团招降。施琅的父亲、兄弟为郑成功所杀，为了打消郑氏的疑虑，他作出了“断不报仇”的承诺，康熙皇帝对此非常赞许，并向郑氏集团颁布了赦罪敕谕，只要郑氏集团“悔过投诚，倾心向化”，并率领部下“悉行登岸”，就将赦免从前的“抗违之罪”，并且“从优叙录，加恩安插”。七月十五日，郑克塽派遣使者来到军前交赍降表文稿，要求率众返回大陆；八月十一日，施琅率领官兵自澎湖进发，十三日进入鹿耳门，在台湾登陆，占据台湾20余年的郑氏集团最终灭亡，施琅因功加授靖海将军，封为靖海侯，世袭罔替。

“地方千余里，户口数十万”的台湾是弃是守的难题，摆到了康熙皇帝面前。施琅认为“台湾有地数千里，人民十万，弃之必为外国所踞”[1]，因此上疏康熙皇帝，请求在台湾设置镇守官兵，康熙皇帝也认为“弃而不守，尤为不可”，因此于康熙二十三年（1684年）四月决定在台湾“设一府三县，设巡道一员分辖”[2]；又设总兵官一员、副将二员，率领士兵八千戍守，澎湖则设副将一员、士兵二千戍守，至此台湾正式纳入了清朝的版图，行政由新设置的台湾府管辖。

台湾被平定收入版图后，群臣再次请加康熙皇帝尊号，但康熙皇帝认为“加上尊号，典礼甚大。台湾属海外地方，无甚关系。……治天下之道，但求平易宜民而已，何用矜张粉饰。……朕但愿以平易之道，图久安长治，不愿烦扰多事”[3]，再次予以拒绝。康熙皇帝在中秋日闻台湾被收复，

---

1 （清）施琅：《靖海纪事》卷下。

2 《圣祖仁皇帝实录》卷115。

3 《圣祖仁皇帝实录》卷111。

赋诗一首，题为《中秋日闻海上捷音》:“万里扶桑早挂弓，水犀军指岛门空。来庭岂为修文德，柔远初非黩武功。牙帐受降秋色外，羽林奏捷月明中。海隅久念苍生困，耕凿从今九壤同。”寓意今日终于九州统一。在台湾的郑氏集团被消灭后，原明朝版图内已经不存在有组织、有规模的反清势力，但在此时，来自欧洲的俄罗斯力量正在快速扩张，并侵入了遥远的黑龙江流域。

第三节｜两个巨人的碰撞：从雅克萨到尼布楚

1. 决意命将出师：两战雅克萨

清朝在入关前已经征服了黑龙江流域，并将生活在那里的达斡尔、鄂伦春、虎尔哈等部族编入八旗。与此同时，俄罗斯成立了雅库次克督军管辖区，清崇德八年（1643年）雅库次克督军派遣波雅科夫率领132名哥萨克，第一次到达了黑龙江流域，趁着清军入关，俄军不断入侵，随后占领了达斡尔头人阿尔巴亚的驻地雅克萨（今俄罗斯阿尔巴金诺）、索伦部首领根特木尔的驻地尼布楚（今俄罗斯涅尔琴斯克），建筑城池作为重要的军事据点。清朝不断要求俄国拆除这两个据点，退出黑龙江流域，但均遭到拒绝。平定三藩之乱后，康熙皇帝决定收复黑龙江失地。康熙二十一年（1682年），趁着去盛京（今辽宁省沈阳市）谒陵的机会，康熙皇帝航行于松花江，巡视至吉林乌喇（今吉林省吉林市），并派遣副都统朗谈、彭春侦察雅克萨俄军的情势，筹划对俄作战。此次行程非常艰难，据彭春汇报："此次陆行自兴安岭以往，林木丛杂，途径窄隘，冬雪之时，沙结冰坚；夏雨，泥深淤阻，惟轻装可行。其途径皆为自古人踪不到之处。惟水程较易，自雅克萨还至爱鿍（瑷珲）城，于黑龙江为顺流，行舟仅须半月，两岸可纤挽；若逆流行舟，须三月，较陆行倍期，而于运粮炮为便”[1]，但他认为只需要3 000名士兵便可攻下雅克萨，康熙皇帝同意了这个意见。

顺治年间清军曾击败过入侵黑龙江流域的俄军，但由于战后没有派兵戍守，结果俄军又卷土重来，因此康熙皇帝决定永戍黑龙江，只有这样才能彻底解决问题。他调遣乌喇、宁古塔兵1 500名，建造船舰，配备红衣炮、鸟枪，于黑龙江（旧城在今黑龙江省黑河市对面俄罗斯境内，新城在黑河市）、呼马尔（今黑龙江省呼玛县）二处建立木城，与俄军对垒，伺机进攻。所需的军粮由科尔沁十旗及席北、乌喇的官屯提供，再有士兵耕种屯田，可以解决后勤粮食问题。这一决定将清朝在东北的防线从乌喇、宁古塔（今黑龙江省宁安市）一线推进到了黑龙江沿岸。进攻雅克萨的计划遭到了群臣的一致反对，他们认为征讨路途遥远，后勤保障极为困难，但康熙皇帝“不徇众见，决意命将出师，深入挞伐”[2]。后将永戍地改为比呼马尔地理位置更为优越的额苏里（今俄罗斯沃特德内西南），由新设立的黑龙江将军萨布素于康熙

1 （清）陈康祺：《郎潜纪闻初笔》卷2。

2 《圣祖仁皇帝实录》卷120。

二十三年（1684年）分别派兵驻守，额苏里、黑龙江成为清军进攻雅克萨的军事基地。黑龙江将军驻地在黑龙江城（瑷珲），管辖齐齐哈尔以北，黑龙江上、中游，外兴安岭以南广大地区，松花江以东，黑龙江下游地区至日本海，则归宁古塔将军管辖。永戍黑龙江是重大的战略决策，只有这样才能保卫黑龙江流域的领土。为了确保驻守黑龙江沿线军队的后勤，还建立了一条长达5 000里的水陆运输线，起点在巨流河渡口（今辽宁省新民市），沿辽河、伊屯河（今伊通河）、松花江、黑龙江水陆联运。

以额苏里、黑龙江两城为基地，清军逐步肃清了黑龙江中、下游的俄军据点，为进攻雅克萨作好了准备。多次警告后，俄军仍然不撤出雅克萨。康熙二十四年（1685年），康熙皇帝命令都统彭春率领3 000名士兵进攻雅克萨。康熙皇帝战前预测“罗刹（即俄罗斯）势不能敌，必献地归诚。尔时勿杀一人，俾还故土，宣朕柔远至意”[1]。清军于五月二十二日（公历6月23日）抵达雅克萨城下，分水、陆兵两路列营，并将神威将军炮等火器布置完毕，于二十五日黎明进攻，击毙俄军100余人，俄军抵抗无望，头目托尔布津当天就决定投降，清军遵循康熙皇帝事前的命令，将700多名俘虏全部放回，清军轻易取得了第一次

1 《圣祖仁皇帝实录》卷120。

雅克萨战役的胜利。尽管康熙皇帝在战前、战后多次提醒要在雅克萨设防，但彭春只是烧毁了雅克萨城，未割取周围的庄稼就擅自撤军，结果俄军两个月后卷土重来，重新筑城设防。

第二年二月，在确认俄军重占雅克萨后，康熙皇帝认为“若不速行扑剿，势必积粮坚守，图之不易”[1]，命令黑龙江将军萨布素统领乌喇、宁古塔官兵2 000人攻取雅克萨城，并加派福建藤牌兵400人前往助战。清军于五月底抵达雅克萨，随即展开进攻，激战中击毙包括头目托尔布津在内的百余名俄军，俄军退守城内。因重建城墙的坚固，清军一时难于攻取，改为长期围困，到年底，城内800余名俄军仅有150余名幸存，缺乏粮食、弹药，雅克萨城指日可下。

2. 尼布楚：通此江之一河一溪，皆我所属之地

第一次雅克萨战役后，1686年1月30日，俄国政府任命费奥多尔·阿列克谢维奇·戈洛文为对华谈判使团的全权大使。2月5日，他率领大批随员和军队共近2 000人离开莫斯科东行，与中国谈判边界问题。同年11月10日，俄

1 《圣祖仁皇帝实录》卷123。

国的先遣使节文纽科夫、法沃罗夫到达北京，由大学士明珠等接待，为表示和平的诚意，清朝决定主动停战并撤军，双方定于色棱额（今俄罗斯色楞格斯克）展开谈判。撤军令于12月到达前线，中俄雅克萨战役结束。

康熙二十七年（1688年）三月，领侍卫内大臣[1]索额图、都统公佟国纲、尚书阿喇尼、左都御史马齐、护军统领马喇等率领由800名士兵组成的代表团前往楚库柏兴（今俄罗斯乌兰乌德以南）谈判，传教士葡萄牙人徐日升（Thomas Pereira）、法国人张诚（Jean Franucois Gerbillon）作为拉丁语翻译随行。代表团于五月出发，行前康熙皇帝向他们交代了谈判原则："朕以为尼布潮（楚）、雅克萨、黑龙江上下及通此江之一河一溪，皆我所属之地，不可少弃之于鄂（俄）罗斯"[2]，即整个黑龙江流域全部属于中国，并索要逃往俄国的索伦部首领根特木尔等人。代表团一行深入喀尔喀蒙古后，恰逢准噶尔军队入侵，他们看到了沿途漫山遍野逃难的喀尔喀人，局势因而变得极为紧张，代表团面临着无可逆料的极大风险，康熙皇帝急命代表团迅速返回。

准噶尔军队在占领喀尔喀全境后，又入侵了清朝境内，并宣称与俄国结盟联合进军，清准战争成为中俄谈判

1　清朝最高级武官，正一品，负责皇帝的安全保卫工作。

2 《圣祖仁皇帝实录》卷135。

中的一大变数。此时戈洛文又向喀尔喀施加军事压力，侵入其领土，清朝面临着准俄联手的两线作战，形势开始变得对中方非常不利，并将严重影响中俄谈判的走势。康熙二十八年（1689年）六月，清朝第二次派出了以领侍卫内大臣索额图为首的代表团赴尼布楚谈判，此次康熙皇帝鉴于严峻的形势，为避免两线作战，修改了谈判原则，作出了妥协，吩咐代表团“初议时，仍当以尼布潮为界。彼使者若恳求尼布潮，可即以额尔古纳（河）为界”[1]。除了随团的1 400名士兵外，又调拨黑龙江兵1 500人从水路前往尼布楚与代表团汇合。

经过长达49天的行程，7月31日，中国代表团抵达尼布楚，与先期到达的黑龙江军会合，于城外扎营，而此时俄国代表还没有到达。经过漫长的等待与磋商，中俄双方于8月22日举行了第一次会谈，双方首席谈判代表展开了激烈的辩论，戈洛文认为黑龙江流域“自古以来即为沙皇陛下所领有”，并且指责中国军队入侵俄国的领土，提议以黑龙江为两国边界；索额图则认为黑龙江流域以及贝加尔湖所有土地都隶属于中国皇帝，“鄂嫩、尼布楚皆为我茂明安等诸部落原来居住之地，雅克萨为我虞人（猎人）阿尔巴西等居住之地”，又是“我达斡尔总管倍勒儿故墟”[2]，他

1 《圣祖仁皇帝实录》卷139。

2 《圣祖仁皇帝实录》卷142。

们一直向中国政府交税，因此清方提议以勒拿河、贝加尔湖作为中俄国界。双方的要求差距极大，第一天会谈没有任何结果。第二天举行二次会议，戈洛文仍然坚持以黑龙江划界，见中国代表不能接受，就让步提出以牛满河（今俄罗斯境内的布列亚河）为界，将黑龙江上游和中游的北岸划归俄国，也被中方代表拒绝。索额图等误以为俄国使团已经让步，立即提出了以尼布楚为界的新方案，并表示可以将尼布楚让给俄国，但仍然被俄方拒绝。

中国代表团认为谈判已经破裂，决定返回。后经过徐日升、张诚长达十几天的斡旋[1]，双方终于在9月7日签订条约，即史称的《中俄尼布楚条约》。条约以拉丁、满、俄三种文字书写，拉丁文版为正本。条约的核心内容是划定两国边境：中俄以格尔必齐河、外兴安岭为界，凡山南一带流入黑龙江之溪河，尽属中国；山北一带之溪河，尽属俄罗斯；以流入黑龙江之额尔古纳河为界，河之南岸，属于中国；河之北岸属于俄罗斯。乌弟河与外兴安岭之间的土地待议。

在《中俄尼布楚条约》签订的41年前，1648年签订的《威斯特伐利亚和约》不仅宣告欧洲三十年战争的结束，而且确立了国家主权至上的基本国际原则，现代国际法体系

---

1 ［法］张诚：《张诚日记》，北京：商务印书馆，1973；［美］约瑟夫·塞比斯：《耶稣会士徐日升关于中俄尼布楚谈判的日记》，北京：商务印书馆，1973.

开始形成。《中俄尼布楚条约》是清朝第一次用“中国”作为正式国名签订的国际条约，它也是在现代国际法框架下，中国有史以来签订的第一个国际条约，谈判完全按双方主权平等的方式进行，而不是按照中国传统奉行的朝贡体系。条约的订立过程，包括条约的草拟、文本和条约的生效机制等，都遵守了西方的国际法规则。条约明确划分了中俄两国东段边界，这也是中国历史上第一段明确划分的国界，它规定了整个黑龙江、乌苏里江流域，包括库页岛在内的广大地区都是中国的领土。《中俄尼布楚条约》是以实力为基础签订的条约，因此它才能有效地遏止俄国向东方的侵略扩张，保障了中国东北边境170年的安定和平，为后来清朝与准噶尔、回部、廓尔喀、大小金川等的一系列战争提供了稳定的后方保障，对于清朝的发展和繁荣，“康乾盛世”局面的出现，发挥了关键的作用，具有重要的历史意义。

现在有一种观点认为《中俄尼布楚条约》是不平等条约，因为清朝割让了尼布楚地区给俄国。需要说明的是，尼布楚地区虽然以前是蒙古茂明安部落的游牧地，但茂明安部落早在后金时期已经内迁归附，离开了尼布楚，当时在尼布楚地区游牧的是蒙古布里雅特部落，他们并不属于清朝，清朝也从未对这一地区实行过有效统治，因而谈不上是割让，而且条约签订时，喀尔喀蒙古同样不属于清朝。

《中俄尼布楚条约》签订的最直接影响就是清朝可以立即集中力量对付正在迅速崛起的一股强大势力——在遥远的阿尔泰山、伊犁河谷，又一位“成吉思汗”、一颗草原霸主的新星，正在冉冉升起。

第四节｜统一漠北：使之防备朔方

1. 重建大蒙古国：准噶尔汗国的兴起

元朝灭亡后，元顺帝率部众逃回蒙古高原，史称“北元”，不久政权灭亡，蒙古高原陷入了群龙无首的分裂状态。原来居住于蒙古高原西部、被称为“林中百姓”的蒙古人一支厄鲁特（又称“瓦剌”“卫拉特”“卡尔梅克”）人兴起，甚至一度替代了成吉思汗黄金家族，成为全蒙古的统治者，并占领了伊犁河流域以及中亚地区。15世纪晚期，成吉思汗、忽必烈的嫡系传人达延汗（大元可汗）开始了长达70余年的统治，在位期间，他驱逐了厄鲁特人，统一了整个蒙古高原。1543年，达延汗去世前，将国土分封给众多子孙，其中察哈尔各部落归长孙首博迪汗，他拥有蒙古最高汗位，驻于张家口和多伦诺尔；第三子巴尔斯博罗特，以及巴尔斯博罗特之子衮必里克墨尔根统率鄂尔多斯部，驻地在黄河河套；衮必里克墨尔根的弟弟阿勒坦汗（《明史》称作“俺答汗”）统领土默特部，驻于河套东北部，中心在归化城（今内蒙古呼和浩特市）；达延汗的幼子相呼森札斡惕赤斤统治喀尔喀各部，包括了今整个蒙古国以及西北的唐努乌梁海地区，后来又分为土谢图汗部（今蒙古国乌兰巴托一带）、车臣汗部（今蒙古国东部）和札萨克图汗部（今蒙古国西部），整个蒙古又回到了分裂状态。清朝以戈壁为界，戈壁以北为喀尔喀各部的漠北蒙古，以南诸部为漠南蒙古（今内蒙古），以西为厄鲁特诸部的漠西蒙古。

明朝万历三十二年（1604年），达延汗的嫡系后裔林丹汗成为蒙古大汗，开始统一各部，自称“统领四十万众蒙古国巴图鲁青吉斯汗”，而此时清朝的前身后金正在兴起，也在积极谋取对蒙古各部的统治，因此二者发生了一系列战争，漠南蒙古各部逐渐投向后金。明崇祯五年、后金天聪六年（1632年），康熙皇帝的祖父、清太宗皇太极派遣大军远征归化城，林丹汗全军溃败，西逃至青海，两年后在青海打草滩病死；明崇祯八年、后金天聪九年（1635年），在多尔衮、岳托率领后金军队的强大压力下，林丹汗的妻子、儿子决定投降后金，并交出了元朝皇帝与蒙古大汗代代相传的传国玺。至此，由成吉思汗建立于1206年的蒙古帝国灭亡，整个漠南蒙古纳入了后金版图，漠南蒙古各部成为清军对明朝作战、入关征服的同盟军。清崇德三年（1638年），土谢图汗衮布遣使入贡，皇太极命喀尔喀三部每年进献一匹白驼与八匹白马，谓之“九白之贡”，与清朝建立了并不密切的外藩职贡关系，而且时敌时友。

清军入关前后，被达延汗及其子孙驱逐到西方的厄鲁特人占领了从叶尼塞河、额尔齐斯河、伊犁河流域直至巴尔喀什湖的广大中亚地区，他们分为四部：准噶尔（又称“绰罗斯”）部、杜尔伯特部、土尔扈特部、和硕特部以及附属于杜尔伯特部的辉特部。土尔扈特部继续西迁，于1632年起开始定居在遥远欧洲的伏尔加河下游，建立了土尔扈特汗国。原居住于额尔齐斯河畔、斋桑湖周围（今哈萨克斯坦境内）的和硕特部在顾始汗的率领下进军青海、西藏，拥立五世达赖喇嘛阿旺罗桑嘉措为乌斯藏（今西藏中部）的统治者以及黄教（即藏传佛教中的格鲁派，由宗喀巴创立）最高领袖，建立了包括青海、西藏在内的和硕特汗国。四部之首的准噶尔部及其同盟者杜尔伯特部，最终在塔尔巴哈台（治所在今新疆塔城市）周围以及额尔齐斯河、乌伦古河、叶密立河和伊犁河流域定居。

明崇祯七年、后金天聪八年（1634年），准噶尔部首领哈喇忽剌去世，其子巴图尔继位，在不断对外扩张的同时，于1638年在和布克赛尔（今新疆自治区和布克赛尔自治县）建立都城，1640年又制定《蒙古厄鲁特法典》，正式建立了准噶尔汗国，并与喀尔喀部会盟，确立了对蒙古诸部的盟主地位。清顺治七年（1650年），巴图尔珲台吉[1]去世，第五子僧格继承汗位，在位17年后，于康熙九年（1670年）被异母兄车臣杀害。当时僧格的同母弟噶尔丹已经出家为喇嘛，他曾在西藏先后追随四世班禅和五世达赖学习佛法。僧格的死讯传来，时年26岁的噶尔丹在老师五世达赖喇嘛的支持下迅速回国，并在僧格的岳父、和硕特首领鄂齐尔图车臣汗的援助下，擒杀车臣平叛。噶尔丹成为准噶尔汗国的新大汗，称为“博硕克图汗”。噶尔丹随即开始对外扩张，首先吞并了位于斋桑湖地区的原盟友和硕特鄂齐尔图车臣汗部，于1678年统一了厄鲁特诸部，五世达赖派特使赐给他“丹津博硕克图汗”的称号。噶尔丹建立了“宰桑”制度，规定汗国最高权力属于汗廷，大汗身边设立宰桑数名，处理日常事务，凡大事均需禀明大汗。汗廷自上而下设立各级管理单位，百姓诉讼由扎尔固齐负责，重大案件则由汗国大扎尔固齐裁决；同时发展经济，奖励畜牧和耕种，铸造货币，发展手工业，外交上则遣使赴俄罗斯表示“希望保持接壤邻邦的结盟关系，不再发生边境争端”。此时，一个空前巩固、强大的游牧帝国出现在了清朝的西方。

噶尔丹雄心勃勃，一心想恢复成吉思汗的霸业，统一蒙古各部，征服中亚、中国，建立一个喇嘛教的大帝国。

1　台吉，源于汉语“太子”，是蒙古部落首领的一种称呼，一般有黄金家族血统的首领才能称“台吉”。

噶尔丹先后征服了统治今整个南疆地区以及中亚部分地区的叶尔羌汗国，由东察哈台汗国后裔（蒙古黄金家族）统治，邻近清朝西部边境的吐鲁番、哈密。到了康熙十九年（1680年），准噶尔帝国的版图已经包括了今日整个新疆以及中亚大片土地。此时的清朝正陷入与三藩的苦战之中，根本无暇西顾；噶尔丹又向西进攻并征服了哈萨克汗国与吉尔吉斯族居住的安集延（位于今乌兹别克斯坦），准噶尔帝国已经成为中亚的霸主。

为了重建成吉思汗的霸业，噶尔丹首先就必须征服由黄金家族统治的漠北、漠南蒙古，而喀尔喀部之间的内乱给了他极好的借口。喀尔喀蒙古土谢图、扎萨克图两大部内讧，康熙二十六年（1687年），噶尔丹的同窗好友、西藏第巴（最高行政长官）桑杰嘉措以五世达赖喇嘛的名义派出代表噶尔亶席勒图，与康熙皇帝派遣的理藩院尚书阿喇尼共同调解双方的矛盾[1]。扎萨克图汗沙喇、土谢图汗察珲多尔济在泽卜尊丹巴胡土克图[2]与达赖喇嘛的代表噶尔善席勒图面前起誓永远和好。噶尔丹指责泽卜尊丹巴胡土克图与达赖喇嘛代表“抗礼距坐，大为非理”，并与扎萨克图汗国结盟。准噶尔帝国与土谢图汗国间的关系骤然紧张，双

1 实际上五世达赖喇嘛已于5年前去世，桑杰嘉措秘不发丧，以其名义进行统治。

2 又作“哲布尊丹巴呼图克图”，为黄教在喀尔喀蒙古的最高宗教领袖，此为一世罗桑丹贝坚赞。

方都开始调兵遣将。1688年正月，土谢图汗国先发制人，进攻扎萨克图汗国，扎萨克图汗沙喇在逃跑时淹死，土谢图汗的儿子噶尔亶台吉还率军袭杀了在边界进行哨探的噶尔丹胞弟多尔吉扎布和400名士兵。噶尔丹闻讯，即派遣3万大军兵分两路进攻土谢图汗国，一路由他亲自率领，全歼了噶尔亶台吉的军队；另一路由他的3个侄子率领，直取额尔德尼召（蒙古的第一座喇嘛庙，位于今蒙古国哈尔和林市），占领土谢图汗居地。土谢图汗与泽卜尊丹巴胡土克图率领部众逃往车臣汗国，并在随后的决战中被彻底击败。土谢图汗、车臣汗以及新继位的扎萨克图汗、泽卜尊丹巴胡土克图会合后逃入清朝境内的内蒙古苏尼特部地界寻求保护，准噶尔占据了喀尔喀全境。此时清朝派往尼布楚与俄国谈判的武装使团正好行至喀尔喀，目睹了喀尔喀崩溃的场景："喀尔喀溃卒布满山谷，行五昼夜而不绝"，而清朝使团则"三军狼狈而逃，虽严禁而不能止"[1]。

俄国戈洛文使团趁机利诱、胁迫走投无路的喀尔喀诸部向俄国归顺，而喀尔喀的最高宗教领袖泽卜尊丹巴胡土克图认为"俄罗斯素不奉佛，俗尚不同我辈，异言异服，殊非久安之计，莫若全部内徙，投诚大皇帝，可邀万年之福"，决定向清朝臣服内附。土谢图汗与泽卜尊丹巴胡土克

1 （清）张鹏翮：《奉使俄罗斯行程录》。

图向清朝的使者理藩院尚书阿喇尼表达了“我等为厄鲁特所败，奔进汛界，永归圣主，乞救余生，作何安插，一惟上裁”的意愿，并要求清朝救济。康熙皇帝果断接受了这个要求。这是一个改变世界历史的决定，若非如此，早在17世纪俄国就会占领整个漠北蒙古，中国会在地缘政治的竞争中处于极为不利的地位，并会深刻影响到正在进行中的中俄边境谈判结果；在接纳喀尔喀诸部臣服内附后，清朝就成了他们的保护者，也就不可避免地要与正在兴起的准噶尔帝国发生正面冲突。

获悉喀尔喀诸部逃到清朝境内后，噶尔丹与五世达赖喇嘛要求清朝交出土谢图汗及泽卜尊丹巴胡土克图。正在南巡途中的康熙皇帝认为喀尔喀已经“决计归降于朕，朕为天下主，来归之人不为收养，其谁收养之？……朕兴灭继绝之心，非特于喀尔喀如是已也，诸国有穷迫来归者，朕之爱养、皆与之同”，并要求准噶尔与喀尔喀“尽释前怨，仍前协和，各守地方，休兵罢战”[1]，实质就是要求准噶尔退兵，归还喀尔喀领土，这对噶尔丹来说显然无法接受。康熙皇帝本人也承认是喀尔喀先挑起了战争，杀了噶尔丹的兄弟，却单方面要求准噶尔放弃胜利的果实，显然有失公正；对康熙皇帝而言，他绝不会允许一个雄心勃勃的游

1 《圣祖仁皇帝实录》卷139。

牧帝国称霸中亚，甚至占领整个漠北蒙古，继续统一整个蒙古高原，恢复成吉思汗的霸业，这不仅会动摇满蒙的战略同盟，还会严重威胁到清王朝的安全，因此二者之间的战争已经迫在眉睫。

此时准噶尔帝国的后方发生了叛乱，被噶尔丹的侄子、僧格之子策妄阿拉布坦平定。按照制度，准噶尔大汗的合法继承人应该是策妄阿拉布坦。英武能干的策妄阿拉布坦引起了噶尔丹的猜忌，为了躲避追杀，他率领父亲僧格的旧部逃亡到博尔塔拉河（今新疆准噶尔盆地）。康熙皇帝抓住这个机会，于康熙二十八年（1689年）与俄国签订了《尼布楚条约》，换取俄国不支持准噶尔的保证，并调集满、蒙、汉军队携火炮于土喇河（今蒙古国土拉河）布防。第二年，噶尔丹率领3万军队再次进攻喀尔喀，并扬言俄罗斯也要联合出兵。康熙皇帝命索额图责问并警告俄罗斯在京师的使节格里高里等人，如果俄罗斯真的违背刚达成的中俄条约，与准噶尔联合出兵，“是负信誓而开兵端也”。事后证明俄罗斯并没有冒着与清朝开战的风险出兵援助准噶尔。

准噶尔军队沿克鲁伦河顺流而下，康熙皇帝决定动员禁军、八旗满洲兵、蒙古兵携带火炮，由都统苏努率领出征，随后又决定于七月初六率军出发亲征。他指责噶尔丹“尔言中华与我一道同轨，我不敢犯界内地方，而又阑入汛界，掠乌朱穆秦（即乌珠穆沁草原，位于今内蒙古锡林郭勒盟）人畜，是背前言而隳旧好也”[1]。此时准噶尔已经击败喀尔喀昆都伦博硕克图所部，昆都伦全军覆没，仅以身免，尚书阿喇尼率领的两万清军与准噶尔军队于乌尔会河（今名乌拉盖河）会战，清军因火器营未至，被左右包抄，以致大败。乌尔会河战役拉开了清与准噶尔两大帝国长达近70年争斗的序幕。

2. 乌兰布通之战与多伦诺尔会盟

噶尔丹率军入侵了清朝的领土乌朱穆秦地，康熙皇帝任命哥哥和硕裕亲王福全为抚远大将军，皇长子胤禔为其副手，率军出古北口；弟弟和硕恭亲王常宁为安北大将军，和硕简亲王雅布、多罗信郡王鄂扎为副手，率军出喜峰口。康熙皇帝在出征前申明军纪："本朝自列圣以来战必胜、攻必克、所向无敌者，皆以赏罚明、法制严、兵卒精锐、器械坚利、人思报国、殚心奋勇之所致也。"[2]康熙皇帝随后也启程亲征，但九天后因生病，在众大臣的极力劝说下返回京师。

抚远大将军福全率军与准噶尔军队相遇于距京师700

---

1 《圣祖仁皇帝实录》卷145。

2 《圣祖仁皇帝亲征平定朔漠方略》卷7。

里的乌兰布通（今内蒙古翁牛特旗西南），噶尔丹扬言“今虽临以十万众、亦何惧之有”，并不畏惧人多势众的清军。康熙二十九年八月初一（1690年9月3日），乌兰布通战役打响，清军用枪炮攻击，准噶尔军在河对岸的林间以一万余头骆驼缚足卧地，背负木箱，再以湿毡蒙上，环列为营，号称“驼城”；士兵则依托箱垛，发射弓矢。清军用火器、大炮轰击，摧毁驼城。清军左翼从山腰攻入，大败准噶尔军队，斩杀甚多。噶尔丹派遣达赖喇嘛的代表济隆胡土克图讲和，他表示不再索要土谢图汗，而只要求将泽卜尊丹巴胡土克图送往达赖喇嘛处，被福全拒绝。福全考虑到准噶尔军据险坚拒，也想利用讲和的时间等待援兵再行进攻，结果贻误战机，噶尔丹率领残部逃回了统治中心科布多（在今蒙古国西部）。此役康熙皇帝的舅舅佟国纲被枪弹击中头部战死。康熙皇帝对乌兰布通战役并不满意，出征大军回京，他命令他们均在朝阳门外听候处理，两位亲王福全、常宁被罢去议政的权力，与亲王雅布一起被罚俸三年，属下诸大臣也遭到了罢议政、降级的处分。

战败后噶尔丹送信给康熙皇帝称“自此不敢犯喀尔喀”；康熙皇帝认为“噶尔丹虽认罪立誓，上书请降，但人殊狡诈，难以深信”，因而回复“尔今率尔兵出界而居，不得擅犯我属下部落喀尔喀一人一畜，亦不得有一人与众部落往来通使。……若再违誓言，妄行劫夺生事，朕厉兵秣马，见俱整备，必务穷讨，断不终止”[1]，下令作好发兵的准备。

乌兰布通之战胜利后，西藏第巴桑杰嘉措以五世达赖喇嘛的名义，率领青海的蒙古王公以及噶尔丹请上康熙皇帝尊号，康熙皇帝则批评达赖代表对噶尔丹东侵的行为不加阻止，“如能使厄鲁特、喀尔喀两国和好，朕尚欲加达赖喇嘛嘉号。……是以喀尔喀残破，厄鲁特丧败，朕心甚为隐痛，有何可贺而受尊号乎？”[2]康熙皇帝在拒绝请求的同时又讽喻达赖喇嘛在幕后支持噶尔丹，他并不知道五世达赖喇嘛此时已经去世多年，这些只是噶尔丹的同窗好友桑杰嘉措所为。

准噶尔被击败后，定于康熙三十年（1691年）四月，在多伦诺尔举行（今内蒙古多伦县）新归顺的喀尔喀各部会盟与朝见臣服仪式，康熙皇帝亲自前往主持，他身边的法国传教士张诚也一同随往，留下了第一手细致的观察，与清朝官方的《清实录》记载比较一下，非常有趣。

据法国传教士张诚记载，公历1691年5月9日黎明，康熙皇帝离开北京，当天晚上曾向张诚学习《实用几何学》，还做了几道证明题。第二天晚上康熙皇帝不仅向张诚询问了星体运行，还做了十几道三角证明题。13日，到达古北口，康熙皇帝检阅了800多名驻军的演习，并询问与法军相比如

---

1 《圣祖仁皇帝实录》卷147。

2 《圣祖仁皇帝实录》卷148。

何。张诚认为这些步兵抵挡不了100名法国骑兵的冲击，但他并没有透露实情。这天晚上康熙皇帝向张诚询问利用星座测量北极高度和罗盘针角度偏差问题，后一日仍在古北口，张诚用半圆仪测量太阳子午线高度，引起康熙皇帝浓厚的兴趣。《清实录》对此仅有简单的一句话："上驻跸古北口，阅总兵官蔡元标下官兵，赐蔡元袍褂一袭，银五百两，马一匹，官兵银两有差。"[1]出了古北口就是塞外，康熙皇帝豪情顿起，日日打猎。据张诚观察，康熙皇帝可手不扶缰绳，快马疾驰于山间林地，弯弓射猎，技艺超群，猎杀了大量的狍、鹿、虎、豹。张诚认为康熙皇帝是一位非常优秀的射手，可以左右开弓，宫廷侍卫无人能比，他不停追猎，每天要骑垮8至14匹马。[2]但这段精彩的狩猎旅行，《清实录》除了时间、地点外，没有任何记录。

5月27日，康熙皇帝抵达多伦诺尔草原，张诚用半圆仪确定了营地位置。在康熙皇帝的黄幄外环绕着八旗兵的营帐，喀尔喀部、漠南蒙古四十九旗从百里外内移至50里，环绕行营排列。28日晚，康熙皇帝检阅了军队，29日正式会盟，为此特地搭建了一个巨大的黄帐篷。康熙皇帝首先召见泽卜尊丹巴胡土克图和他的哥哥土谢图汗，并没

---

1 《圣祖仁皇帝实录》卷150。

2 ［法］张诚：《张诚日记》，《清史资料》第五辑，北京：中华书局，1984：78—203.

有让他们下跪，而是亲自将他们搀扶起来，随后向土谢图汗颁发印章和证书；但《清实录》记载他们均“跪奏”感谢康熙皇帝宽恕他们杀害札萨克图汗的罪行以及拯救他们的“大沛洪恩”。会见后，康熙皇帝接受所有喀尔喀蒙古首领的三跪九叩，至此喀尔喀蒙古正式纳入了清帝国的版图。土谢图汗和众喇嘛只是肃立没有叩首，《清实录》忽略此事。礼仪过后是宴会，因人数太多，坐垫不够，以至于不少喀尔喀贵族只能坐在地上。康熙皇帝依次召见喀尔喀重要的首领，询问他们的姓名、年龄，他们则跪着回答。席间还表演了杂技，喀尔喀人从未见过，以致绝大多数人竟忘记了吃东西，只有泽卜尊丹巴胡土克图一人保持着庄重的风度，《清实录》对这些细节均没有记录。

第二天康熙皇帝又召集所有的首领们宴会，观看杂技，分别册封他们为亲王、郡王、贝勒等爵位，并赏赐礼服、财物。宴会持续了三个半小时，康熙皇帝与他们亲切交谈，与身旁的泽卜尊丹巴胡土克图交谈最多，这说明康熙皇帝精通蒙古语。在这次宴会上，康熙皇帝将喀尔喀各部编为七旗，与早已归顺臣服的内蒙古四十九旗“一例编设，其名号亦与四十九旗同”，实行札萨克制[1]，保留了土谢图汗、

1　札萨克，官名，蒙古语“执政官”，是清朝时一种主要对蒙古族和满族人授予的军事、政治官职爵位，等级依次为汗、亲王、郡王、贝勒、贝子等，均由朝廷册封，受当地办事大臣或参赞大臣节制。

车臣汗的名号，废除札萨克图汗号，将擅自称汗的策妄扎卜封为和硕亲王，其他汗、济农、诺颜等称号一律废除，按清朝的亲王、郡王、贝勒、贝子、镇国公、辅国公的爵位重新分封。

31日，康熙皇帝身披盔甲检阅军队，下马亲自射箭，发十矢九中，然后与喀尔喀众首领一起登上高地观看演习，军队“依次列阵鸣角，鸟枪齐发，大呼前进，声动山谷，喀尔喀土谢图汗、台吉等悚惧失措，有欲趋避状”[1]，《清实录》与张诚的记载很一致。康熙皇帝见此情景笑问土谢图汗有什么好怕的。土谢图汗回答说，皇帝的军威显赫，所以害怕。一问一答之间，康熙皇帝完全达到了演习的目的。随后康熙皇帝挑了一张硬弓，喀尔喀众首领无人能拉开，然后他用这张弓射出了10至12支箭，中靶三四次——只有最强弓才能射到的靶标。据康熙皇帝晚年自述，他在壮年时可“弯十五力弓，发十三握箭”[2]，一力为十斤，一握为一个拳头的长度。随后是射箭、杂技、赛马、摔跤、歌舞表演，康熙皇帝还亲自去喀尔喀营地视察，并赏赐财物、牛羊。他故意不让一向随从左右的张诚前往，张诚认为这是康熙皇帝怕他看见喀尔喀人逃亡中的穷困潦倒之相，实际上康熙皇帝肯定觉察到了张诚有意无意流露的表情。康熙

1 《圣祖仁皇帝实录》卷150。

2 《圣祖仁皇帝实录》卷300。

皇帝同时拒绝了以科尔沁土谢图亲王沙律为首的漠南蒙古四十九旗上尊号的请求。

6月3日，康熙皇帝起驾回京，内蒙古四十九旗的首领跪在路左，喀尔喀蒙古的首领则跪在路右，共同恭送，喀尔喀首领“皆依恋不已，伏地流涕”。当晚，康熙皇帝对随从大臣说“昔秦兴土石之工修筑长城，我朝施恩于喀尔喀，使之防备朔方，较长城更为坚固”[1]，一语道破康熙皇帝招纳怀柔喀尔喀蒙古的根本用意，这也是康熙皇帝反对下属重修长城建议的原因所在。多伦诺尔会盟标志着漠北蒙古自此纳入了清帝国的版图，但要实际控制这一广大的疆土，必须要解除准噶尔的威胁。

3. 大漠围猎：亲统六师，三临绝塞

一度强盛、称霸中亚的准噶尔帝国已经分裂，分别由噶尔丹和他的侄子策妄阿拉布坦统治，他们之间发生过内战，后来在第巴桑杰嘉措的调解下得以平息。康熙三十一年（1692年）噶尔丹致书内蒙古各部王公：“我们已经变成往日一直受我们控制的满洲人的奴仆，还有什么事比这更可耻的呢？如果蒙古诸王中有人卑躬屈膝，甘心仍然当

1 《圣祖仁皇帝实录》卷151。

我们共同敌人满洲人的奴隶，那么他们便是我们复仇中首先要打击的众矢之的，而他们的毁灭将是我征服中国的序曲。”科尔沁部土谢图亲王沙津属下的必立克图将噶尔丹的书信奏报康熙皇帝，康熙皇帝直接写信斥责噶尔丹并揭露他的阴谋，随即召沙津进京，命他复书噶尔丹，伪称为内应，以便诱使噶尔丹前来并将其歼灭。

准噶尔汗国与清朝之间一直矛盾不断，战争终于再次爆发。康熙三十四年（1695年）五月，噶尔丹率领3万军队从科布多出发进攻喀尔喀，而此前不久，第巴桑杰嘉措又以达赖喇嘛的名义上书要求清朝从青海撤军，被康熙皇帝洞察其阴谋，严辞驳回。康熙皇帝担心准噶尔军躲避远遁，因此秘密命令科尔沁土谢图亲王沙津诈降，引诱准噶尔军沿克鲁伦河顺流而下，于十一月进军至巴颜乌兰（今蒙古国乌兰巴托东南）。康熙皇帝一直深以乌兰布通一役未能亲征歼灭噶尔丹为憾，而现在噶尔丹就在巴颜乌兰，相距并不很远，他想“亲莅边外，相机行事。此贼既灭，则中外宁谧，可无他虞。假使及今不除，日后设防，兵民益多扰累”[1]，因此颁布17条军令，不顾群臣反对，决意亲征，希望毕其功于一役，彻底解决噶尔丹。康熙三十五年（1696年）三月，康熙皇帝亲率中路大军出征，因人马众

1 《圣祖仁皇帝实录》卷169。

多，分别从独石口、古北口出塞汇合。在行军途中，遇上雨雪，康熙皇帝就身披雨衣站立在外，一直等到将士结营安顿，自己才进入帐篷；等到全体将士开饭，他才进膳；他及其随行的众皇子与将士吃同样的饭菜，每日一餐，只能饮用混浊的水[1]。

中路军于四月抵达科图（今蒙古国乌兰巴托西南），此时东西两路军未至，扈从大臣佟国维、索额图、伊桑阿等上奏，听闻噶尔丹已经远遁，劝康熙班师，只让西路军追击。康熙皇帝非常愤怒，斥责他们“不知尔等视朕为何如人”，表明自己要学习太祖、太宗亲临战阵的作风，并严令将士如“不奋勇前往，逡巡退后，朕必诛之”[2]。土谢图汗请求从征，康熙皇帝回复：“此番朕必成功，为尔二次雪怨。尔等安居，听朕捷音，不必随往。”[3]五月初七，经侦察得知噶尔丹军的所在，康熙皇帝率前锋兵在前，诸军排列成严密的战阵跟随在后，兵威之盛，弥山遍野，不见涯际，整齐严密，肃然无声。噶尔丹见康熙皇帝亲征，兵强马壮，不战而逃，康熙皇帝亲率前锋兵穷追噶尔丹，噶尔丹仓皇遁走。清军在沿途缴获准军所遗落的器械、帐房、食品，一直追击到拖讷阿林。康熙皇帝决定任命领侍卫内大臣马

1 《圣祖仁皇帝实录》卷170。随军的张诚也记录了诸皇子每天只吃一餐。见《张诚日记》(续),《清史资料》第六辑，北京：中华书局，1985：178—213.

2 《圣祖仁皇帝实录》卷172。

3 同上。

思喀为平北大将军，领兵继续追剿噶尔丹，此前他已经命令抚远大将军费扬古的西路军截断了噶尔丹的归路，两路夹攻，他预料数日内捷报就会传来。

五月十五日（公历6月14日）抚远大将军费扬古的西路军在昭莫多（今蒙古国乌兰巴托东南）与准噶尔军队相遇，噶尔丹与妻子阿奴亲自统率一万余人的主力向清军阵地猛攻，清军孙思克部占据有利地形顽强阻击。激战中清军发现准噶尔军队后方森林是辎重、老弱所在，随即以预先沿河设伏的右翼骑兵包抄袭击，左翼骑兵与山上守军则向准军主力反攻。在清军三路的反击下，准噶尔全军崩溃，噶尔丹带着数骑率先逃跑，他的妻子阿奴被鸟枪击毙，清军斩贼首3 000余级，其余准军则受伤逃窜，山谷之中尸骸枕藉，并俘虏了男女3 000余人。昭莫多一战，噶尔丹丧失了全部主力，从此变成了大漠中的流寇。很多部下对其有怨言，他辩解自己是被“达赖喇嘛煽惑而来，是达赖喇嘛陷我，我又陷尔众人矣”。准噶尔部的3 000多名俘虏成为清军的奴隶，康熙皇帝赐银将他们赎出，“使其父子夫妇兄弟完聚”。[1]

清军班师到了席喇布里图，蒙古诸王公在此行庆贺礼，康熙皇帝满怀豪情对他们说：“朕尊为天子，富有四海。此

1 《圣祖仁皇帝实录》卷172。

番出征，朕日食一餐，夙兴夜寐，栉风沐雨。每至一处，朕皆步行。及闻噶尔丹确信，朕亲率前锋穷追。凡此特欲速灭凶寇，使尔等咸得安生故耳。……朕昔以汛界之内视为一家，今土喇、克鲁伦以内皆为一家矣。”[1]这番宣言明确表示他已经是全漠北蒙古的保护者与统治者，为了保护漠北蒙古不受准噶尔的侵略，才不顾辛劳率军亲征。

第二年九月，在得知噶尔丹行踪后，康熙皇帝决定以“试鹰”打猎的名义，亲率2 000名士兵出塞围捕，并命令青海诸蒙古部落、土尔扈特部以及噶尔丹的侄子——现已成为准噶尔新大汗的策妄阿拉布坦等参与，防止噶尔丹西逃。此时噶尔丹部下只有1 000余名士兵，食用困乏，天气寒冽，溃散逃亡及冻饿而死者甚多，火药、军器遗失殆尽，已经变成了清军的猎物，只能在辽阔的大漠、草原间东躲西藏，逃避追捕，虽然英雄末路，但他仍然坚决拒绝康熙皇帝的招降。此次亲征历时三个多月，康熙皇帝在布置好对噶尔丹的全面包围后，于年底返回京师，他认为“凡用兵之道要在乘机，噶尔丹穷迫已极，宜乘此际速行剿灭，断不可缓”，随即于康熙三十六年（1697年）二月发动了第三次亲征，率军前往宁夏，指挥对噶尔丹的围剿。此次亲征也是小规模的军事围捕行动，兵分两路，一路出嘉峪关，

1 《圣祖仁皇帝实录》卷173。步行是为了让战马得以休息。

一路出宁夏，每路仅2 000人。在蒙古诸部得知五世达赖喇嘛早已去世的消息后，噶尔丹起兵的宗教意义已经消失，此时噶尔丹众叛亲离，手下只有300多户，在蒙古诸部与清军包围下，已经无处可逃。闰三月十三日（公历5月3日），康熙皇帝在给留守京师的皇太子胤礽的信中预言噶尔丹很快就将被俘获或被杀，巧合的是，就在同一天，躲避在阿察阿穆塔台（今蒙古国科布多附近）的噶尔丹饮药自杀，部下携带着他的尸骸及其女儿钟齐海前来向费扬古所部投降。在宁夏时，康熙皇帝曾亲率骑兵从冰面上渡过黄河，写下《冰渡》诗一首，描述了当时的情景："云深卓万骑，风劲响千旗。半夜河冰合，安然过六师。"

在回京途中，康熙皇帝写信给宫中总太监，袒露了他亲征的感想："朕两岁之间三出沙漠，栉风沐雨，并日而餐。不毛不水之地，黄沙无人之境，可谓苦而不言苦。人皆避而朕不避，千辛万苦之中立此大功。……朕之一生，可谓乐矣，可谓致矣，可谓尽矣。"[1]言语间洋溢着豪迈、奔放的英雄气概，同时也非常志得意满，这是他一生事业的巅峰。

康熙皇帝凯旋后，总结了自己"亲统六师，三临绝塞"的经验，认为"塞外情形不可臆度，必身历其境，乃有确见。昔朕欲亲征噶尔丹，众皆劝阻，惟伯费扬古言其当讨。

1　章开沅主编：《清通鉴·圣祖仁皇帝·康熙三十六年》，长沙：岳麓书社，2000：1031.

后两次出师，皆朕独断。若非朕亲统大军追袭噶尔丹，使少留余息，彼必复聚，难以遽灭。……至行师之道，调军、转饷，必一人兼综其成，事乃易济。……朕此次宁夏之行不用车辆，所需驼马骡驴，悉自京城发往。恐有不敷，复给公帑采买预备。一切什物皆由官运，略不累民。”[1]对付行踪不定、机动性极强的游牧敌人，必须临机决断，在没有现代通信的时代，只有亲征才能及时掌握战场上瞬息万变的情况；另外必须穷追猛打，不能让其有喘息的机会，而且要布置一个巨大的包围圈，否则散而复聚，没完没了。横绝大漠作战，后勤极其重要，亲征也便于统一调度作战与后勤。

康熙皇帝的战术方针脱胎于满洲人的围猎。入关前，满洲人生活在白山黑水的大森林间，以打猎为生。猎捕的对象既有虎、熊、野猪这样的猛兽，也有鹿、狍、兔这样机敏的食草动物。打猎既需要有高度的技巧与智慧，探测行踪、设陷阱、打埋伏，又需要有过人的勇气，遇见猛兽要敢于出击，甚至贴身搏斗；打猎既需要个人的勇气，又需要集体合作，要有极强的组织能力与高度的纪律。康熙皇帝终其一生对打猎极为痴迷，他在晚年曾自述："朕自幼至今、凡用鸟枪、弓矢，获虎一百三十五，熊二十，豹二十五，猞猁狲十、麋鹿十四，狼九十六，野猪一百三十二，哨获

1 《圣祖仁皇帝实录》卷182。

之鹿凡数百。其余围场内随便射获诸兽，不胜记矣。朕曾于一日内射兔三百一十八。若庸常人，毕世亦不能及此一日之数也。”[1]此时他还有三年的生命，因此他一生的猎物数量还要更多。乾隆皇帝年少时曾跟随在祖父康熙皇帝身边，他回忆已经68岁高龄的“皇祖高年须白，允宜颐养，尚且日理万几（机），暇则校射习网，阅马合围”[2]。

西方传教士则更加详细地记录了康熙皇帝的行猎。1682年，比利时传教士南怀仁（Ferdinand Verbiest）曾追随康熙皇帝东巡盛京、乌喇，过山海关后，康熙皇帝每日都在打猎。在一次大规模的围猎中，康熙皇帝从禁卫军挑选出3 000名弓箭武装的士兵，命令他们按照一定的顺序和间距，绕着山峰列队，向两侧扩展，围成了一个半径约3里的环形包围圈，为了防止包围圈出现凸凹和间隙，军官不断调整队列，等包围圈的所有位置固定好后，全体成一条线前进，前面无论是沟谷山涧还是荆棘深丛，甚至是险陡的山崖，任何人都必须攀涉，不准左右串动、离开队伍。这个巨大的环型队伍横越了山岭和涧谷，将野兽围困起来，再渐渐地移向一块没有树木的低地，圆环的3里半径慢慢缩小到仅有二三百步，此时7万名骑兵一齐下马，步比步、

1 《圣祖仁皇帝实录》卷285。

2 《避暑山庄百韵诗序》。见尹利民主编：《河北满族蒙古族碑刻选编》，北京：作家出版社，2007：139.

肩并肩加入包围圈。那些从洞穴里、栖息地被赶出来的野兽，在这个圈中被穷追猛打，东蹿西跳，最终全部乖乖就擒。南怀仁亲眼看见清军用这种围猎的方法，仅仅半天时间就抓住了300多只牡鹿、狼、狐狸，还有其他野兽，甚至经常看到在一个时辰（2小时）就捕住1 000多只牡鹿和穴居的熊。野兽在环形包围圈中像羊群一样，前冲后突，走投无路，那些竭力逃命者更往往成为众矢之的，不消片刻便被射中击倒。另外还猎取到60多头老虎，但这不是围猎而是追捕中击毙的。[1]

第一次出使俄国的代表团折返后，去谒见正在率军巡视边境地区的康熙皇帝。据张诚的记录，那天康熙皇帝率领一支小队脱离了大部队，从黎明到晚上一直不知疲倦地在追捕猎物，一日之内骑垮8到14匹马。在多伦诺尔会盟的往返途中，张诚目睹了康熙皇帝用围猎的方式捕获了大量野兔等食草动物，以及亲自追捕猎杀的几头老虎。满洲人非常擅长用“木兰”[2]的方式引诱鹿群，因此他们的围猎场所叫“木兰围场”。康熙皇帝的打猎既是强烈的个人爱好，又是一种锻炼军队的好办法，是军事演习。在捕猎技艺极为高明的康熙皇帝眼中，他的敌人噶尔丹又何尝不是

1 ［比］南怀仁：《鞑靼旅行记》，杜文凯编：《清代西人见闻录》，北京：中国人民大学出版社，1985：69—84.

2 满语音译，意为“哨鹿”。

猎物？他利用反间计的方式引诱噶尔丹东来，在东起今东北、西到今蒙古西部，幅员巨大的“围场”内派遣东、西、中三路大军围捕，而他自己亲率少部分前锋营精锐横绝大漠草原，追亡逐北，直至将猎物追赶到预设的西路军阵地予以围歼，然后又两次亲率少数军队在布置好的巨大“围场”中继续对逃脱的猎物穷追不舍，直至猎物走投无路而死。

噶尔丹信仰虔诚，胸怀大志，意志坚定，才能出众，他抱有统一蒙古草原诸部的雄心，试图统一中亚、蒙古高原以及中原，恢复成吉思汗的事业，建立了人类历史上最后一个游牧帝国——准噶尔帝国，一度统治东至贝尔湖、西至巴尔喀什湖、北至西伯利亚、南至西藏的辽阔地区，成吉思汗的事业似乎已经近在眼前。但不幸的是，与他同时还并存着一位统治着一个更强大的帝国，有着同样胸怀、意志坚定、才能出众的康熙皇帝。更重要的是，17世纪末，清军已经普遍装备了火炮等各类火器，同时有勇武的骑兵，并有强大的国力支撑，蒙古人以劲骑强弓就能征服世界的成吉思汗时代已经一去不复返，因此清准战争才变成了“围猎”。康熙皇帝与噶尔丹的战争结果使得清朝全面控制了漠北蒙古，将准噶尔汗国的势力压缩到了阿尔泰山以西，将原属准噶尔的科布多部分地区以及巴里坤（今新疆自治区巴里坤县）纳入了版图，但清帝国与准噶尔帝国之间的战争还远远没有结束。

康熙三十六年（1697年）七月，康熙皇帝在新落成的太和殿举行了盛大的庆典，并诏告天下自己“躬统禁旅，不惮勤劳，三出塞外”，平定、消灭噶尔丹，归服喀尔喀的经过，这场战争还使得“青海、乌斯藏人等皆先后输诚自效，哈密国人又俘献噶尔丹之子于行在”，“武功告成之会，正太和殿鼎建工竣、巍焕方新、临御伊始，协气集于九重，观瞻肃于万国”[1]，并下令加封指挥昭莫多战役的抚远大将军伯费扬古为一等公，这座留存至今的太和殿正是康熙盛世的纪念碑。

这场战争还有两个战果，一是哈密国（今新疆自治区哈密市及附近）额贝杜拉达尔汉白克因为奉命擒拿了噶尔丹的儿子塞卜腾巴尔珠尔等人献给清朝，害怕准噶尔帝国的报复，决定归附清朝，被封为札萨克一等达尔汉。清朝在哈密实行盟旗制，后来又仿效内地推行了保甲制，标志着哈密纳入了清帝国的版图，成为未来向中亚进军的重要基地；二是青海和硕特汗国的扎什巴图尔台吉（汗国建立者顾实汗之子）、土谢图戴青那木扎尔额尔德尼台吉、盆楚克台吉等来朝见康熙皇帝，清朝的势力开始进入青海。康熙皇帝身披甲胄，在京师玉泉山西南举行三年一次的“大

1 《圣祖仁皇帝实录》卷183。

阅”[1]，八旗兵分列红衣大炮、火器，马、步鸟枪军士及前锋护军骁骑，分翼排列，枪炮齐发，队伍严整，参加观礼的扎什巴图尔等人“皆相顾战栗”，惊叹“天朝军威，精严坚锐如是，可畏也。我辈生长沙漠穷荒，不惟目未经见，即耳亦未曾闻”，这是康熙皇帝一贯的恩威并施，用恩怀柔，用威震慑，随即封扎什巴图尔为亲王，并赏赐钱物。

1 清朝由皇帝亲自检阅八旗兵列阵、作战的典礼。

第五节｜怀柔蒙古与西征安藏

1. 南不封王，北不断姻

多伦诺尔会盟标志着漠南、漠北蒙古已经全部统一于清帝国的版图，而此时漠西蒙古的准噶尔帝国与和硕特汗国仍然是独立的政权，占据着青藏高原以及广大的中亚地区。

满洲与蒙古的联盟是清朝统治最重要的基础，满洲与蒙古是维系清朝统治的两股基本力量。满洲是清皇族的民族，早在入关前，清太祖努尔哈赤与清太宗皇太极以建州女真为核心，统一了白山黑水之间的女真各部落，形成了满洲民族，并建立了兵民合一的八旗制度，满洲八旗兵是清朝的绝对主力。由于满洲人数很少，壮丁只有几万人，因此早在入关前，他们便有意识与周边的蒙古诸部结盟，努尔哈赤首先拉拢的是靠近后金的原敌人——漠南蒙古科尔沁部与内喀尔喀五部（札鲁特、翁吉剌特、巴岳特、巴林和乌齐叶特），前者的首领是成吉思汗弟弟哈布图哈萨尔的后裔，属于蒙古黄金家族，后者的首领则是达延汗之后，从喀尔喀迁来。

明万历四十年（1612年），努尔哈赤求聘科尔沁部台吉明安的女儿，这是满蒙联姻的开始。两年后，努尔哈赤第二子代善娶科尔沁札鲁特台吉钟嫩女为妻，第五子莽古尔泰娶札鲁特内齐汗的妹妹，第八子——后来的清太宗皇太极娶科尔沁部莽古思之女哲哲为妻，即后来的孝端皇后，札鲁特部额尔济格台吉的女儿嫁给努尔哈赤的第十子德格雷。随后努尔哈赤又娶科尔沁台吉洪果尔的女儿，努尔哈赤的第十二子阿济格也娶了洪果尔的女儿，第十四子多尔衮则娶了台吉阿尔寨的女儿，皇太极又先后娶了台吉宰桑的女儿布木布泰，即后来著名的孝庄太后及她的姐姐海兰珠。1617年（后金天命二年），内喀尔喀巴岳特鄂托克达尔汉巴图尔诺延之子恩格德尔娶女真舒尔哈齐四女为妻。

1619年，内喀尔喀五部部分台吉与后金杀白马、乌牛，设酒盟誓，结成联盟，与明朝为敌；在频繁联姻的基础上，天命九年（1624年）二月，后金又与科尔沁部以杀白马、乌牛昭告天地盟誓，结成联盟；又与奥巴为首的科尔沁部结成联盟，共同对付察哈尔。察哈尔的林丹汗发兵讨伐科尔沁部，努尔哈赤派军救援，事后又将弟弟舒尔哈齐的孙女肫哲公主嫁给奥巴，并封他为科尔沁土谢图汗，至此科尔沁部成为清朝最坚定的同盟军，一起入关。清皇族与科尔沁部世代联姻，截至康熙朝，共有20多位清朝的公主、郡主嫁给该部的亲王、贵族，前文提到的诱使噶尔丹东进的科尔沁土谢图亲王沙津就是清朝的额驸；还有几十位公主、郡主以及宗室女分别嫁给了其他部首领，其中包括漠西厄鲁特蒙古的首领，甚至还有噶尔丹的儿子和侄孙。有蒙古血统（祖母孝庄太后是蒙古人）的康熙皇帝将自己的七位女儿出嫁蒙古，其中第六女恪靖公主嫁给了新归附的喀尔喀土谢图汗部的郡王敦多布多尔济，后承袭土谢图汗，土谢图汗国的实际政权就掌握在了公主的手里；第十女纯悫公主嫁给喀尔喀土谢图汗部下、赛音诺颜部台吉策凌，他为清朝屡立战功，于雍正三年（1725年）别为一部，不再附属土谢图汗，与土谢图汗部、车臣汗部、扎萨克图汗部并列为喀尔喀四部。满蒙世代联姻成为清朝的基本国策，据统计，满蒙联姻达586次，入关前联姻的32年间为84次，入关后的268年间为502次，清朝皇室出嫁蒙古的女子多达430名，其中入关前27名，入关后403名；皇室娶蒙古王公之女156名，入关前57名，入关后99名。长期的满蒙联姻使蒙古首领、贵族世代与清皇家保持姻亲关系，皇族格格、公主生育的子孙后裔担任蒙古王公台吉，他们与清朝皇帝是甥舅或外祖孙等关系，其中又有不少人被招为额驸。他们定期轮班到北京或承德觐见皇帝，进一步增加与清朝皇室的感情，这是蒙古各部始终忠于清朝的重要保证。

满蒙联姻只是清朝笼络、怀柔蒙古的措施之一，在制度上，清朝对蒙古的控制、管理也非常完善、严密。早在入关前的1632年，漠南蒙古的土默特部已经归附后金，三年后，蒙古诸部中最强大的察哈尔部在清军的连续打击下灭亡，最后一任蒙古国大汗林丹汗也在逃亡中去世。1636年，漠南蒙古16部49个首领齐聚沈阳，承认皇太极为新的蒙古国大汗，奉上“博格达彻辰汗”尊号，同年皇太极即位，改国号为“清”。清朝将归附的漠南蒙古编为49旗，6个盟，称为“内札萨克蒙古”。每旗设札萨克一人管理旗务。旗下基层组织为佐，年18岁至60岁者均要编入册，每150人编为一佐，平时三分之一牧民服役，三分之二牧民生产。札萨克为世袭制，其下设协理台吉、章京、参领、佐领、骁骑校等官职，分工管理旗内的军事、司法、行政、土地等。旗的上层组织为盟，盟设盟长和副盟长各一人，从各旗的札萨克中产生，由理藩院奏报清政府任命。盟长的主要职责为会同各旗扎萨克处理重大事务，接受上诉和会审案件，检阅各旗军事力量，但不能干涉各旗的内政。漠北喀尔喀蒙古归附后，仿照漠南蒙古例，也推行了盟旗制，后来又推行到了漠西青海厄鲁特蒙古以及新归附被安置在新疆的厄鲁特蒙古土尔扈特部。

实行盟旗制的蒙古诸部称为外藩蒙古，拥有一定的自治权。此外还有内属蒙古，直接隶属于该地区的都统、大臣和将军，受理藩院管辖，不授札萨克，不设盟，无世袭爵位，没有自治权，实行严格的八旗制度，编为八旗蒙古，它与八旗满洲、八旗汉军同为清朝直属的主力军事力量；八旗蒙古主要由察哈尔、土默特、乌梁海、厄鲁特等部组成。喀尔喀归顺后，清朝重新修订了《理藩院律例》，作为统治蒙古的司法条文，它规定蒙古人在内地犯法，按内地刑律处理；内地人在蒙古犯法，按蒙古律处理。此外在经济上，从康熙皇帝开始，几乎每年都发放粮食救济蒙古民众，并派人教导蒙古人种树、耕田、灌溉、捕鱼等生产技术。

清代对蒙古的管理与以前朝代对边远少数民族地区设立的管理——如唐代设立的都督府州等有本质的不同，后者由中央政府赐予当地民族首领名号，仅是在名义上服从中原王朝，实际上并没有实行直接统治与管理，也没有改变其组织、行政制度；而清代的盟旗制度则是中央政府对蒙古地区的直接统治与管理，通过盟旗制度重新划分了蒙古诸部的组织、行政结构，将漠南分为49旗、漠北分为59旗（后增至86旗），各旗之间严格划定旗界，严禁越界游牧，违者依法严加惩处。划分旗界有意打破蒙古原本的组织形式，以起到分化蒙古、实行有效控制的目的。清朝在漠北、漠南、漠西蒙古分别设置定边左副将军（乌里雅苏台将军）、科布多参赞大臣、库伦办事大臣、绥远城驻防将军、呼伦贝尔副都统、伊犁将军等进行直接的军府统治，因此清朝拥有对蒙古地区的完全主权和统治权。

2. 秋高弓劲万马肥：木兰秋狝

为了安抚、怀柔蒙古，康熙皇帝还创立了“木兰秋狝”制度。康熙十六年（1677年）、二十年（1681年）九月，康熙皇帝两次出塞北巡，一路上接见了蒙古喀喇沁、科尔沁、敖汉等部的众多蒙古王公，开创了清朝皇帝出塞会见蒙古王公的制度。在第二次北巡时，喀喇沁、敖汉两部向康熙皇帝献出属地，与原属清朝的土地合并成为专供皇帝打猎的木兰围场（在今河北围场县），面积达一万多平方公里。康熙二十二年（1683年）夏，康熙皇帝陪同祖母孝庄太皇太后出塞避暑，第一次在围场设置黄幄、仪仗，赐宴招待前来朝见的科尔沁、敖汉、奈曼、阿霸垓、喀尔喀、土默特、喀喇沁、翁牛特、克西克腾诸部的众多王公及蒙古众官兵。从此之后，除了康熙三十五年亲征噶尔丹外，一直到他去世，康熙皇帝每年必率领众多王公大臣以及八旗官兵前往围场打猎，并会见蒙古王公，举行秋狝大典。

行围规模宏大，根据遵旨议奏的行猎纪律，每年派兵1.2万名，分为三班，一次行猎拨兵四千，分别于四月、十月、十二月前往口外行猎，并且因为“近见部院衙门官员不谙骑射者多”，因此他们也要去行猎，练习骑射。行围长达20天，其间蒙古兵丁、八旗兵、虎枪各部落神射手齐出营盘，从两翼迂道绕过选定的围场，依山川地形、道路远近，形成十五公里、二十五公里以及三四十公里不等的包围圈，日出前，皇帝出城察看，在护从大臣、侍卫及亲随射手拱卫下率先引弓射猎，随后皇帝再命令蒙古王公及诸部落射生手驰猎。行围结束，射获者论功颁赏，皇帝、大臣与满蒙官兵在营地点起篝火，烧烤猎物，同进野餐，举行庆功会与告别会。行围是严格的军事训练和演习，因此康熙皇帝对包括行军、出哨、布围、合图、射猎、罢围、驻跸、安营等在内的全过程都有严格的规定，有违犯者军法处置。

曾追随康熙皇帝参加秋狝大典的蒋延锡写过一首《大猎》，生动描绘了木兰秋狝行围的壮阔磅礴以及康熙皇帝本人的英勇神武："秋高弓劲万马肥，千山红叶连霞飞。外藩部长率部落，来奉君王大合围。天威手挽八石弓，十四把长余箭铤。前鹿已中金仆姑，雕翎洒血红模糊。后鹿一发中其项，高坡仰仆鸣呜呜。须臾连射二十虎，箭箙曾无遗一镞。"这首诗与西方传教士的详细记录共同映证了康熙皇帝英武的人生。

木兰秋狝不仅具有重要的军事意义，还有着重要的政治意义。由于蒙古王公不适应关内炎热的气候，很容易感染天花，而且从蒙古高原到京师路途遥远，因此康熙皇帝为表体恤，特地选择在塞外围场接见他们，一起打猎行围、野餐联欢、乐舞摔跤、庆功赏赐……这些积极向上的户外活动能更好地沟通、加强满蒙间的感情，同时又能宣扬军威，恩威并施，方能真正做到畏威而怀德。

为了能够更经常地居住在塞外，康熙四十二年（1703年），开始在木兰围场的南面建设热河行宫，又称避暑山庄（今河北省承德市市区），五年后初步建成，从此这里成了清帝国的第二政治中心，康熙皇帝每年有几个月甚至半年在此居住。乾隆皇帝解释了他的祖父建设避暑山庄的原因："我皇祖建此山庄于塞外，非为一已之豫游，盖贻万世之缔构也。"避暑山庄不仅是每年举行木兰秋狝的基地，也是康熙皇帝处理政务、接见蒙古王公的场所，为了怀柔蒙古，还在行宫附近建造了两座蒙古式样的喇嘛庙，后来乾隆皇帝增建了几座有西藏、新疆风格的"外八庙"，实际上这里已经成为帝国的第二首都。清朝皇帝不仅继承了自秦始皇、汉武帝开始一脉相承的中华帝统，是汉人的皇帝，同时也是八旗的共主、蒙古各部的大汗。

满蒙联盟是清朝统治的重要基础，蒙古又是清朝的心腹大患，清朝统治者最担心的就是蒙古统一、强大，因此蒙古不仅是清朝统治者最重要的怀柔、笼络对象，也是他们最为防范、欲加分化的对象。康熙皇帝经常出巡，其中最为人所知并津津乐道的就是六次南巡下江南，但与之相比，他出塞巡视蒙古的次数超过了50次，平定三藩之乱后，他几乎每年必出塞巡视、接见蒙古王公，蒙古对清朝的第一重要性无可争议。

康熙皇帝制定了“南不封王，北不断姻”的国策，为清朝皇帝世代遵守，即在三藩之乱后，汉人不能封王，不能掌握军事实力，但与蒙古则世代联姻，一意怀柔笼络，利用其游牧军事力量共同统治汉人。终清朝200多年，这一国策可以说非常成功，是总人口仅几十万人的满洲能够长久统治数亿汉人的重要原因之一。

3. 西征安藏：兴黄教即所以安众蒙古

明万历六年（1578年），黄教领袖索南嘉措劝说刚刚占领青海的蒙古土默特部阿勒坦汗放弃萨满教信仰，改信黄教，阿勒坦汗为索南嘉措上尊号为“圣识一切瓦齐尔达喇达赖喇嘛”，这就是三世达赖喇嘛；黄教追认根敦嘉措为二世达赖喇嘛，根敦朱巴（宗喀巴的弟子）为一世达赖喇嘛，此即达赖喇嘛的由来。清顺治十年（1653年），五世达赖喇嘛阿旺罗桑嘉措来到京师，清世祖顺治皇帝正式册封他为“西天大善自在佛所领天下释教普通瓦赤喇怛喇达赖喇嘛”，并授予金册和金印（金印刻有汉、满、藏三种文字）。清顺治二年（1645年），率军占领西藏的蒙古和硕特部顾实汗为五世达赖的师傅罗桑却吉坚赞上尊号“班禅博克多”，黄教确认他为四世班禅，追认宗喀巴的门徒克珠杰为一世班禅，索南却朗为二世班禅，罗桑丹珠为三世班禅。为了制衡达赖喇嘛，康熙五十二年（1713年），康熙皇帝封五世班禅为“班禅额尔德尼”[1]，并加封以前各世班禅，授予五世班禅金印、金册，确定班禅和达赖的同等地位，并“互为师”。此前在多伦诺尔会盟后，康熙皇帝决定在会盟地建汇宗寺，作为泽卜尊丹巴胡土克图的在漠南蒙古的驻所，确立了他为喀尔喀诸部的最高宗教领袖，以削弱达赖喇嘛对蒙古的影响。喀尔喀诸部北返后，汇宗寺成为漠南蒙古的最高宗教领袖章嘉胡土克图的驻所，后来他又被封为国师，成为漠南蒙古的最高宗教领袖，至此达赖、班禅、泽卜尊丹巴胡土克图、章嘉胡土克图被称为西藏、青海、蒙古的四大黄教活佛，分别统领前藏、后藏、漠北、漠南。

康熙皇帝本人对佛教并无兴趣，更谈不上信仰，他甚至认为“自古人主好释（佛）、老之教者，无益有损”，他尊崇四大活佛以及黄教只是一种安抚蒙古的统战政策。他的孙子乾隆皇帝对此有非常坦率的阐述：“兴黄教即所以安众蒙古”，“定国家清平之基于永久”，本质是用黄教来维系满蒙同盟。康熙皇帝深感黄教对蒙古的影响力巨大，为了

1 满语，意为“珍宝”。

安抚蒙古，必须先尊崇黄教；尊崇黄教，必须有效控制黄教领袖达赖与班禅，因此首先要有效控制西藏的政治与宗教两界。

虽然尊崇达赖喇嘛，但在涉及国家大是大非的问题上，康熙皇帝寸步不让，他绝不允许达赖喇嘛有控制蒙古的世俗权力。早在康熙十九年（1680年），康熙皇帝在讨论当时还未归附的喀尔喀蒙古进贡问题上，曾批评理藩院："外藩蒙古头目进贡，其物应否收纳，理应即行议定，何必据达赖喇嘛文之有无。"[1]康熙皇帝早就开始怀疑达赖喇嘛暗中支持噶尔丹，因此在第一次亲征时，命令属下及漠北、漠南蒙古各部留意搜集达赖喇嘛、班禅、第巴桑杰嘉措与噶尔丹的书信，并要求立即驰送御营。从俘虏处，康熙皇帝得知五世达赖喇嘛已经去世多年，第巴桑杰嘉错假借其名义支持噶尔丹，为此列举、斥责第巴的罪行："尔第巴原系达赖喇嘛下司事之人，因尔不违达赖喇嘛之语，辅助道法，朕是以优封尔为土伯特（西藏）国王。今观尔阳则奉宗喀巴之教，阴则与噶尔丹朋比，欺达赖喇嘛、班禅胡土克图，而坏宗喀巴之教"，"朕岂不念达赖喇嘛通使修礼历有年所乎？且朕若不加眷恤，尔土伯特国岂得安其生耶？"[2]并命令第巴交待隐瞒达赖喇嘛去世的经过，要求他尊奉班禅为教

---

1 《圣祖仁皇帝实录》卷91。

2 《圣祖仁皇帝实录》卷156。

主，不得再阻挠班禅觐见，交出破坏噶尔丹与土谢图汗讲和的济隆胡图克图以及噶尔丹的女儿。这四个要求如果任何一个做不到，他就将“发云南、四川、陕西等处大兵，如破噶尔丹之例，或朕亲行讨尔，或遣诸王、大臣讨尔。尔向对朕使言四厄鲁特为尔护法之主，尔其召四厄鲁特助尔，朕将观其如何助尔也。尔其速办此事，及正月星速来奏，否则后悔无及矣”[1]。康熙皇帝是大英雄真本色，直截了当下了最后通牒，言辞间毫不掩饰对第巴的蔑视。

当康熙皇帝率兵亲征至宁夏时，接到了第巴诚惶诚恐的求饶:“臣庸流末品，蒙皇上俯念达赖喇嘛，优封臣为土伯特国王。臣正思仰答皇恩，焉敢违圣旨，而附逆贼噶尔丹乎？况臣之荣显安乐，皆皇上所赐，臣苟背皇上而向他人，必当寿数夭折。总之谨遵圣旨而外，更无异词”，并保证“青海八台吉俱达赖喇嘛弟子，但愿为皇上效力，并无二心，臣可保其不背皇上也”。[2]康熙皇帝对第巴的态度比较满意，因此决定不进兵青海、西藏。此前在青海的和硕特蒙古诸部听说康熙皇帝亲征到达宁夏，唯恐被征伐，纷纷远避，直到康熙皇帝宽恕第巴，不再进军青藏，他们在强大的压力下又纷纷要求归附，首领扎什巴图尔台吉等人来朝觐见。康熙皇帝恩威并施的策略不战而屈人之兵，青

1 《圣祖仁皇帝实录》卷175。
2 《圣祖仁皇帝实录》卷179。

海、西藏相继表示归顺。

树欲静而风不止，青藏安定的局面只维持了9年就发生了急剧的变化。第巴桑杰嘉措隐瞒五世达赖喇嘛的死讯长达14年，终于找到了一位少年——仓央嘉措为转世灵童，坐床成为六世达赖喇嘛。仓央嘉措是一位杰出的诗人，但行为举止不符合规范，引发很大争议，本就与第巴不和的西藏最高军政统治者和硕特汗国的达赖汗对此十分不满。达赖汗去世后，其子拉臧汗继位，双方矛盾激化，发生了军事冲突，执掌西藏政教最高权力的第巴桑杰嘉措被杀，拉臧汗上书康熙皇帝要求废除“假达赖”仓央嘉措。康熙皇帝本着维护西藏安定的目的，答应了拉臧汗的要求，并命令他将“假达赖”拘押送京，以防止被其他势力尤其是准噶尔利用，仓央嘉措后死于途中。康熙四十八年（1709年），因青海众台吉与拉臧汗不和，康熙皇帝认为西藏事务不能由拉臧汗独自处理，因此派遣侍郎赫寿“前往西藏，协同拉臧办理事务”[1]，此为清朝派遣官员管理西藏事务的开始。

拉臧汗选立波克塔胡必尔汗伊喜嘉措为六世达赖喇嘛，并由清朝册封，但青海、西藏的民众并不承认，青海诸台吉另立里塘的噶桑嘉措为六世达赖喇嘛，结果出现了

1 《圣祖仁皇帝实录》卷236。

两个达赖并存的状况，统治青藏的和硕特汗国面临着分裂甚至内战的危险。此时，一股更危险的力量开始介入，准噶尔帝国大汗是噶尔丹的侄子策妄阿拉布坦，他曾反对仓央嘉措，此时又180度转弯，与第巴桑杰嘉措部下联手准备入侵西藏，消灭拉臧汗政权。策妄阿拉布坦一面将女儿嫁给拉臧汗的儿子，一面以护送新婚夫妇回藏为名，于康熙五十五年（1716年）十一月派遣策零敦多布率领6 000士兵，从伊犁取道叶尔羌（今新疆自治区莎车县），“绕戈壁，逾和阗南大雪山，涉险冒瘴，昼伏夜行”[1]，一路徒步，艰难跋涉，历时近8个月才抵达西藏边境。此时拉臧汗的主力正集中防备青海，措手不及，一路溃败。准噶尔军队于十月攻下拉萨，拉臧汗英勇战死，六世达赖喇嘛伊喜嘉措被拘禁，强盛一时的和硕特汗国灭亡。形势又变得极为危险，噶尔丹的阴影重现，如果准噶尔有效控制西藏与达赖喇嘛，将拥有雄厚的宗教、政治号召力，势必要控制全蒙古，重现成吉思汗时代的霸业，这会动摇清朝联合蒙古统治汉人的基本国策，威胁到政权的存亡，对康熙皇帝来说是不可接受的噩梦，因此他决定派兵入藏，驱逐准噶尔军队。

康熙五十七年（1718年）五月，由于轻敌，侍卫色楞率领仅两千多人的军队入藏，被准噶尔军诱敌深入包围，

1 《清史稿》卷525《藩部八·西藏》。

于九月中下旬全军覆没。鉴于前次惨败，满朝大臣极力反对再次入藏，认为路途遥远，劳民伤财，遭到了康熙皇帝的痛斥："今观领兵大臣官员等，只为保身之计，不以国事为重，内存私意，彼此争论不和。……今满汉大臣，咸谓不必进兵。朕意此时不进兵安藏，贼寇无所忌惮。或煽惑沿边诸番部，将作何处置耶？故特谕尔等，安藏大兵，决宜前进。"[1]继亲征噶尔丹后，康熙皇帝又一次不顾群臣反对，独断进兵。这一年十月，他任命皇十四子胤祯为抚远大将军，并于次年三月统兵到达西宁，同时任命年羹尧为四川总督，开辟由四川进藏的路线，筹足粮饷，开设驿站。

此次清军入藏，是以护送青海众台吉拥立的达赖喇嘛噶桑嘉措赴布拉达拉宫坐床的名义，噶桑嘉措不仅得到了康熙皇帝的册封承认，而且也深受青藏、蒙古民众的爱戴。这一手段非常高明，据当时在西藏的意大利传教士佛斯德利（Ippolito Desideri）观察，"中国皇帝在获取西藏人同情、离间他们同准噶尔人的关系这一着上，显露出他的明智"[2]，而准噶尔人掌握的是一个不被青海、西藏承认的达赖，这样就被推到了对立面。

平逆将军延信率军出青海，向喀喇乌苏（今西藏那曲）

1 《圣祖仁皇帝实录》卷287。

2 杜文凯编：《清代西人见闻录》，北京：中国人民大学出版社，1985：137.

进兵，此为北路；定西将军噶尔弼率军出四川巴塘进藏，此为清军南路；同时命令靖逆将军富宁安与振武将军傅尔丹，率军向西进攻准噶尔的本土。康熙五十八年（1719年）四月，北路清军护送达赖喇嘛，由西宁进藏，克服恶劣的自然环境，多次击败由大策零敦多布率领的层层设防的准噶尔军。与此同时，年仅33岁的岳钟琪率领南路先锋绿旗兵4 000人，奇袭渡过怒江天险，随后与主力满洲兵会合攻取拉萨。据佛斯德利的目击，入藏清军纪律严明，与此前烧杀掳掠的准噶尔军队形成了鲜明的对比。[1]九月，噶桑嘉措在布达拉宫举行达赖喇嘛的坐床典礼。至此安藏之役结束，清朝开始在西藏驻军，标志着西藏正式纳入了清帝国的版图。进攻准噶尔本土的军队也获得胜利，并占领了吐鲁番，开始筑城戍守。

此次安藏之役将西藏正式纳入版图，完全是康熙皇帝英明独断的结果，在众大臣普遍因循守旧、畏惧进军青藏穷域绝边的艰难险阻，不求有功、但求无过，害怕再一次进军失败、自己也可能被直接或间接牵累的情势下，他抓住了难得的战略机遇。众大臣的这种态度在前一次亲征噶尔丹时已经表露。历史是相似的，汉武帝对外扩张时，同样也遭到了大臣一次次的反对，全凭汉武帝英明独断，得

1 《清代西人见闻录》第139页。

以成功。这不仅仅是一生积极进取的汉武帝、康熙皇帝与大臣之间的个性、眼光及能力的差异，更是产权所有者与其雇佣的职业经理人之间很难弥合的根本性分歧，前者着眼于根本性的长远利益，后者常常得过且过，不想在自己有限的任期内承担太高的风险。当然历史上碌碌无为、蒙混度日的皇帝也很多，但这种缺乏进取心与能力的皇帝是没有可能开创一个盛世的，至多是守成之君。康熙皇帝发动安藏之役时已经垂垂老矣，而且当时已被儿子们折腾得身心俱疲，处理政务亦力不从心。但烈士暮年，壮心不已，这种牵涉到江山千秋万代的重大事务依然会激起他的英雄气概，不顾众人的反对，毅然决然迎接挑战。

康熙盛世积极对外开拓，以武功赫赫著称于史，最显著的标志是结束了国内三藩割据的局面，消灭了郑氏集团，将台湾纳入版图；两次雅克萨之战，让已经侵占黑龙江流域几十年的俄国人退走，第一次在现代国际法框架下确定了中俄东段边境，并在黑龙江沿线驻军；击败了准噶尔的两次入侵，消灭了其首领噶尔丹，将喀尔喀蒙古与准噶尔帝国核心地区科布多的一半纳入了版图；又兴兵安藏，驱逐了入侵西藏的准噶尔军队，在西藏设置办事大臣并驻军，将西藏纳入了版图；同时从准噶尔帝国手中夺取了哈密、吐鲁番、巴里坤；青海和硕特蒙古诸部也归附于清朝，为青海最终纳入版图奠定了坚实的基础，这是康熙一朝留给后世中国极为宝贵的遗产。《清史稿》对康熙皇帝的赞扬非常恰当:“经文纬武，寰宇一统，虽曰守成，实同开创焉。”[1]的确，康熙皇帝虽然是清朝入关后的第二代皇帝，但他实质是创业之君，清朝真正统一中国是在他手里完成的，他的武功业绩非常显赫；在内政方面，康熙皇帝同样是皇帝中的佼佼者。

1 《清史稿》卷8《圣祖本纪三》。

第二章

乾纲独断：以宽仁治天下

康熙皇帝每日御门听政，几十年如一日，几乎从不间断。为了加强皇权，他用南书房等机构取代议政王大臣会议，削弱了八旗亲贵的权力，并创立了皇帝与大臣点对点交流的奏折制度。康熙皇帝废除了圈地与投充，缓和满汉矛盾；将“更名田”的产权转给耕种者，大力发展经济，频繁减免赋税，注重赈灾，广施仁政，着力治理黄河与漕运，为此亲自六次南巡视察指导，奠定了康乾盛世雄厚的政治、经济基础。

第一节｜一人独裁：裁抑满洲权贵与御门听政

1. 缓和满汉矛盾：废除圈地与投充

满洲是清朝的统治民族，入关后举族迁到京师附近。为了解决他们的生计，顺治元年（1644年）十一月，摄政王多尔衮下令："凡近京各州县民人无主荒田，及明国皇亲、驸马、公、侯、伯、太监等，死于寇乱者，无主田地甚多……尽行分给东来诸王、勋臣、兵丁人等"[1]，开始大量圈占京师附近的无主土地，但在实际执行过程中，还圈占了有主土地；顺治二年（1645年）九月，下达了第二次圈地令，范围扩大到直隶的河间、滦州、遵化一带；顺治四年（1647年）正月第三次圈地，圈入顺天、保定、河间、易州、遵化、永平等42府土地，共圈占汉族人田地224 982顷，圈占范围主要集中于直隶六府二州一县，共计77州县，2 000余里。圈地不仅占地，还侵占原田主人的财产，完全是赤裸裸的抢劫。圈地后，田地被占的人流离失所，

1 《世祖章皇帝实录》卷12。

除了部分人投充到八旗庄园充当农奴外，大多数只能流亡他乡，成为流民、乞丐。大规模的圈地虽然已经停止，但小规模圈地、换地仍有发生，因为八旗军士战事频繁，被圈的土地未能得到悉心耕种，往往出现大片荒废。圈地严重激化了满汉之间的民族矛盾，康熙八年（1669年）五月，亲政后的康熙皇帝宣布停止圈地："朕缵承祖宗丕基，又安天下，抚育群生，满汉军民，原无异视，务俾各得其所，乃惬朕心。比年以来，复将民间房地圈给旗下，以致民生失业，衣食无资，流离困苦，深为可悯。自后圈占民间房地，永行停止，其今年所已圈者，悉令给还民间。"[1]在这道上谕中，康熙皇帝停止圈地的理论前提是要平等对待满汉军民。康熙二十四年（1685年），顺天府府尹张吉午上疏，请自此年始，永远不能圈取民间开垦的田亩，这一建议被户部否决，却获得了康熙皇帝的支持，他认为凡民间开垦田亩，若被八旗圈取，会损害人民利益，因此下令"嗣后永不许圈"[2]。

伴随着圈地还有投充，旗人圈占了大量土地，但一不会耕种，二也不愿意自己耕种，因此顺治二年摄政王多尔衮颁布《投充法》。原本只允许旗人官民招募无地贫民以奴仆的身份耕种，但由于许多人的土地被八旗圈走，

1 《圣祖仁皇帝实录》卷30。

2 《圣祖仁皇帝实录》卷120。

家产被侵夺，只好“带地投充”，成为耕种原本属于自己土地的农奴，向新的土地主人交租，甚至还出现“满洲威逼投充”，即将普通民人逼迫成农奴。农奴不堪忍受，经常逃跑，“只此数月之间，逃人已几数万”，因此清廷又为此制定了残酷的《逃人法》，条目达100多条，重在严惩窝藏逃人者，“有隐匿逃人者斩，其邻佑及十家长、百家长不行举首，地方官不能觉察者，俱为连坐”[1]，却轻判逃亡者，逃亡三次者才处以绞刑，并专门成立督捕衙门。在如此严酷的法令下，顺治十年（1654年），豪雨成灾，“直隶被水诸处，万民流离，扶老携幼，就食山东。但逃人法严，不敢收留，流民啼号转徙”[2]。康熙四年（1665年）开始修改《逃人法》，对窝藏逃人者减轻处罚，康熙十一年（1672年），除宁古塔等地方外，将逃人案件的审判权从八旗的王公将军转移给督抚，处罚进一步减轻。据康熙二十九年曾任督捕侍郎王士祯的记录，“终岁不劾劾一失察之官，不治一窝隐之罪”[3]，《逃人法》已经形同虚设，康熙三十八年（1699年），索性撤裁了督捕衙门。这些措施都有效地缓和了满汉间的民族矛盾。

1 《世祖章皇帝实录》卷43。

2 《世祖章皇帝实录》卷77。

3 （清）王世祯：《香祖笔记》卷4。

2. 议政王大臣会议、内阁与南书房

八旗是清朝的统治集团，其中又以八旗满洲为核心，另外还有八旗蒙古和八旗汉军。八旗实行主奴制，皇帝是八旗的共主，并亲自统领上三旗（镶黄、正黄、正白），另外五旗为下五旗，各有旗主，均是皇族亲王。清初中央政府的最高决策机构是议政王大臣会议，其机构称为“议政处”，是满洲部落民主制的残留：“国初定制，设议政王大臣数员，皆以满臣充之，凡军国重务不由阁臣票发者，皆交议政大臣会议。”[1]议政王大臣会议的成员后来有所增加，除亲王、郡王、贝勒外，还有贝子及公一级；参与的大臣除了满洲大臣外，还增加了八旗蒙古以及八旗汉军的大臣，这样一来，有效地稀释、削减了宗室诸王的权力。皇帝是最高的裁决者，他可以修改或否决议政王大臣会议的决定。

中央政府日常的行政性事务由内阁承担。顺治十五年（1658年），仿照明朝的制度改内三院为内阁，由大学士、协办大学士、学士、侍读学士等组成，大学士有殿阁头衔[2]，还可兼任六部的尚书。内阁的工作内容与程序大体上

1 （清）昭梿：《啸亭杂录》卷4。

2 中和殿、保和殿、文华殿、武英殿、文渊阁、东阁，乾隆时除去中和殿，增补体仁阁，以三殿三阁为大学士衔。

仿照明朝，主要任务是协助皇帝处理题本[1]，各地方政府的题本需要经过通政使司转呈内阁，称为“通本”，在京中央各部门直接呈送内阁，称为“部本”；内阁接到题本后，首先要“票拟”，即根据有关法规和典章律例为皇帝代拟、起草处理意见，具体工作由票签处代拟，草签后上呈大学士总校，再由满、汉票签处缮写满汉合璧的正签，夹入题本中送批本处；次日晨送内奏事处，呈送皇帝阅览。皇帝阅览题本并核定票签，或照原签所拟，或于原签内朱笔改定，或命令改签，再发下内奏事处。内奏事处将皇帝批下的朱签（批示意见）送内阁批本处，接到下发朱签后，由中书分满、汉文分别批写在原题本满、汉文部分的页面上，批写用红笔，故称“批红”，批红的题本又称为“红本”，送收发红本处；每日六科派值日给事中一人，赴收发红本处领出红本，抄送各相关衙门查照办理，至此整个题本处理流程方告结束。由于清初重要军国、机密大事皆由八旗亲贵组成的议政王大臣会议决定，因此清代的内阁权力已经大大缩小。根据实际的办事流程，大臣可以直接将题本先呈送康熙皇帝本人，然后再发由内阁票拟处理，这样即使在一些日常政务方面，内阁的权力也很小。

1 明清两朝呈送皇帝的正式公文。《大清会典》：“国朝定制，臣民具疏上闻者为奏本，诸司公事为题本。”具体地讲，官员公事用题本，私事用奏本。见“题奏本格式”。

为了皇权独尊，康熙皇帝有意裁抑皇族诸王的权力，自康熙三十三年（1694年）起，诸王失去了议政权，相应议政王大臣会议变成了议政大臣会议。早在康熙十七年（1678年），就召翰林院掌院学士陈廷敬、侍读学士叶方蔼入直南书房，参与机要政务，重要的谕旨便直接由南书房拟写，南书房成为皇帝的机要秘书处与智囊。内阁原来是皇帝的秘书处，也是内朝机构，只是后来逐渐开始外朝化，有了自己的部门利益，因此皇帝为了提高决策、行政效率，便于独揽大权，就又组建了一个只服务于自己个人的内朝机构。当年汉武帝始建的内朝制度，一直延续到了两千年后的清代。

3. 奏折的诞生：点对点的秘密报告

康熙皇帝另外创立了清代特有的奏折制度，他本人对此有详尽的说明："朕为国为民宵旰勤劳，亦属分内常事。此外所不得闻者，常令各该将军、总督、巡抚、提督、总兵官因请安折内附陈密奏，故各省之事不能欺隐，此于国计民生大有裨益也。尔等（指在朝的大臣）皆朕所信任，位至大臣，当与诸省将军、督抚提镇一体，于请安折内将应奏之事，各罄所见，开列陈奏。所言若是，朕则择而用之；所言若非，则朕心既明，亦可手书训谕。而尔等存心之善恶诚伪，亦昭然可见矣。朕于诸事谨慎，举朝无不知之。凡有密奏，无或泄漏。但大胆不肖、愍不畏死之徒，从中拆视；或原奏之人朋友众多，口不密而泄漏者亦有之。至一概奏折，不迟时刻，皆不留稿，朕亲自手批发还。凡奏事者，皆有朕手书证据在彼处，不在朕所也。尔等果能凡事据实密陈，则大贪大奸之辈，不知谁人所奏，自知畏惧；或有宵小诳主，窃卖恩威者，亦自此顾忌收敛矣。”[1]

以前呈送给皇帝的题本处理过程复杂，在到达皇帝案头之前已经有多人预先知道其内容，因此臣下不敢大胆直书，皇帝无从了解事情真相；而奏折由臣下直接递送皇帝本人，只有报告者与皇帝两人知道内容，且康熙皇帝承诺保密，并将原奏折发还本人，因此可以知无不言，言无不尽，实质就是秘密报告。简而言之，题本的程序是先上传至服务器（内阁），皇帝下载处理后再上传至服务器，然后相关官员下载执行；而奏折则是点到点的短信，除了发送者（官员）与接收者（皇帝）外，无人知悉其中内容，保密性更强。

康熙皇帝宣称他的一生“亲握乾纲，一切政务，不徇偏私，不谋群小，事无久稽，悉由独断”[2]。从体制上看，人数很少的八旗才是清朝的统治集团，国家的军政大权均掌

1 《圣祖仁皇帝实录》卷248。

2 《圣祖仁皇帝实录》卷253。

握在旗人手中，核心又是八旗满洲。皇帝是八旗共主，全体旗人是他的奴才，因此可以令行禁止，行政效率很高，组织性、向心力很强。宋、明时代，皇帝与经过科举入仕的士大夫集团共治天下，由于有一定的经济与思想独立性，士大夫集团并不完全依附于皇权，因此在政治上也拥有一定的独立性；且士大夫集团人数众多，出身地域广泛，科场年资多样，很容易形成不同的门派和利益集团，互相倾轧内斗，形成党争。宋代的新、旧党争，明代的东林、楚、浙、阉等党争都很著名，甚至危及了政权的存亡。皇帝本人也无法有效控制党争的烈度与进程，甚至在一定程度上还被士大夫集团制衡，结果导致政局失控甚至崩溃。清朝的汉族士大夫集团已经完全被边缘化，只是政治上的点缀，他们的党争并不能影响政局，而八旗内部的党争也能被他们的共主皇帝有效操控，例如康熙时期的索额图与明珠的党争。因此清朝最高统治集团的效率、组织性极强，并在此基础上形成了君主的一人独裁制，即所谓的“乾纲独断”，即使最高的决策机构议政王大臣会议形成的决定也能被皇帝一票否决，更何况只有秘书班子功能的内阁？因此，清朝的政治体制不同于以往任何一个朝代，以往朝代的皇帝一人独裁并非常态，比如西汉时期，完全是因为汉武帝、宣帝个人的能力与个性都极强，才可以做到这一点，但在西汉其他时期或其他朝代，皇帝都或多或少受到其他政治集团的制衡。

4. 御门听政：朕如驾车之马

乾纲独断的康熙皇帝极为勤政，康熙六年七月初七（1667年8月25日），他登临太和殿宣诏天下开始亲政，“是日，上御乾清门听政，嗣后日以为常”[1]，此即康熙皇帝创立的“御门听政”制度。清代的朝会分为三种，一是大朝会，“每岁元旦、冬至、万寿三大节及国家有大庆典，则御殿受贺”[2]，这仅是礼仪性质的朝会，没有实际的政务功能；二是常朝，每月逢五在太和殿举行（一月三次），内容一般只是“文武升转各官谢恩”，接见藩属使臣等仪式；三就是御门听政，乾清门是皇帝正寝乾清宫的正门，是紫禁城外朝与内廷的分界，门外即为可以容纳较多人的乾清门广场。

自创立御门听政后，康熙皇帝基本上每天“未明求衣，辨色视朝”，“一岁之中，昧爽视朝，无有虚日。亲断万机，披览章奏”[3]；到了康熙二十一年（1682年）九月，因时间太早，考虑到“诸臣每夜三更早起，朝气耗伤”，将听政时间推迟到春夏早晨七点，秋冬早晨八点举行。众大臣多次提

1 《圣祖仁皇帝实录》卷23。

2 （清）于敏中等编：《日下旧闻考》卷11。

3 中国第一历史档案馆整理：《康熙起居注》，北京：中华书局，1984：343.

出每天听政太过频繁、辛苦，建议每五天或两三天举行一次，至少在大雨、大雪、大寒、大暑天停止，但都被康熙皇帝拒绝，他认为“致治之道，务在精勤；励始图终，勿宜有间。二十余年以来，于凡用人行政，事无巨细，罔不殚心筹画。早夜孜孜，有如一日。……若必预定三日、五日，以为奏事常期，非朕始终励精之意也”[1]。终康熙皇帝一生，除去重病、国家大丧等，御门听政从不停止，地点并不局限于乾清门，时间也不局限于早晨，而是随他有所变动。

每日听政对于皇帝、大臣来说都很辛苦，因此康熙皇帝下令60岁以上的大臣量力而行，每二或三日来一次即可，但他自己“听政三十余年，已成常规。不日日御门理事，即觉不安”[2]，仍然坚持天天听政，甚至在生病期间也不中止：“朕每日听政，从无间断。闲坐宫中，反觉怀抱不适。尔诸大臣面奏政事，朕意甚快。”[3]每天听政需要处理少则几十本，多则三四百本的奏章，虽然有内阁的票拟意见，但康熙皇帝仍然“皆一一全览。外人谓朕未必通览，故朕于一应本章，见有错字必行改正。其翻译（满汉）不堪者，亦改削之。当用兵时，一日有三四百本章，朕悉亲览无遗。

1 《圣祖仁皇帝实录》卷115。
2 《圣祖仁皇帝实录》卷161。
3 《圣祖仁皇帝实录》卷169。

今一日中仅四五十本章而已，览之何难？一切事务不可少有怠慢之心也”[1]。即使是在外出巡期间，康熙皇帝也命令内阁将章奏或三日、或两日送达，“奏到随即听览，未尝一有稽留”，甚至奏章深夜到达，他随即起床披阅。

晚年的康熙皇帝身体状况非常不好，曾一次大病两个多月，全身浮肿，右手无法执笔，仍坚持用左手批阅奏章，但此时也不免悲从中来，向臣下自述其一生的辛劳：“朕临御以来，一切机务必皆躬亲，从不敢稍自暇逸。但少壮时精力有余，不觉其劳，今气血渐衰，精神渐减，办事殊觉疲惫，写字手亦渐颤。仍欲如当年事事精详，则力有不能；若草率办理，此心又所未安。从来书生论历代帝王，多指摘过失，谓其安享富贵，耽于逸乐。朕披阅史书，历观古来帝王，因深知为君之难。即朕六十年宵旰勤劳，虽金石为质，亦应消耗，况气血之身乎？又如诗文一事，皆出朕心裁，内书房翰林辈，不过令其校对誊写耳。……今天下大小事务皆朕一身亲理，无可旁贷，若将要务分任于人，则断不可行。所以无论巨细，朕必躬自断制。”[2]

“无可旁贷”，这四个字准确地揭示了康熙皇帝勤政的原动力，身为皇帝，祖先留下的江山、事业落在他的肩上，他对这个政权负有最终的无限责任。他在晚年时用“鞠躬

1 《圣祖仁皇帝实录》卷231。

2 《圣祖仁皇帝实录》卷284。

尽瘁，死而后已”形容自己，因为他的责任“无可旁诿”，无法像臣下一样“可仕则仕，可止则止。年老致政而归，抱子弄孙，犹得优游自适。为君者，勤勉一生，了无休息”；他甚至说出了：“每览老臣奏疏乞休，未尝不为流涕。尔等有退休之时，朕何地可休息耶？”[1]更有“诸臣视朕如驾车之马，纵至背疮足瘸，不能拽载，仍加鞭策，以为尔即踣毙，必有更换者，惟从旁笑观，竟无一人怜恤，俾其更换休息者”[2]的悲叹。

1 《圣祖仁皇帝实录》卷275。

2 中国第一历史档案馆整理：《康熙起居注》，北京：中华书局，1984：2475.

第二节｜六次南巡与河务、漕运

1. 靳辅治河与罕见的政坛大案

康熙皇帝处理的政务中除了三藩、台湾、雅克萨、噶尔丹、青海、西藏等征伐用兵外，还有河务、漕运两大事务，他亲政时将它们与“三藩”一道悬于宫中柱子上，是他必须要解决的三件大事。

南宋建炎二年（1128年），为防御金兵南下，杜充人为决开黄河堤防，黄河改道向东南，分别由泗水、济水入海，随后黄河主流又侵夺淮河入海，一直持续到了清咸丰五年（1855年）。明朝万历年间，潘季驯治河后，黄河基本被固定在开封、兰考、商丘、砀山、徐州、宿迁、淮安一线入淮，即今黄河明清故道。由于黄河挟带大量泥沙，冲出峡谷到了中下游平原后流速减缓，泥沙沉淤塞，形成地上悬河，需要不断加固堤防，清除河道。明末清初战乱，河道、堤防缺乏维护，再加上黄河、淮河合流，河水入海不畅通，因此中下游频频决口，河水泛滥，酿成水灾，仅从康熙元年到十六年（1662年到1677年），黄河就发生了约70次水灾，黄淮、江淮平原经常一片汪洋。明清京杭运河与黄河、淮河都在淮安附近交汇，运河、黄河在江苏北部平行且相距很近，甚至运河的一段就直接利用了黄河水道。黄河水多势大，经常倒灌进淮河、运河，导致堤坝溃决，严重影响到漕运。当时每年约有400万石漕粮从江南运往京师，供给文武官员以及军民食用，漕运一旦中断，京师就会陷入恐慌，严重影响到政治稳定。“国家大事在漕，漕运之务在河”，因此一定要治理好黄河与漕运。康熙皇帝之所以将河务、漕运与三藩并列为头等大事，就是因为这三件事都关系到了政权稳定。

亲政后的康熙皇帝开始治理河务与漕运，后因三藩之乱而中断。康熙十五年（1676年）的大水灾促使他下了“务为一劳永逸之计”解决河务、漕运的决心，并提拔安徽巡抚靳辅为河道总督，专门负责此事。康熙十六年（1677年），靳辅到任不久，即与幕僚陈潢在实地调查研究的基础上提出了“治河之道，必当审其全局，将河道、运道为一体，彻首尾而合治之，而后可无弊也”的主张，反对治运不治黄的错误观点，一日内向康熙皇帝上了八道奏疏，系统提出综合治理黄、淮、运的规划。他认为现在“河道敝坏已极，修治刻不容缓”，要求疏浚清江浦以下至云梯关到海口一带的河道淤泥，用来筑两岸堤防；开挖洪泽湖下游高家堰以西至清口（淮河与黄河的交汇处）的引水河，修筑加固各地险要的堤防，设置巡河官兵等措施。但议政王大臣会议认为此项计划费用人工太过浩繁而予以否决，后经补充说明，于次年正月获得批准，预算高达白银250多万两，限定三年完成。康熙十九年（1680年）秋天，因黄河又一次决口，靳辅请求处分，但康熙皇帝只是催促他尽快修筑堤防；第二年靳辅上疏："臣前请大修黄河，限三年水归故道。今限满，水未归故道，请处分。"[1]康熙皇帝充分考虑到了河工的复杂性，命令他戴罪督修，终于在康熙二十年黄河复归故道。

康熙二十三年（1684年），康熙皇帝第一次南巡，主要目的就是亲自视察黄河、运河工程。他在工地对减水坝提出了异议，认为它会导致"减水旁流，浸灌民田"；在高邮（今属江苏）时他看见两岸农田与房屋浸在水中，恻然同情溢于言表。靳辅会意到了康熙皇帝的心思，因此计划于宿迁（今江苏省宿迁市）、桃源（今江苏省泗阳县）、清河（今江苏省淮安市）三县黄河北岸的堤内开新运河，"以免黄河一百八十里之险"，此即现在仍然通航的京杭运河中河段。南巡后，为了避免民田再遭水淹，康熙皇帝提议疏浚黄河入海故道，任命安徽按察使于成龙（汉军镶黄旗人）督理下河事务，疏浚海口。但靳辅与于成龙产生了重大分

1 《清史稿》卷279《靳辅传》。

歧，靳辅认为海水会倒灌，反对疏浚下河，而想通过高筑堤防束水，下游不疏自通；于成龙则赞同康熙皇帝的意见。两人被召到京师廷议，当时以权臣、大学士明珠为首的主要大臣赞同靳辅的意见，而只有少数中下级官员支持于成龙，但康熙皇帝仍然认为于成龙的建议便民，且耗费钱粮不多。谨慎起见，康熙皇帝决定派遣工部尚书萨穆哈、学士穆称额速往淮安、高邮与漕运总督徐旭龄、江苏巡抚汤斌一起实地调查，结果当地百姓认为挑浚海口无益，应行停止，康熙皇帝只好暂时中止了这一方案。

康熙二十五年（1686年），江苏巡抚汤斌升任礼部尚书后，认为海口"开一丈有一丈之益，开一尺有一尺之益"，康熙皇帝发内帑20万两，委任工部侍郎孙在丰督修，但靳辅在下河施工时却不闭塞滚水坝，依旧放水。康熙二十七年（1688年）正月，矛盾终于激化，此事适逢祖母孝庄太皇太后去世后的第一次御门听政，身着青色布衣的康熙皇帝因悲伤过度，在侍卫的搀扶下落座。江南道御史郭琇参靳辅治河无功，听信幕宾陈璜之言，阻挠下河开浚，宜加惩处。户部尚书王日藻、兵部尚书梁清标等也认为靳辅奏请屯田一事有累于民。康熙皇帝回应众臣说："朕南巡时往勘河道，高家堰南北及清口以南、高邮等处，朕俱沿堤步行，亲加详览，河上情形，颇深悉之。今欲筑重堤，使水由清口入海，若果有裨益，则当日何以不早筑耶？高邮等七州县，百姓苦累异常，此朕目击而心伤者。今于堤外又筑一堤，是重困小民矣。至于屯田，有利于廷臣，而害民实甚。陈潢本一介小人，通国尽知。屯田之说，江南人莫不嗟怨，尔等宁不闻耶？”[1]

康熙皇帝说的“廷臣”暗指明珠。此时明珠为朝廷首要重臣，他因当年力主撤藩而深受康熙皇帝赏识，任大学士长达九年，和曾与康熙皇帝合谋擒拿鳌拜的索额图同为当朝大学士，两人势均力敌，形成了明党与索党。索额图去职后，明珠权倾朝野，不仅擅权而且贪腐，逐渐引起了康熙皇帝的不满。康熙皇帝已经获悉明珠是靳辅的后台，因此特地暗示郭琇参明珠[2]。三天后，郭琇上疏参“明珠、余国柱背公营私、卖官鬻爵；靳辅与明珠、余国柱交相固结，每年靡费河银大半分肥”等八项罪状，结果勒德洪、明珠被革去大学士，大学士李之芳退休回原籍，大学士余国柱被革职，大学士科尔坤以原品解任，内阁五员大学士中有四员被革职，户部尚书佛伦、工部尚书熊一潇被解任，此即著名的河工案，是清代罕见的政坛大案，明党至此消亡，但事情并未就此结束。两个月后，康熙皇帝御乾清门听政，召靳辅与于成龙、郭琇等人廷辩。靳辅承认因为下属执行的问题导致屯田害民，但仍然坚持“开浚海口，海

1 《圣祖仁皇帝实录》卷132。

2 中国第一历史档案馆整理：《康熙起居注》，北京：中华书局，1984：1719.

水必将倒入”的观点，他随即被革职，陈潢下狱。

2. 六次南巡亲临治河

于成龙攻击靳辅开中河劳民伤财、全无用处，为此康熙皇帝特意派遣学士凯音布、侍卫马武前往察看，却发现“中河商贾舟楫不绝”，康熙皇帝因此明白于成龙虽然是一个爱民缉盗的好官，但心胸狭隘，怀挟私仇，阻挠河务。凯音布另外报告漕运总督慕天颜曾经不让漕船航行在中河，以制造中河失败的假象。康熙皇帝闻讯大怒，将已被革职的慕天颜逮捕审讯，结果供出了于成龙与他串通诬陷靳辅。于成龙为官一向清廉，深受康熙皇帝喜爱，仅被削去太子太保衔，而慕天颜则被杖一百，徒三年，且不准折赎。

康熙皇帝意识到自己可能犯了错误，于是派遣兵部尚书张玉书、刑部尚书图纳、左都御史马齐去视察河工，三人回来后对靳辅的工作给予肯定，但也有些不同看法，因此工部尚书苏赫等人请康熙皇帝再次南巡亲临决策。康熙二十八年（1689年）正月，康熙皇帝第二次南巡，特定让靳辅、于成龙二人随行，目的是“躬历河道，兼欲观览民情，周知吏治”[1]。他重点考察中河，并肯定了靳辅的成绩，

1 《圣祖仁皇帝实录》卷139。

回京后恢复了他从前的衔级，并于康熙三十年重新起用，任命他为河道总督，但不久就去世，于成龙成为他的继任。

于成龙空有虚名，实际上他的治河能力十分低下。他奏请增设河道官员，豁免民夫的提议被驳回，康熙皇帝为此当面质问他："你从前日日奏议河工之事，曾当面奏请减水坝宜塞不宜开，你现在看看减水坝真的可以阻塞吗？"于成龙回答："我那时妄言减水坝应当阻塞，今天看确实不应该。"康熙皇帝继续质问："你从前说靳辅糜费钱粮，并未尽心修筑河工，你现在看是怎么样呢？"于成龙回答："我今天也是依照靳辅所修而行事。"康熙皇帝继续质问："既然你所奏错误，而靳辅所行正确，为何不明白报告？这不正说明你以前排挤、陷害他人，自己担任河道总督后才觉得做事艰难吗？"于成龙还曾多次诬告靳辅，也被康熙皇帝一一揭穿，康熙皇帝认为虽然于成龙任直隶巡抚时居官好，亦曾效力，但"为人胆大，凡事必欲取胜。其所奏之事，止徇人情面，欲令人感彼私恩"[1]。

靳辅和于成龙同为汉军旗人，又同为康熙朝著名大臣，却分属两个极端：前者能力强，是一位实干的专家，治河卓有成效，但为人操守有问题，涉嫌贪腐，依靠权臣明珠为后台，结党营私；后者为人偏激狭隘，忌妒、报复心强，

---

1 《圣祖仁皇帝实录》卷162。

治河能力低下，但为官清廉，是康熙皇帝树立的清官典型，曾“亲书手卷赐之”。官员不外以下四种：能干且清廉、无能且清廉、能干且贪腐、无能且贪腐。第一种千古罕见，是异数，可遇不可求，那么皇帝和百姓在余下三种人中要选哪一种呢？无能且贪腐当然最不可接受，首先要排除；无能且清廉要看具体的职责，如果是次要的岗位，安排这种官员倒也无妨；但如果是重要的岗位，比如关系千万百姓身家性命的河道总督，只要贪腐能控制在一定范围内，能干且贪腐官员的危害要小于无能且清廉的官员。黄河决口，万千民众葬身鱼腹，财产田地漂没，漕运断绝，这种代价要以数百万甚至千万两白银计，远高于贪腐的成本。在事关国计民生的大事上，官员的不作为与渎职才是最大的贪腐。

康熙皇帝本人对所谓的清官有清醒的认识，他曾说：“清官多刻（刻薄、尖刻），刻则下属难堪。清而宽，方为尽善。朱子云：‘居官人清而不自以为清，始为真清。’又如《易》云：‘不家食。’为官之人，凡所用之物，若皆取诸其家，其何以济？故朕于大臣官员每多包容之处，不察察于细故也。人当做秀才时，负笈徒步；及登仕版，从者数人，乘马、肩舆而行，岂得一一问其所从来耶？”[1]当然它们来源

1 《圣祖仁皇帝实录》卷260。

于当官的黑色或灰色收入。康熙皇帝很通情达理，只要官员贪腐不那么过分，不要渎职，他便可以容忍。何况当时官员明面上的工资低得可怜，没有点灰色收入连养家糊口都困难，哪里谈得上做事？于成龙之所以深获康熙皇帝的赏识，是因为他在地方官的任上既能干且清廉，殊属难得，但技术能力要求很高的河道总督就难以胜任了。清官多偏执，有道德洁癖，不通人情，因此也常常心胸狭隘，因为在官员收入很低的当年，做个清官实在很不容易，保持正常健康的心理当然更不容易，人总得要找个平衡，于成龙就是一个好的例证。

河务艰难超乎想象，远远超过了平定三藩、征准噶尔、出兵安藏、收复黑龙江。康熙三十七年（1698年），工部同意了漕运总督桑额继续开浚下河海口的建议，但康熙皇帝逐渐认识到靳辅是正确的，自己是错误的，认为以前开浚下河"止是虚糜国帑，水势并未消减，田亩并未涸出，所谓有益民生者，果何在耶"[1]，因此他要求谨慎对待此事。经过几十年的研究，康熙皇帝形成了新的治河主张："夫洪泽湖实黄河之障，洪水强盛，力可敌黄，则黄水不得灌入运河。今淮水势弱，不能制黄，全注运河，黄水又复灌入，且两河相距甚近，清江浦地处其中，其一带地方受泛溢之

1 《圣祖仁皇帝实录》卷190。

水，势所必然。惟淮水三分入运，七分归黄，运道始安”；“今寰宇升平，海内宁谧，惟河工关系运道、民生。朕数十年来夙夜萦怀，留心研究，故河道情形，熟悉已久。总之上流既理，则下流自治矣。”[1]

康熙三十八年（1699年）二月至五月，带着新的治河方略，康熙皇帝第三次南巡，视察高家堰、归仁堤工程。经过实地测量，他发现黄河水高于两岸田地与洪泽湖，因此湖水无法排泄，泛溢于兴化、盐城等七州县。因此，他认为要深浚河底，并且拆除前河道总督董安国修建的拦黄坝，裁弯取直，让黄河流速增加，冲刷河底沙土让河道变深，洪泽湖水就可以排泄到黄河，可以保证七州县无泛滥之患，民间田地也就会自然露出水面；“不治其源，徒治下流，终无益也”。康熙皇帝发现黄河、淮河交汇的清口过于径直，所以黄河水经常逆流倒灌，他提出应将黄淮改道，让它们“斜行会流”。康熙皇帝坐船继续南下，路过高邮一带直到扬州，提出了“引水归江”的方案，即将黄淮以及洪泽湖、高宝湖水引入长江，这样就不必再开凿下河。但于成龙迟迟不执行以上的方案，直到第二年三月他去世。康熙皇帝任命张鹏翮为河道总督，刚一上任就拆除了拦黄坝，改名为大通口，并深浚河身，完工开放后“水势畅流，冲刷淤沙，旬日之间深

1 《圣祖仁皇帝实录》卷191。

至三丈，宽及百丈有余，滔滔入海，沛然莫御”[1]，黄淮及洪泽湖水顺着新开的河道流入大海。张鹏翮严格遵照康熙皇帝的治河方略施工，先疏通海口，将水下泄入海；继而挑浚芒稻河，引湖水入长江，高邮、宝应一带积水得以排泄；再辟清口、开张福口、裴家场等引河，淮水得以排泄；加修高家堰，堵塞六坝，逼清水复归故道；引张福口等河汇会入裴家场，开放清水流入运河；浚深阔洪泽湖，将张福口引水入裴家场，再挑宽加深畅流入黄河；流入运河的全是清水而非富含泥沙的黄河水，而且黄河水没有倒灌运河。至康熙四十年（1701年）底，河务终于基本完成。康熙四十二年（1703年）正月，黄淮河务告成，康熙皇帝进行了第四次南巡，这是对张鹏翮三年来工作的验收，他遍阅河工，认为已经基本成功。此时恰逢康熙皇帝的五十寿辰，他为了“颁诏天下，大沛恩赉”，星夜赶回京师，颁布了38条恩款，并又一次拒绝了众大臣上尊号的请求。

虽然河工告成，但康熙皇帝仍然于康熙四十四年（1705年）二月第五次南巡，目的是视察黄河水是否还会倒灌清口，并对中河、黄河、运河堤防需要增加修防的地段进行实地指示。此次康熙皇帝只住在船上而不上岸居住，以免地方借修缮行宫趁机摊派。他在河工现场亲自筹划施

1 《圣祖仁皇帝实录》卷198。

工方略，指导修建挑水坝以及需要加固堤防之处。两年后，经河道总督张鹏翮、两江总督阿山、漕运总督桑额等人的“再三陈请”，康熙皇帝不得不第六次南巡视察河工，以便决定是否要新开河道，分流淮河。年老的康熙皇帝在寒风中骑马从清口至曹家庙察看，他发现“地势甚高，虽开凿成河亦不能直达清口”，与三位总督之前进呈的地图完全不同。更让康熙皇帝愤怒的是，他发现很多开河的标竿立在老百姓的坟头上，“若依所立标竿开河，不独坏民田庐，至毁民坟冢。朕惟恐一夫不获其所，时存己饥、己溺之心，何忍发此无数枯骨？朕为人君，凡颁发谕旨，倘有差误，尚令人言。张鹏翮身为总河，至欲掘人骸骨，所属人员，竟无一敢言者！张鹏翮以读书人而为此残忍之事，读书何为？假令张鹏翮祖坟被人发掘，伊肯默然耶？数年来两河平静，民生安乐，何必多此一事。”康熙皇帝接着追问，如果开这条河，你们能确保以后再也不会出事吗？他尖锐地指出在这个开河工程中，不是地方官想从中获取利，就是河工官员妄图借此升迁。“与其开溜淮套无益之河，不若将洪泽湖出水之处再行挑浚，令其宽深，使清水愈加畅流”，因此他断然否决了一众总督的开河方案。康熙皇帝观察到当地百姓淳朴，见标竿立在坟墓上却无怨色；当康熙皇帝下令禁止开河的命令传达后，却“群情欢悦，不胜鼓舞、感激”。当天，长江以南的百姓“各举旗帜恭迎圣驾，叩请临幸江南”[1]，康熙皇帝答应后，百姓们欢声雷动。

自靳辅之后，治河都是在康熙皇帝亲自指导下完成的，因此他严厉批评张鹏翮的工作态度与作风：“加筑高家堰堤岸，闭塞减水六坝，使淮水尽出清口，非尔之功；修治挑水坝逼黄水流向北岸，非尔之功；堵塞仲庄闸，改建杨家闸，令黄水不致倒灌清口，非尔之功。”[2]因为这些方案都是康熙皇帝亲自设计的。经过长达20多年的不懈努力，河务终于大功告成，黄河畅流入海，不再倒灌清口，漕运就此畅通无阻，水灾也大大减少。亲政时康熙皇帝给自己定下的三大目标终于全部完成。

1 《圣祖仁皇帝实录》卷227。

2 同上。

第三节 | 多次减税：育民之道，无如宽赋

1. 国用已足，不事加征

康熙皇帝的文治武功是有雄厚的经济实力支撑的，但在他即位之初，却是国库空虚，甚至欠了官兵高达400万两饷银。人口与耕地是衡量当时经济情况的两个重要指标，明末的战乱一直持续到了清初，连年的战争使得全国人口锐减，康熙皇帝即位的顺治十八年（1661年），全国户籍登记的承担赋税的所谓“人丁户口”数还不到2 000万，田、地、山、荡、畦地共526万顷，比明朝万历年间少了200多万顷，康熙二十年三藩之乱平定，人丁户口数比21年前减少了200多万。[1]

为了恢复经济，康熙皇帝制定的第一项重要的举措就是“更名田地”。明朝有几十个分封于全国各地的藩王，他们拥有大量的田地。清朝入关后，这些田地与原明朝的皇庄以及勋戚的庄田一起被没收，耕种它们的民众既需要按

1　在清代，人丁原意指16岁至60岁承担赋役的男子，后来在某些地区衍生成赋税（以粮食或白银计）的单位。

明朝原有的租额缴租，又要按普通民众的额赋纳税，因此被大量抛荒。为了改变这种状况，康熙皇帝决定将这些田地的所有权变更为归耕种者所有，他于康熙七年下令“查故明废藩田房，悉行变价，照民地征粮，其废藩名色，永行除革”[1]，即打算将这些田地与住宅变卖；后来他考虑到将这些地出卖后又要征额赋，民众负担太重，因此又进一步决定“著免其变价，撤回所差部员，将见在未变价田地交与该督抚，给与原种之人，令其耕种，照常征粮”[2]，即将这些田地无偿给予耕种者，并且按普通民田的额赋纳税；那些无人耕种、抛荒的废藩田产则招揽民众开垦，并且永远归其所有，按照普通民田的标准纳税。因为承种者“止更姓名，无庸过割”，这些田地被称作“更名地”，分布于直隶、山东、山西、河南、湖北、湖南、陕西、甘肃等地，总数约20万顷。

战乱带来了大量的抛荒地，为了鼓励开垦，清初规定垦荒三年不起科（不纳税），但执行了20多年，成效甚微，这是因为开垦荒地需要前期投入大量的物质、人力成本，而三年后就得纳税，垦荒者无利可图；另外清初人口大量减少，地多人稀，民众开垦荒地的积极性不高。因此康熙七年（1668年），云南道御史徐旭龄建议“必新荒者

1 《圣祖仁皇帝实录》卷26。
2 《圣祖仁皇帝实录》卷27。

三年起科，积荒者五年起科，极荒者永不起科”[1]。自康熙十年（1671年）后，清政府逐渐将起科的年数延长到了四年、六年，但仅三年后，康熙皇帝认为“小民拮据开荒，物力艰难，恐催科期迫，反致失业，朕心深为轸念”，因此“嗣后各省开垦荒地，俱再加宽限，通计十年，方行起科”[2]；并下令调荒地垦熟后，原主不许复认，以鼓励垦荒者的积极性。对一些在战乱中受害较深的地区，如受害最深、人口损失最大的四川，甚至几十年不起科。四川招揽大量移民开垦荒地，经过清初几十年的恢复，逐渐恢复为天府之国。如果真的按田起科，四川一年内可得钱粮30余万两，康熙皇帝对此心知肚明，但他认为“国用已足，不事加征”[3]。此外，针对贫困农民在垦荒和兴修水利无资金、无耕牛的问题，康熙皇帝下令地方政府给予财政资助。

虽然开垦了大量荒地，但康熙皇帝对丈量田地、交纳钱粮态度十分消极，甚至反对，他曾劝诫四川巡抚年羹尧不要丈量田地："为巡抚者，若一到任即欲清丈地亩，增加钱粮，即不得民心矣。湖南因丈量地亩，反致生事扰民。当年四川巡抚噶尔图曾奏请清丈，亦未曾清楚。尔须使百姓相安，钱粮以渐次清查可也。”[4]因为一旦丈量、清查田地

1 《圣祖仁皇帝实录》卷24。

2 《圣祖仁皇帝实录》卷43。

3 《圣祖仁皇帝实录》卷256。

4 《圣祖仁皇帝实录》卷239。

钱粮，地方官与胥吏就免不了骚扰甚至敲诈、勒索以中饱私囊，在中央政府增加财政收入的同时，可能有更多利益流入了各级官吏的口袋，加剧政府与民众之间的对立。与其如此，一向信奉“国用已足，不事加征”“施政以不扰民为先”的康熙皇帝当然会选择让利于民、藏富于民，这是一项深谋远虑、体现政治大智慧的政策。

康熙皇帝不仅反对增加赋税，而且多次减免赋税。清代的赋税主要是地税与人丁税，前者是土地税，后者是人头税，它们合称地丁银或地丁钱粮。清初规定，遇灾则蠲免额赋，并按照按灾情的等级确定蠲免的比例，按顺治十年的规定，“被灾八、九、十分者，免十分之三；五、六、七分者，免十分之二；四分者，免十分之一”；康熙十七年重新规定“歉收地方除五分以下不成灾外，六分者，免十分之一；七、八分者，免十分之二；九分、十分者，免十分之三”。但是康熙皇帝并没有按照这个规定，而是“偶有水旱而全蠲本地之租，亦且并无荒歉，而轮免天下之赋”[1]。

康熙七年（1668年），保定等地水灾，户部“照例再加一分蠲免”，康熙皇帝则认为“被灾特甚，殊为可悯。今若照尔部所议，于定例外止增一分，蠲免四分，恐百姓不能输纳钱粮，以致困苦。其被灾十分、九分者，著将今年应征钱粮全

1 《世宗宪皇帝实录》卷67。

免；其被灾八分、七分者，著再增一分，免四分”[1]，并且按同样的标准蠲免了高邮、兴化等14个州县。蠲免赋税，土地所有者得益最大，无地者只能免除人丁税，因此康熙九年（1670年）就规定在蠲免时“照蠲免分数，亦免田户之租”[2]，即如果蠲免十分之五，佃户同样也减租十分之五，后改成“遇有恩旨蠲免钱粮之处，七分蠲免业户，以三分蠲免佃种之民”[3]。

大规模并频繁蠲免赋税是在平定三藩之乱后。康熙二十一年（1682年），战乱刚刚结束，康熙皇帝命令大学士：“自用兵以来，百姓供应烦苦。朕前屡言，俟天下荡平，将钱粮宽免。尔等可同户部，先将天下钱粮出纳之数，通筭启奏。至陕西一省供应较他省苦累加倍，钱粮尤宜宽免。”[4]随即将陕西西安、陕西甘肃两个布政使司[5]康熙二十三年的应征地丁各项钱粮蠲免了三分之一；又因河南、湖北民众“劳费繁多”，将康熙二十五年应征地丁各项钱粮蠲免一半，其康熙二十四年未交纳完的地丁钱粮全部豁除。康熙三十二年（1693年），康熙皇帝念及广西、四川、贵州、云南四省“俱属边地，土壤硗瘠，民生艰苦”[6]，而他信奉

1 《圣祖仁皇帝实录》卷27。
2 《圣祖仁皇帝实录》卷34。
3 《圣祖仁皇帝实录》卷147。
4 《圣祖仁皇帝实录》卷103。
5 清代的政区名，即今陕西、甘肃，其官署机构又称“藩司”。
6 《圣祖仁皇帝实录》卷113。

“育民之道，无如宽赋”的政治理念，因此将广西康熙十六年的通省钱粮，康熙十七年、十八年民欠钱粮（此时正是三藩之乱，无法征收）；贵州康熙二十二年秋冬及二十三年春夏地丁钱粮，又贵州、四川二省康熙二十五年未完及二十六年应征钱粮，云南省康熙二十七年以前屯地积欠钱粮全部蠲免；又将下一年四省应征的所有地丁银米全部蠲免，并且命令督抚遍加晓谕，如有“私自征收者，该督抚指名奏劾，从重治罪”[1]。这次大规模的蠲免也考虑到了三藩之乱给这四个省带来的灾难，因此才不仅免除了以往各年的积欠，还免除了下一年的赋税。十年后，康熙皇帝以“蠲赋为爱民要务，征取钱粮原为国用不足。国用若足，多取奚为”[2]的理念将这四个省康熙四十三年的钱粮悉行蠲免。

不仅蠲免经济落后的边远地区，康熙皇帝对经济发达但赋税沉重的地区也频频蠲免，如免江苏康熙二十七年、安徽康熙二十八年的地丁各项钱粮，免江苏、安徽所属20州县及各卫所地丁银米及漕粮；免康熙四十七年江南通省（江苏、安徽）丁银、四十八年的地丁银475.04万多两。在康熙皇帝统治期间，省级规模的蠲免达40多个省次[3]。

因漕粮是供应京师官兵食用，照例并不蠲免，但康

---

1 《圣祖仁皇帝实录》卷160。

2 《圣祖仁皇帝实录》卷210。

3 陈锋：《清代“康乾盛世”时期的田赋蠲免》，《中国史研究》，2008年第4期；郭松义：《清代全史》第3卷，沈阳：辽宁人民出版社，1995：110.

熙皇帝打破常规，也频频免除。早在亲政之初，因桃源县（今江苏泗阳县）连年水灾，康熙皇帝就破例蠲免了该县的带征漕米16 640石，虽然规定“后不为例”，但以后却频频破例，甚至发展到经常截留漕米，就地赈灾，比如康熙十八年，康熙皇帝命令山东巡抚赵祥星“发漕米五万八百七十石，银二万二千六百余两赈沂州等十三州县饥民”[1]。康熙四十四年，康熙皇帝南巡到了山东境内，山东民众数十万人执香跪迎于道旁，合奏“山东连年饥馑，蒙皇上截留漕运，分疆散赈；动内帑数百万两，遣官四五百员，分派各州县赈济。至地丁钱粮前后屡行蠲免，通省亿万民命始得复生，无不垂涕感激”[2]。

康熙皇帝宣称：“朕惟治安天下，惟期民生得所。而欲民生得所，必以敷恩宽赋为要。朕于一切事务少有动用民力之处，即廑怀殷切，刻不能忘。”[3]他多次出京巡视，虽然已经尽量做到避免征发当地民力，“日用所需，俱自内廷供御，从无纤毫取办于民”，规定随从如果生事扰民，“以军法从事”；甚至为了避免地方官趁机修缮行宫，第五次南巡时他只住船而不上岸，但他仍然广敷恩泽，经常性地蠲免巡幸之地的赋税。

---

1 《圣祖仁皇帝实录》卷82。

2 《圣祖仁皇帝实录》卷219。

3 《圣祖仁皇帝实录》卷177。

截至康熙四十九年（1710年），全国总共蠲免的赋税已经超过一亿两白银，但康熙皇帝仍然意犹未尽，决定趁登基五十年之际给全国民众一个更大的恩典——普免天下赋税，他谕告户部：“每思民为邦本，勤恤为先；政在养民，蠲租为急。数十年以来，水旱灾伤例应豁免外，其直省钱粮次第通蠲一年，屡经举行。更有一年蠲及数省，一省连蠲数年者。前后蠲除之数，据户部奏称共计已逾万万，朕一无所顾惜。百姓足，君孰与不足？朝廷恩泽，不施及于百姓，将安施乎？……明年为康熙五十年，思再沛大恩，以及吾民。将天下钱粮，一概蠲免。”[1]但大臣担心突然在一年内全国普免赋税，将无法及时拨解各地的兵饷，因此康熙皇帝决定在三年内全国通免一周，此次总共“蠲免天下地亩、人丁新征、旧欠共银三千二百六万四千六百九十七两有奇”[2]。

此次普免全国赋税后，康熙皇帝仍然继续推行蠲免赋税政策，仅省级规模的蠲免就多达十几次。康熙皇帝在位的62年间，他不同程度地蠲免天下钱粮共计545次，总计折合白银超过了1.5亿两。康熙年间，全国财政收入每年不过3千多万两白银，而其时全国人口已经超过一亿，即人均每年承担的赋税不到半两白银，以当时的价格，约合

1 《圣祖仁皇帝实录》卷244。
2 《圣祖仁皇帝实录》卷251。

30公斤米。

2. 盛世滋生人丁，永不加赋

清朝延续了历代征收人头税的政策，号称“编审人丁”。顺治四年（1647年）规定“编审人丁，凡年老残疾，并外亡故绝者，悉行豁免”，规定编审的对象不包括老年和残疾人。顺治五年（1648年），又责成州县印官，察照旧历造册，“年六十以上开除，十六以上添注”，明确编审每三年一次，对象是16岁至60岁（传统年龄，含16岁和60岁）的男子。清朝编审人丁的对象范围非常明确，即16岁至60岁，且无残疾的男子。顺治十一年（1654年）规定“每三年编审之期，逐里逐甲，审察均平，详载原额、开除、新收、实在，每名征银若干，造册送部”，即编审人丁的目的是征收丁税，并以白银为计量单位，编审册中仍沿用明代的四柱法，即以“旧管（原额）、新收、开除、实在”记录人丁的动态变化，编审册一式两份，一为青（清）册，送交部科；一为黄册，黄色封皮，送交皇帝审阅[1]，顺治十三年（1656年），将每三年编审一次改为每五年。在江西、福

1 中国第一历史档案所藏的编审人丁册中，有多种开头有此说明。如《浙江台州府太平县乾隆元年分清编旧额人丁开列旧管、新收、开除、实在各庄户口数目四柱文册》（册4826）中载“并各庄户口逐一备造青册呈送部科查核外，恭缮黄册进呈御览”。

建、广东、浙江四个省，妇女也要承担人头税。顺治十五年（1658年）规定，“各省编审人丁，五年一次，造册具题，令于编审，次年八月内到部，如不照限题报者，经管各官，俱照违限例议处，府州县官编审年分，借名造册科派小民者，从重处分，督抚不行究忝者，一并议处”[1]。至此，清朝编审人丁制度最终确立完备。

编审人丁需要耗费大量的人力、物力，每逢编审时按规定要逐户逐人核查，但查土地、房屋容易，查活人难，为了逃税民众也常常隐瞒人丁。因此全国人丁数增长缓慢，经过50年才从1 900多万增长到2 400多万，这显然不能反映实际的人丁增长。有鉴于编审人丁政策执行成本太高且无效，康熙皇帝经过自己的亲身观察与思考，决定彻底改变这一政策。康熙五十一年（1712年），他遍谕群臣："朕览各省督抚奏编审人丁数目，并未将加增之数尽行开报。今海宇承平已久，户口日繁。若按见在人丁加征钱粮，实有不可。人丁虽增，地亩并未加广。应令直省督抚，将见今钱粮册内有名丁数勿增勿减，永为定额。其自后所生人丁，不必征收钱粮。编审时止将增出实数察明，另造清册题报。”康熙皇帝完全清楚编审的人丁数隐瞒严重，因为他每到一个地方，都会询问当地民众，结果“一户或有五六丁，

1　康熙朝《大清会典》卷23《户部七》。

止一人交纳钱粮；或有九十丁，亦止二三人交纳钱粮”；其他人则蒙“皇上弘恩，并无差徭，共享安乐，优游闲居而已”；自三藩平定以来，“人民渐增，开垦无遗；或沙石堆积、难于耕种者，亦间有之；而山谷崎岖之地，已无弃土，尽皆耕种矣。由此观之、民之生齿实繁。朕故欲知人丁之实数，不在加征钱粮也”；更何况“今国帑充裕、屡岁蠲免，辄至千万，而国用所需，并无遗误不足之虞”。[1]

康熙皇帝此番话情理兼备，全国人丁税总计不过白银300多万两，而他动辄蠲免就达上千万两，他只想知道人丁的实际数目，并不在乎区区的人丁税，因此提出了将人丁税额度永远冻结，之后增加的人丁不许加赋的方案，以消除民众的担心，以此希望得知真实的人丁数目。次年，康熙皇帝下达恩诏：“嗣后编审增益人丁，止将滋生实数奏闻。其征收办粮，但据五十年丁册，定为常额。续生人丁，永不加赋。”[2]此即为“盛世滋生人丁，永不加赋”政策，以后各地上报的编审人丁册中均多了一项“盛世滋生增益人丁”的统计。至此，中国历代实行的人头税在事实上已经被冻结、废止；后来在雍正年间，在全国普遍推行“摊丁入地”后，连形式也不复存在。

或许现代人已经很难理解康熙皇帝为何如此热衷于减

---

1 《圣祖仁皇帝实录》卷249。

2 《清朝文献通考》卷19《户口考一》。

税而不是加税，实际上他的政治理念并非凭空产生，早在先秦时代，儒家代表荀子就很深刻地阐述了政府与民众的关系："成侯、嗣公，聚敛计数之君也，未及取民也；子产，取民者也，未及为政也；管仲，为政者也，未及修礼也。故修礼者王，为政者强，取民者安，聚敛者亡。故王者富民，霸者富士，仅存之国富大夫，亡国富筐箧，实府库。筐箧已富，府库已实，而百姓贫，夫是之谓上溢而下漏；入不可以守，出不可以战，则倾覆灭亡可立而待也。故我聚之以亡，敌得之以强。聚敛者，召寇、肥敌、亡国、危身之道也，故明君不蹈也。"[1]荀子将政治家分为四类，第一类是卫国的两位君主成侯、嗣公，他们只知搜刮、算计民众的财产；第二类是郑国的著名政治家子产，他获取了民心，但政绩一般；第三类是霸者，如齐国的管仲，他的政绩突出，但没有能够创建新的意识形态，凝聚民心；第四类是伟大的政治家，即王者。王者的目标是让全民富裕，霸者是让士（先秦的等级，类似于中产阶级）富裕，那些苟延残喘的国家则只是让官僚富裕，而行将灭亡的国家更是只关心极少数最高统治者自己的钱包和小金库，如此百姓就会贫穷，这就是上面富得流油，而下面穷得底掉。这样的国家对内不能稳定，对外不敢强硬，其灭亡指日可待。

1 《荀子·王制第九》。

对内搜刮、聚敛百姓钱财是自取灭亡，而入侵的外敌却可以抢到这些钱财而变得强大。聚敛的国家只会招来入侵者，喂饱外敌，这是一条自取灭亡的道路，贤明的统治者绝对不会做这种蠢事。

儒家一向提倡王道与仁政，勤俭爱民、轻徭薄赋的汉文帝是儒家心目中王者的典范，也是康熙皇帝本人景仰的楷模。康熙皇帝从小就饱读儒家经典，“惟愿天下乂安，生民乐业，共享太平之福”[1]，立志要做一名明君仁主，他对荀子阐述的王制之道了然于胸，所以才一次次强调“国用已足”而蠲免赋税。藏富于民最大的益处在于政权可以获得民众的拥护，增强民众对政权的认同感以及政权的合法性，有利于团结对外御敌；其次可以减少官僚们利用公权力中饱私囊，但因此导致的后果却要皇帝承担；最起码也可以避免民众因贫穷或贫富悬殊铤而走险，引起内乱或内战。

蠲免赋税的更深层原因在于，中国传统的帝制时代，国家属于皇帝私有，所有权分明，即所谓的“家天下”，皇帝对国家负有最终的、无限的责任，没有任何后路可退；而官僚只是皇帝雇佣的职业经理人，不是世袭制，且任期有限，责任有限，他们与皇帝的利益并非完全一致。官僚寻租、谋利的主要手段就在于征收赋税，利用征收过程中

1 《圣祖仁皇帝实录》卷86。

的“耗羡”（损耗）中饱私囊，“耗羡”甚至可以与赋税相当，他们有增收赋税的天然冲动，因此免除赋税的最大利益受损者是各级官僚。皇帝为了自己、祖宗、子孙的社稷计，制定的政策要立足于长远，而不是一时；但作为被雇佣的职业经理人官僚更注重于其在位的一时，这是皇帝与官僚天然的利益分歧。作为“王者”政治家的康熙皇帝采取减免赋税、藏富于民的政策，正是出于这种长远的考虑。两千余年帝制的中国始终是世界超级大国，这种所有权和责任分明的制度设计有效避免了政府沦为一个与民争利、剥削国民的利益集团，皇帝监督官僚的制度于此功不可没，因为它可以保证政策的长远性、持续性以及政治的制衡和稳定。从另一方面讲，如果政府缺乏有效的制衡、监督力量，沦为与民争利的利益集团，必然会遏制不住为自身谋取利益的天然冲动，利用自己是规则制定者、解释者、裁判者的身份，千方百计、巧立名目搜刮民财，成为荀子所说的“聚敛者”。现代社会不再需要君主、皇帝，但绝对不能缺乏有效的政府监督。

第四节｜致治之本在宽仁：善解人意的勤俭仁君

1. 宫中费用，从来力崇俭约

因为掌握着几乎不受限制的最高权力，皇帝个人的能力、品质与性格会深刻影响到政治、社会乃至国运。康熙皇帝在位62年力行节俭，正如他自己所说："朕于宫中费用，从来力崇俭约。期以有余，沛恩百姓。若非撙节于平时，安能常行蠲赈之事耶？"[1]康熙二十九年（1690年），因旱灾，康熙皇帝决定减省宫中用度，同时他命令大学士查阅明朝宫中的用度档案，结果发现明朝宫中每年用金花银96.94万余两，清朝全部充当军饷；明朝的光禄寺（掌握祭祀用品的衙门）每年送入宫中消费的各项钱粮24万余两，清朝是3万余两；明朝每年宫中所用的木柴2 686万余斤，清朝是600余万斤；明朝每年用红螺炭等1 208万余斤，清朝100万多斤；明朝宫中用的床帐、舆轿、花毯等项每年

1 《圣祖仁皇帝实录》卷166。

共用银2.82万余两，清朝没有这项花费；明朝宫殿、楼亭、门数共786座，清朝不及其十分之一；明朝各宫殿的墙垣都用临清砖，木料都用珍贵的楠木，清朝都改用寻常砖头，只用松木；清朝皇帝居住的乾清宫妃嫔以下，使令老媪、洒扫宫女以上合计只有134人，明末有9 000宫女、10万太监，清朝宫中合计不过四五百人。康熙皇帝称他自己对国库中的钱财，只要不是打仗或赈济灾民，都不敢多花，因为这些都是小民脂膏。所有巡狩行宫都很简朴，每处的建造费用不过一二万两白银，尚不及每年300余万两河工费的百分之一[1]。当然，这些也许是康熙皇帝的一面之词，因此有夸张的成分，但留存至今的紫禁城宫殿几乎全部是清朝重建的，其中除了乾隆年间重建的宁寿宫倦勤斋等极少数建筑用到了珍贵的楠木外，包括最重要的太和殿在内的大多建筑，主要材料确实是松木，证明他所言不虚。

康熙皇帝身边的欧洲传教士对他的节俭留下了深刻的印象，法国传教士白晋给法国国王路易十四的报告就非常突出地强调了这一点，他认为康熙皇帝作为世界上最富有的君主，“严格地遵守着国家的基本法律……即便皇帝本人，任何不是因公共利益而破格花费的款项都是不容许的……在饮食上，他吃得很少，从不铺张浪费，不追求精细的美

1 清朝紫禁城内的宫殿数量是康熙时期的，后来有所增加。

食，而只满足于最普通的食物”；“紫禁城外表看上去宏伟壮丽……但是从宫殿的内部布置上，特别是从皇帝的内室来看，却完全看不出这一点。皇帝的内室装饰着两三张壁画、金属镶嵌的饰物以及相当粗糙的彩色织锦绸缎，这种绸缎在中国是很普通的，所以不属于奢侈品。”康熙皇帝喜欢大自然，并不喜欢紫禁城，因此在京城的西北造了一座畅春园，从康熙二十六年落成起，他有一半的时间在此度过，是他真正的家，但整个行宫除了“在里面挖了两个大池塘和两三条水沟之外，一点也看不出这里有像康熙皇帝这样拥有巨富的君王所应有的奢华迹象。与巴黎近郊王公们的别墅相比，这座行宫无论是从建筑规制上看，还是从占地面积来看，都远远难以企及”。康熙皇帝的日常服饰用品也很朴素，冬天穿的皮袍是用两三张黑貂皮和普通貂皮缝制，在宫廷中极为普通；平时的衣服也是用极其一般的丝织品缝制的；夏天则穿普通百姓穿的麻布上衣；“康熙皇帝虽然自己力求节俭，但对于国家的正当开销却特别慷慨。即便是花费数百万两的巨款，只要是用于利国利民的事业，他从不吝惜”。白晋评价他的“朴素生活完全出于他的高尚情操。他懂得节约的意义，也希望为国家的实际需要积累财富，做一个为臣民所爱戴的一国之主和人民的君父”。[1]

1 ［法］白晋：《康熙皇帝传》。

为了节省国用，康熙皇帝改变了皇子封王、皇族封爵世袭的惯例，他的成年儿子多达24人，但在他生前，仅封三位年长者为亲王，且不能世袭；与之相比，明朝皇帝的所有儿子全部封亲王，世袭罔替，亲王的儿子除一位世袭外，其余诸子也均封郡王，世袭罔替，且遍布全国，占有大量田地，明朝的皇族成为最大的寄生利益集团。

中国的帝制时代，皇帝本人生活节俭、朴素是非常重要的，因为他掌握至高的权力与全国的资源，可以过上几乎不受节制的奢华生活。如果仅是皇帝本人及其家人生活奢侈还可以忍受，毕竟人数有限，但上有好者，下必甚焉，各级官僚必然上行下效，他们所有的花费只能出自普通民众，只能通过一次次的加税来解决，而且奢侈是无止境的，官僚流动性又大，不断有新人进入，总会有民众不能承担的一天，结果必然重蹈秦朝、隋朝、明朝的覆辙。对于这一点，康熙皇帝心知肚明，他的节俭一方面固然出自他本人的天性，另一方面也是因为他想成为全体官僚的表率，来抑制他们贪婪的天性，但是仅仅依靠以身作则、道德说教并不能遏制官僚的贪腐天性。

2. 所谓廉吏者，亦非一文不取之谓

康熙皇帝自幼父母双亡，不幸的童年经历常常会培养

出不健康的心理，但康熙皇帝却心胸宽阔、心地仁厚。康熙皇帝认为“致治之本在宽仁……夫物刚则折，弦急则绝，政苛则国危，法峻则民乱，反是者有安而无危，有治而无乱”；“国家致治，首在崇尚宽大，爱惜人才，俾事例简明，易于遵守，处分允当，不致烦苛”[1]，他的政治哲学与西汉初年的黄老之治特别是与汉文帝一脉相承，他本人对汉文帝也非常尊崇，都崇尚清静无为，不兴土木，轻徭薄赋，对待大臣和百姓比较宽大。康熙皇帝对百姓的宽大前面已经阐述，他曾“立志待大臣如手足，不论满、汉、蒙古，非大奸大恶，法不可容者，皆务保全之。……凡在朝诸臣，朕待之甚厚，伊等亦矢忠尽力，历数十年之久，与朕同须发皤然矣。朕念宿学老臣辞世者辞世，告退者告退，每每伤心痛哭。”[2]康熙皇帝以手足、朋友之道对待大臣，终其一生不虚此言，他在位长达62年，杀大臣并不多见，而且一般是斥责狠，处理轻。但这并不代表康熙皇帝会纵容贪污官吏，他在亲征噶尔丹时了解到山西、陕西、甘肃地方官吏的贪污与加派，愤恨表示：“朕恨贪污之吏更过于噶尔丹，此后澄清吏治，如图平噶尔丹，则善矣。”[3]随即他将这三地巡抚全部撤职，显示他“断不姑容”的反贪

1 《圣祖仁皇帝实录》卷42。
2 《圣祖仁皇帝实录》卷246。
3 《圣祖仁皇帝实录》卷183。

决心。在位期间康熙皇帝处死了贪官户部侍郎宜昌阿、四川巡抚能泰、两江总督噶礼等一批高官，但由于他本人的个性宽仁，以及晚年的变故，他对官员的贪腐行为较为纵容。

康熙二十七年（1688年），即将赴任的江西巡抚王骘、广东巡抚朱弘祚陛辞，王骘说到他在四川时从来不取民间的一粒米、一束草，只带一二家僮，路费也是自掏腰包，从不取公费；康熙皇帝却认为“身为大臣，寻常日用岂能一无所费？若必分毫取给于家，势亦有所不能。但操守廉洁，念念从爱百姓起见，便为良吏。”王骘回答他要严禁属吏科派、词讼、贿赂等弊端，康熙皇帝又认为“为大吏者亦须安静，安静则为地方之福。凡贪污属吏，先当训诫之；若始终不悛，再行参劾可也。”[1]这段对话很有意味，要知道此时康熙年方34岁，正当盛年，已经形成了崇尚“安静”、“宽仁”的政治哲学，同时他洞察世情人心，并不要求官员真的能成为一介不取的清官，认为这不切实际，甚至对贪污官员要在先警告无效后，方才依法处理。21年后，在与陛辞的河南巡抚鹿祐对话中，康熙皇帝更加坦率地谈到了他的清廉标准：“所谓廉吏者，亦非一文不取之谓。”此“取”当然是取之于公款，否则正式薪水很低的官员无法

1 《圣祖仁皇帝实录》卷132。

养活自己、家人与下属。当时交税以白银计，要将民众交上来的杂碎银子铸成标准银锭，有一定的损耗，称为“火耗”，又称“耗羡”，由纳税者承担，各地有不同的比例。因为不能增加正式赋税，“火耗”就成为地方政府加派的税种，并成为地方官的收入来源。康熙皇帝默认了这个现实，并且认为如果州县官只收取1%的“火耗”就是好官，如果真的按照严格的标准，下属官吏被参劾就太多了，几乎是官不贪。既然皇帝有意包容，天性倾向于贪腐的官员自然也就不会客气。雪上加霜的是，由于发生了两废太子以及诸皇子争位，年老的康熙皇帝身心遭受重创，他再也没有多余精力应付吏治、惩贪，可以说他晚年的内政已经出现了乱象。

康熙皇帝对官员贪污的宽纵很让人费解，因为天下的钱财名义上都是属于皇帝的，官员贪污是贪皇帝的钱财，而且贪污会加重民众的负担，引起社会的动乱，皇帝应该非常痛恨臣下的贪污，就如一个公司的所有者痛恨职业经理人贪污一样。但从另一方面分析，在技术手段并不发达的时代，没有网络、报纸、电视台，更没有可以被轻易查核的实名银行帐户与房产证，因此反贪的成本很高；而从理论上讲，真心反贪的只有皇帝一个人，而他却没有这么多精力去处理这些事务，必须依靠各级官员去反贪，但各级官员都靠不住，在这一过程中，各怀心思的官员又会借着反贪的名头谋取各自的私利，一事未平一事又起，横生事端，结果反而成本会更高。康熙皇帝深悉世事人心，善解人意，对人宽厚，本性又喜欢抓大放小，奉行多一事不如少一事的清静无为原则；他个性外向豪放，酷爱塞外大漠顶风冒雪、纵马驰骋的战争、打猎生活，相对而言，对于琐碎的行政事务他既不喜欢也不精通。另外清朝官员薪水很低也是客观原因，因此官员贪污只要不太过分，他倾向于大而化之，只要有能力，能做事，就可以容忍。他曾一度想通过树立几个清官的典型号召全国官员学习，但逐渐发现这些清官也并非不食人间烟火的君子，或表面清廉内里贪腐，或好名过于好利，却无实际的行政能力，反而影响更坏，这让他对官员的清廉不再抱有希望。在所有权明确的传统帝制时代，皇帝的反贪决心不必怀疑，之所以做不到，一定是能力和技术问题，而不是根本的态度问题。

3. 凡有一线可原者，未尝不从宽宥

对普通民众，康熙皇帝也同样宽仁。清朝规定全国的死刑一年执行一次，必须全部由皇帝亲自勾决，号称“秋决”，因此康熙皇帝要亲自审读、推敲死刑案卷，他认为“人命案件，关系重大，不可稍有疏忽。朕御极以来，于奏

谳刑狱之事，必极其慎重，细察情罪，反覆披阅，几可成诵。如此详勘，毫无疑窦，方分别轻重，批发施行”。[1]他在位期间，每年勾决的死刑犯不过几十名，康熙五十五年（1716年），经过他仔细的三次复核，在刑部报上来的70余名中只勾决了二三十名。在亲政的55年中，他本着“于无可生之中，求一线可生之路”，“凡有一线可原者，未尝不从宽宥。直至万无可疑，始予勾决”[2]的原则，共有14年停止处决犯人，在位的最后10年则完全停止；每年最多勾决30余人，少则只有十几人，比他亲政前每年百余人少了好几倍，他还曾派遣御医治疗囚犯。康熙亲政期间，清朝的人口约在1亿至1.5亿之间，而每年全国处决的死刑犯却最多不过30多人，死刑率之低在中国历史上是绝无仅有的，可谓用刑慎之又慎，也可以说明当时为太平盛世，恶性案件并不多见。

慎刑宽大的康熙皇帝自然极其厌恶深文周纳、行事苛刻，必致民于法网的酷吏，而讲求人情者他又认为“清官多刻”，因此这也不可避免地影响到了他对清官与贪官的态度，两者间的关系非常微妙。在他眼中，清官与贪官显然并非那么黑白分明，而重要的是能否为民众做实事、做好事，如果做好事的效益大于贪污的成本，也算是合格的官

1 《圣祖仁皇帝实录》卷270。

2 《圣祖仁皇帝实录》卷226。

员，否则即使真的是一名极为罕见的货真价实的清官，却又能力低下，行事乖张，待人苛刻也并不称职，还不如有能力做实事、好事，贪财适可而止的贪官。

第五节｜英雄迟暮：晚年的煎熬与欣慰

1. 未卜今日被鸩，明日遇害：两废太子

幼年时康熙皇帝的生活是非常不幸的，他仅是父亲顺治皇帝一个并不受宠的儿子，而且按照清宫的规定，一出生就与父母分离生活，居住在紫禁城附近北长街的一所住宅内（今福佑寺），由保姆抚养；七岁时年轻的父亲因天花去世，他恰恰因为生过天花有了免疫力而得以继承皇位。两年后，年轻的母亲（谥号孝康皇后）去世，年仅九岁他就成了父母双亡的孤儿，这是他平生忆起最为痛心的一件事，68岁高龄时他对群臣诉说自己"父母膝下未得一日承欢"的遗憾。之后康熙皇帝在世上只有一位亲人，即出身于蒙古科尔沁部的祖母孝庄太后，两人相依为命，感情极为深厚。在祖母的操持下，年仅13岁的康熙皇帝与辅政大臣索尼的孙女赫舍里氏（孝诚皇后）结婚，并于康熙十三年（1674年）生下了皇二子允礽，但皇后却在当天难产去世。胤礽刚满周岁，康熙皇帝就诏告天下："嫡子胤礽，日表英奇，天资粹美。兹恪遵太皇太后、皇太后慈命，载稽

典礼，俯顺舆情，谨告天地、宗庙、社稷，于康熙十四年十二月十三日授允礽以册宝，立为皇太子，正位东宫，以重万年之统，以系四海之心。”[1]此前清朝并无预立皇太子的制度，皇帝的继承人由八旗王公推举，康熙皇帝仿效汉制立太子，表明此时他已经垄断了立储权。康熙皇帝对太子倾注了极大的精力与热情，“亲加训谕，告以祖宗典型，守成当若何，用兵当若何。又教之以经史，凡往古成败，人心向背，事事精详指示”[2]；又为太子聘请当世名儒张英、李光地、熊赐履等为师，教授儒家经典，同时又学习骑射。太子成为文习经史、武习弓马的全才，开始辅佐父亲处理朝政。康熙皇帝三次亲征时，太子即留守京城处理日常政务，是深获父亲信任的得力助手。

太子长于深宫，几十年间一人之下万人之上，逐渐显露了心性骄奢、专横跋扈、唯我独尊的本色。早在康熙二十九年（1690年）亲征噶尔丹时，康熙皇帝重病，太子到行宫探望，“见圣体未宁，天颜清减”，却“略无忧戚之意见于词色”。一向最重视孝道，终其一生身体力行的康熙皇帝见此情景非常不高兴，立即打发他回京，这是父子俩产生裂痕的开始。太子还经常辱骂殴打王公大臣，勒索地方官员，南巡至江宁（今江苏省南京市），差点因招待不周

1 《圣祖仁皇帝实录》卷58。

2 《圣祖仁皇帝实录》卷233。

处死知府陈鹏年，这些在以宽仁对待臣下的康熙皇帝眼里都是难以容忍的行为。太子之所以如此，也有康熙皇帝本人娇惯的因素，太子的母亲因难产而死，激起了夫妻感情深厚、自幼丧失双亲的康熙皇帝的怜爱，给了他与自己几乎一样的礼仪待遇，太子的日常起居用度比自己还要奢侈。为了方便太子花钱，甚至任命其奶妈的丈夫凌普为内务府总管。太子身边逐渐形成了以康熙朝前期重臣、太子的舅公索额图为首的势力集团太子党，他们与另一重臣大学士明珠为首的皇长子党展开了激烈的争斗，最终以明珠罢职告一段落。但太子党因此越发嚣张，斗争的矛头直指皇帝本人。康熙四十二年（1703年），双方矛盾终于激化，康熙皇帝将太子党领袖索额图逮捕，认为他“并无退悔之意，背后怨尤，议论国事，结党妄行”，“朕若不先发，尔必先之”[1]，因此将他拘禁于宗人府（清朝管理宗室事务的衙门），此时康熙皇帝还想保全太子，并没有公开索额图的具体罪行，但必定是篡位谋反无疑，因为只要公开，所有涉案人等必将被全部处死，太子也必定不保。

但是单方面的包容并不能解决问题，太子与皇帝已经成为政敌，双方矛盾不可避免地更加激化。康熙四十七年（1708年）九月，康熙皇帝与众多皇子、大臣出巡塞外返

1 《圣祖仁皇帝实录》卷212。

京途中，突然在行宫召集诸王、大臣，命令太子胤礽跪在面前，垂涕宣布废除太子，罪名是“不法祖德，不遵朕训，惟肆恶、虐众、暴戾、淫乱”，任意凌虐诸王、大臣，侵扰民众，“恣行乖戾，无所不至，令朕赧于启齿”；他的弟弟皇十八子病重，太子却“毫无友爱之意”，为此康熙皇帝责备他，他反而“忿然发怒”；更加可怕的是太子“每夜逼近布城，裂缝向内窃视”，以致康熙皇帝极度恐慌，“未卜今日被鸩，明日遇害，昼夜戒慎不宁”；太子生活奢侈无度，“恣取国帑，干预政事”，“必致败坏我国家，戕贼我万民而后已。若以此不孝不仁之人为君，其如祖业何？”[1]康熙皇帝说罢，当众痛哭倒地，太子随即被拘禁。

康熙皇帝苦心孤诣栽培太子已经30余年，如今却落得一场空，自己年事已高，继承人是头等大事，为此他一连六日不能安睡，天天伤心涕泣不已。他自诩“扩从古未入版图之疆宇，服从古未经归附之喀尔喀、厄鲁特等。今虽年齿渐增，亦可以纵横天下”；臣民对他也至诚爱戴，他对臣民也很关心，大臣病故，他都为之伤心流泪；他一向以身作则，以孝治天下，几十年如一日精心侍养祖母、嫡母。不想到了晚年，最宠爱的太子却妄图谋害父亲，这对他的自尊心是极大的打击。回京后，康熙皇帝亲自撰写告天祭

1 《圣祖仁皇帝实录》卷233。

文，哀吁 :“臣（康熙皇帝自称）自幼而孤，未得亲承父母之训。惟此心、此念对越上帝，不敢少懈。臣虽有众子，远不及臣。如大清历数绵长，延臣寿命，臣当益加勤勉，谨保始终；如我国家无福，即殃及臣躬，以全臣令名。臣不胜痛切。”[1]他哀求上天延长他的寿命，以便能自己收拾残局，维持江山；如果上天不想让大清延续，他情愿上天现在就让他死亡以保全自己一生的名声，以免成为亡国之君。这段话痛彻肺腑，任何人都不敢代他草拟，必是亲笔无疑。

胤礽被废后，其余诸皇子开始觊觎太子之位。皇长子胤禔建议处死废太子，却被康熙皇帝痛斥，后来他因企图谋害废太子被圈禁。随后皇八子胤禩势力开始崛起，他为人谦和，礼贤下士，得到众多大臣依附，特别是以康熙皇帝岳父兼舅舅、朝廷重臣佟国维为首的满洲亲贵鼎力支持。康熙皇帝早就宣布“诸阿哥中如有钻营谋为皇太子者，即国之贼，法断不容”，而且他认为胤禩“柔奸性成，妄蓄大志”，“妄博虚名”，邀买人心，其母出身低贱，根本不可能立他为太子。但胤禩却被众臣推举为太子人选，康熙皇帝认为这是因为胤禩“庸劣无有知识”，众臣出于私心才拥护一个弱主，便于日后操纵。面对这样的形势，康熙皇帝宣称梦见了祖母与皇后赫舍里氏，她们对废除太子一事不满，

1 《圣祖仁皇帝实录》卷234。

又认为胤礽是因为“魇魅”而丧失本性，于是在废立半年后复立胤礽为太子，以杜绝群臣竞相拥立导致的分裂与党争。但父子间的裂痕已经难以弥合，双方失去了基本的互信。太子此时已经是40多岁的成年人，本性难移，再加上对未来前途不确定的恐惧，甚至说出了“古今天下，岂有四十年太子乎？”迫不及待继位、夺位的心情溢于言表。此时康熙皇帝已年近花甲，群臣开始依附于未来的皇帝，这让他非常不安，担心太子结党篡权，自己不得善终。康熙五十年（1711年）十月，康熙皇帝在畅春园召见诸王、大臣，质问“（你们）皆朕擢用之人，受恩五十年矣。其附皇太子者，意将何为也？”[1]群臣当然矢口否认，但疑神疑鬼的老皇帝不容分说，将都统鄂善、兵部尚书耿额、刑部尚书齐世武、副都统悟礼四人锁拿审讯，后来又拘禁了掌管京城治安的步军统领托合齐，并亲自下令刑讯。一年后，康熙皇帝在巡视塞外回到京师的当天，下令再次废除太子，原因是太子“数年以来，狂易之疾，仍然未除，是非莫辨，大失人心”；“秉性凶残，与恶劣小人结党”，“断非能改”[2]；他尤其痛恨太子虐待左右，更担心太子党会铤而走险，谋权篡位。经过三年多的考察，康熙皇帝对太子终于绝望：“前次废置，朕实愤懑。此次毫不介意，谈笑处之而已”；

1 《圣祖仁皇帝实录》卷247。

2 《圣祖仁皇帝实录》卷250。

并警告“后若有奏请皇太子已经改过从善，应当释放者，朕即诛之”。经过两次废除太子的风波，康熙皇帝鉴于诸皇子“年俱长成，已经分封。其所属人员，未有不各庇护其主者”[1]，认为如果另立太子，必然又会导致争斗。

2. 秘密立储：必择一坚固可托之人

毕竟要选择一位继承人，自第一次废太子后康熙皇帝的身体已大不如前，这个问题变得非常紧迫，众大臣为此也非常焦急，担心他突然去世，因此不断催促他早立太子。康熙五十六年（1717年）十一月，他又一次病倒，召集群臣公布了他自废太子后就准备好的遗诏，实质是对他一生的总结。他向群臣表明“立储大事，朕岂忘耶”;“此谕已备十年，若有遗诏，无非此言。披肝露胆，罄尽五内，朕言不再”[2]。但他始终不明确心目中的继承人，只透露:“朕万年后，必择一坚固可托之人，与尔等作主，令尔等永享太平。”原因可能有二，一是他自己当时也不知道继承人是谁；二是即使他知道也不会公布，因为这会让继承人成为矛盾的焦点，可能会成为废太子第二。因此他只恳求众大臣念

1 《圣祖仁皇帝实录》卷258。
2 《圣祖仁皇帝实录》卷275。

他是50余年的太平天子，“惓惓叮咛反复之苦衷”[1]，能让他平安度过晚年。

康熙皇帝仿效汉族的太子制度彻底失败，从深层次讲，是汉族制度与满洲旧制之间的冲突导致的。清朝一直没有预立皇位继承人的传统，而是在皇帝去世后由王公贵族推选，择贤而立，有竞争性，并且按照传统，皇家子弟均参与军国大事，这个传统并非是预立太子就能废除的，因此太子成为众矢之的，并被众兄弟拉下马也不奇怪。经过两次废太子的挫折，一向乾纲独断的康熙皇帝既不愿意恢复满洲的传统，将立储大事交给王公贵族决定，也不可能再次仿效汉制立太子，因此他别无选择，只好在事实上选择了秘密立储，即在自己去世前才宣布继承人选。毫无疑问，选择一名合格的继承人是康熙皇帝晚年考虑的最重要的大事。当时最有可能继承皇位的首先是皇子中仅有的三位亲王，即皇三子诚亲王胤祉、皇四子雍亲王胤禛、皇五子恒亲王胤祺，以及一位后起之秀，皇十四子胤祯。胤祯于康熙五十七年（1718年）被任命为抚远大将军，以“大将军王”的名义出征青海，成为一颗上升的政治明星，并成为皇八子党的新希望。

康熙六十一年三月丁酉（公历1722年4月27日），“皇

1 《世宗宪皇帝实录》卷1。

四子和硕雍亲王胤禛恭请上幸王园进宴”，《清实录》对这一天的记载只有这么短短的一句话，但这是决定历史的一天，“王园”即由康熙皇帝赐名的圆明园。这一天康熙皇帝应儿子胤禛的邀请赴圆明园赴宴，在园中的牡丹台第一次见到了胤禛的儿子弘历。年近古稀的祖父一见年方10岁的孙子就非常喜爱，竟于13天后第二次赴圆明园，将弘历带往宫中亲自教育诗书。康熙皇帝有100多个孙子，此前只有废太子的嫡子弘皙曾被抚养于宫中。

65年后，已经成为乾隆皇帝的弘历深情回忆当年他在祖父面前背诵《爱莲说》，并解释文义，深得祖父喜爱；甚至在与大臣讨论军国大事时，康熙皇帝也特地让弘历随侍，旁听学习；康熙皇帝又让皇子胤禧教他射箭，庄亲王胤禄教他火器，并经常带他去打猎，弘历不负所望，各方面均表现优秀。康熙皇帝特意召见弘历的生母，连声称她是“有福之人”，并对在宫中抚养弘历的温惠皇贵妃称“（弘历）是命贵重，福将过予”[1]。康熙皇帝还特地要了弘历的八字，看后非常欣喜，在上面批示：“此命贵富天然，这是不用说。占得性情异常，聪明秀气出众，为人仁孝，学必文武精微。幼岁总见浮灾，并不妨碍。运交十六岁为之得运，该当身健，诸事遂心，志向更佳。命中看得妻里最贤、最

1 《高宗纯皇帝实录》卷1。

能，子息极多，寿元高厚。”

康熙皇帝本人是一位在位超过60年的皇帝，什么人才能“福将过予”？答案不言自明。果然乾隆皇帝活到了89岁高寿，是中国古代最长寿的皇帝，也有20多个儿子，不信命，可乎？如果说以前还有所犹豫，那么一个英武可教的孙儿自然会激发“自幼尝以英杰自许”的康熙皇帝惺惺相惜，这可能促使他下了最后的决心。当时胤禛已经44岁，不算年轻，皇位继承是最重要的问题，作为一名深谋远虑的政治家，康熙皇帝自然会考虑到更长远的未来。当然弘历只是胤禛得以继位的原因之一，更重要的原因还是在于其本人深获父亲的赏识。胤禛幼年时由父亲亲自抚养，这在康熙皇帝的诸多皇子中非常罕见；他曾多次代表父亲承担祭祀大典等重要任务。同时，他的竞争对手，同母弟、皇十四子、大将军王胤祯与康熙皇帝极为痛恨的皇八子关系非常亲密，属于政治上的同盟者，他们是废太子胤礽的死敌，而康熙皇帝一心想保全胤礽的性命，因此他不可能将皇位传给皇八子党的成员。事实上，早在祖孙相见的前一年，胤禛已经刻意安排弘历在康熙皇帝近侍面前背诵经书，并随即请求将他送往宫中随侍学习，但如果没有弘历优良的表现，这个布局也是枉然。

康熙六十一年（1722年）十月，刚从塞外回到京城的康熙皇帝又赴南苑行围打猎，十几天后感到身体不适，于十一月初七日回到了畅春园，并让胤禛代行冬至南郊大祀。几天后，他的病情恶化，于凌晨召皇三子诚亲王胤祉、皇七子淳郡王胤祐、皇八子贝勒胤禩、皇九子贝子胤禟、皇十子敦郡王胤䄉、皇十二子贝子胤祹、皇十三子胤祥、理藩院尚书隆科多至御榻前，宣布“皇四子胤禛人品贵重，深肖朕躬，必能克承大统。著继朕登基，即皇帝位”。随后胤禛从南郊赶回，一天内三次请安。另据朝鲜使者的记载，康熙皇帝在临终前召见过大学士马齐，嘱咐“胤禛第二子（弘历）有英雄气象，必封为太子”，他当面要求胤禛丰衣足食供养废太子、皇长子，并且要封废太子之子，他所钟爱的孙子弘皙为亲王[1]。

康熙皇帝于当晚去世，享年68岁，结束了他波澜壮阔的一生，这一天为康熙六十一年十一月十三日，公历1722年12月20日；他是中国历史上在位时间最长的皇帝，达62年。在他即位时，清朝的疆域仅包括原明朝版图加上关外东北，广大南方还是处于半独立的汉人藩王控制下的国家，而在他去世时，这个国家已经完全统一，版图已经包括了外蒙古、青海、西藏以及新疆东部地区，他创建了一个版图空前广大、政权极其稳固的帝国，功业可比汉武帝；对内广施仁政，兴修河工，提倡农桑，轻徭薄赋，藏富于民，

1　吴晗辑：《朝鲜李朝实录中的中国史料》（第11册），北京：中华书局，1980：4378.

为人宽宏大度，心怀悲悯，宽仁慎刑，质朴无华，勤俭节约，德行则堪比汉文帝，继承他的雍正皇帝也认为“汉文以来，谁能媲美皇考”。在议及庙号、谥号时，雍正皇帝认为按“旧典本应称宗，但《经》云：‘祖有功，而宗有德。’我皇考鸿猷骏烈，冠古铄今，拓宇开疆，极于无外。且六十余年，手定太平。德洋恩溥，万国来王。论继统则为守成，论勋业实为开创。朕意宜崇祖号，方副丰功”；又以“为人君，止于仁”，因此上庙号为“圣祖”，谥号的最后一字为“仁”，即“圣祖仁皇帝”[1]，这是对他一生丰功伟绩最崇高的评价。

1 《世宗宪皇帝实录》卷1。清代皇帝谥号为多字，但最重要的是最后一个字。

第三章

不敢以一息自怠的十三年

雍正皇帝整顿吏治，严厉打击康熙朝宽大执政导致的官僚腐败现象，严查亏空，耗羡归公，实行养廉银制度，整顿财政；制定了一系列惠及中下层民众的政策，摊丁入地，严格限制官僚、乡绅的特权；设立军机处，完善奏折制度，形成了“以一人治天下”的格局；在武功方面，虽有平定青海、改土归流的功业，但对准噶尔的作战却损失惨重，徒劳无功。雍正朝十三年的励精图治为随后的乾隆极盛打下了坚实的基础。

第一节 | 反腐惠民：耗羡归公与摊丁入地

1. 若再有亏空者，决不宽贷

皇四子胤禛继位后，于第二年（1723年）改元雍正，他就是俗称的雍正皇帝，去世后庙号为世宗。雍正皇帝继位后面临的一大挑战就是如何改革吏治废弛导致的种种弊端。康熙皇帝晚年的主要精力被废太子以及诸子争位消耗，原本强健的身体迅速衰老，再加上他本人崇尚宽仁、清静无为，甚至曾直接宣称："今天下太平无事，以不生事为贵。兴一利，即生一弊。古人云，多事不如少事，职此意也。驭下宜宽，宽则得众。"[1]康熙皇帝特别反感上司对待下属苛刻，因而他身体力行，成为群臣的表率；他对官僚过分宽容，甚至对他们的贪腐也睁一眼闭一眼，结果官僚贪腐成风，从中央到地方各级政府财政亏空严重。但是这仅是事情的一方面，康熙皇帝对地方财政亏空也有自己的见解，如果地方财税尽数上交中央，地方财政用度将会非常紧张，

1 《圣祖仁皇帝实录》卷245。

“因而有挪移正项（赋税）之事，此乃亏空之大根原也”，因此他只命令亏空官员足额赔偿，而不治罪；何况“凡事不可深究者极多，即如州县一分火耗，亦法所不应取；寻常交际一二十金，亦法所不应受。若尽以此法，一概绳人，则人皆获罪，无所措手足矣”；他也认为中央户部库银太多未必是件好事，“天下财赋，止有此数。在内既赢，则在外必绌”[1]，因此要加强地方的财力。康熙皇帝的这个看法无疑是非常正确的，不能既让马儿跑，又让马儿不吃草。但是地方官假公济私挪用公款导致亏空也是当时的普遍现象，康熙皇帝认为如果想“查明款项，亦非难事。钱粮册籍，皆有可考。地方官借因公挪用之名，盈千累百馈送于人，若加严讯，隐情无不毕露也”，但他“意概从宽典，不便深求”[2]。这只会让官员贪污导致的亏空越来越严重，成为普遍现象。

对官员贪污、亏空一事非常了解，也极为痛恨的雍正皇帝，即位刚满一个月就下达命令，限期“三年之内，务期如数补足。毋得苛派民间，毋得借端遮饰，如限满不完，定行从重治罪。三年补完之后，若再有亏空者，决不宽贷”[3]。半个多月后的雍正元年（1723年）元旦，他一天内

1 《圣祖仁皇帝实录》卷240。
2 《圣祖仁皇帝实录》卷244。
3 《世宗宪皇帝实录》卷2。

颁发11道上谕给督抚以下的各级地方官，再一次强调要严查、杜绝亏空。随即他又下令禁止亏空钱粮的官员革职后留任，否则他们可能会搜刮民众来赔偿亏空。为此雍正皇帝特地成立了“会考府”，由雍正皇帝最亲信的弟弟怡亲王胤祥、总理事务大臣隆科多、大学士白潢、左都御史朱轼会同办理，主管各省与各部门的钱粮奏销（报销）事务，清查亏空。至此清查亏空一事从上到下，开始在全国范围内轰轰烈烈地发动起来。

地方官只要被清查出有贪污公款导致亏空的事项，就会被立即革职并抄没家产。前后有山西巡抚苏克济、湖广布政使张圣弼、粮储道许大完、湖南按察使张安世、广西按察使李继谟、原直隶巡道宋师曾、江苏巡抚吴仁礼、江苏布政使李世仁、江安粮道王舜、前江安粮道李玉堂、河道总督赵世显、左都御史裴幰度、长芦运使宋师曾、署云南巡抚杨名时、工部右侍郎常奉等高官纷纷落马，家产被抄没，有些还被下狱[1]。为了加大打击力度，还规定亏空官员的子孙如果当官，也全部解任，等亏空全部赔完后再复职，并且还一度实行了抄没亏空官员亲戚财产的政策，因为他们都是贪污亏空的利益均沾者。有些官员被查后畏罪自杀，企图以自己的死来保全赃款留给家人，雍正皇帝规

1 （清）萧奭：《永宪录》卷2。

定对这类人更要严厉打击，对其家人、亲属严加审讯，一定要将所有贪污赃款全部追回。另外又规定除了父子兄弟等至亲，禁止他人代赔亏空，以邀买人心。

地方如此，中央也好不到哪里去。雍正二年（1725年），户部库银历年亏空高达250余万两，主管清查事务的怡亲王胤祥[1]认为很难追补，因此建议用户部杂费分十年偿还，但被雍正皇帝否决。他认为“历年经手，俱有堂司官员当时任意侵渔，此时置之不问，令其脱然事外，国法安在”，并将徇情庇护私人的户部尚书孙渣齐革职，除了100余万两从宽，由户部杂费偿还外，其余由造成亏空的各级官员偿还，“果将来仍不全完，则按律治罪，朕亦不能再宽矣”[2]。在清查亏空中，难免会涉及贵族和高级官僚，雍正皇帝同样不手软，不论何人，决不宽贷。一些王公贵戚、达官显宦不得不通过典卖家产赔偿亏空。康熙皇帝的皇十二子履郡王胤祹曾主管内务府事务，被清查到有亏空，最后逼得将家里的器物摆到大街上出卖；康熙皇帝的皇十子敦郡王胤䄉因无法偿还亏空被查抄了家产。

雍正三年（1725年）二月，雍正皇帝严令自下一年起，

1 雍正皇帝即位后，为避其名讳，改康熙皇帝诸皇子名中“胤”字为“允”字，如“胤禩”改作“允禩”等，十四子“胤祯”改作“允禵”。十三子胤祥在死后因功恢复原名，是雍正朝唯一恢复原名的康熙皇子。为行文之便，以下均使用原名。

2 《世宗宪皇帝实录》卷26。

官员“凡遇亏空实系侵欺者，定行正法不赦”[1]。这一年夏天又派员查出各地仓库中的粮食也亏空严重，但因为亏空是数十年积累而致，因此雍正皇帝下令再宽限三年偿还，“务须一一清楚，如届期再不全完，定将该督抚从重治罪”[2]。

2. 耗羡归公，高薪养廉

仅靠清查亏空并不能解决地方财政不足的问题，康熙皇帝虽然非常清楚地方财政的窘境，但由于他不想承担加派赋税的恶名，因此只得默许地方政府加收一分（相当于正项赋税的1%）的火耗作为地方财政的补充。早在康熙年间，在实际执行中，州县一级的地方政府加收火耗就已经大大突破了一分的限制，康熙皇帝本人知道陕西火耗“每两有加二三钱者，有加四五钱者”[3]，一两为十六钱，即加派火耗的比例已经高达正项赋税的30%，是他默许标准的30倍。雍正皇帝充分认识到了滥征火耗是地方官贪污腐败的重要手段，因此于雍正元年元旦谕各省的布政使（主管一省财政的官员）：“今钱粮火耗日渐加增，重者每两加至四五

1 中国第一历史档案馆编：《雍正朝汉文谕旨》，第六册（上谕内阁），桂林：广西师范大学出版社，1999：186.

2 《世宗宪皇帝实录》卷47。

3 《圣祖仁皇帝实录》卷244。

钱。民脂民膏，朘剥何堪？”[1]这一年的五月，湖广总督杨宗仁在奏折中建议“令州县于加一耗羡内，节省二分，解交藩司”[2]，雍正皇帝表示赞同。同一年，山西巡抚诺岷奏请将全省每年存贮的耗羡银20万两，先留补没有着落的亏空，余下的作为官员的养廉银（补贴）以及地方政府的办公费，并在岁终将所有支出一一奏明，以杜绝上司以公事为名私用[3]。这一方案的实质是将原来地方私自加派的耗羡正规化，列为政府的正式赋税，即“耗羡归公”，这样可以在正式财政制度的框架内确定征收的标准、使用范围以及目的，可以杜绝官员擅自提高征收标准，借机侵吞、贪污。第二年初，河南巡抚石文焯也提出全省有耗羡40余万两，除了支出官员的养廉银以及办公经费外，还节余十五六万两存于藩库，补偿历年亏空。雍正皇帝对此也表示赞同[4]。

雍正二年（1724年）六月，山西布政使高成龄奏请皇帝在全国各地均推行诺岷的耗羡归公方案，雍正皇帝要求众大臣“平心静气，秉公持正会议。少有一毫挟私尚气，阻挠不公者，国法具在，断不宽宥。各出己见，明白速议

1 《世宗宪皇帝实录》卷3。

2 杨宗仁：《奏陈饬给俸工缘由折》，雍正元年五月十五日，中国第一历史档案馆：《雍正朝汉文朱批奏折汇编》第一册，南京：江苏古籍出版社，1989：401.

3 《世宗宪皇帝实录》卷21。

4 石文焯：《奏明划补亏空盈余贮库折》，雍正二年正月二十二日，《雍正朝汉文朱批奏折汇编》第二册，第526页。

具奏，如不能画一，不妨两议、三议皆可”[1]。虽然雍正皇帝支持将耗羡归公政策推广到全国的态度已经很明确，但群臣却认为这是加派赋税而群起反对。雍正皇帝见此情景，决定乾纲独断，在全国范围内推行耗羡归公，他斥责群臣："见识浅小，与朕意未合。州县火耗原非应有之项，因通省公费及各官养廉，有不得不取给于此者。……且历来火耗，皆州县经收，而加派横征，侵蚀国帑，亏空之数不下数百余万。原其所由，州县征收火耗分送上，各上司日用之资皆取给州县，以致耗羡之外种种馈送，名色繁多。故州县有所借口而肆其贪婪，上司有所瞻徇而曲为容隐，此从来之积弊所当剔除者也。与其州县存火耗以养上司，何如上司拨火耗以养州县乎？”[2]雍正皇帝犀利地指出，正因为耗羡并非国家规定的正式赋税，缺乏法定的征收标准，但地方财政又不得不依靠耗羡，因此州县地方官才以征派耗羡为借口趁机中饱私囊，并馈送上司，以结成贪腐利益共同体。与其如此，就应该将征收耗羡的权力上移，纳入政府的正式财政体系，这样耗羡与正项赋税共同解送藩库，州县地方官不能私取分毫，也就没有加征摊派的借口和动力，之后再由各省按照一定的标准发放各级地方官员的养廉银，余下的则补偿亏空。为了防止地方官提高火耗标准，雍正

1 《世宗宪皇帝实录》卷21。

2 《世宗宪皇帝实录》卷22。

皇帝特地下令："倘地方官员于应取之外稍有加重者，朕必访闻，重治其罪。"[1]

全国推行耗羡归公后，除了原耗羡标准远低于全国的江苏外，各省耗羡征收标准普遍下降，民众的负担得以减轻，官员的待遇也得以大幅度提高。清朝的官员工资水平极低，每年的俸银一品官为180两，二品官为150两，三品官为130两，四品官为105两，五品官为80两，六品官为60两，七品官为45两，八品官为40两，正九品官为33两1钱，从九品官为31两5钱，在京官员每两俸银给禄米一斛。最高的地方官总督一年的俸禄为180两银子，巡抚、布政使150两，直接治民的知县不过45两，不仅应付不了日常必要的行政开销，甚至连自己的家人也养活不了，不贪腐都不行，这也是康熙皇帝容忍地方官私征火耗的原因，否则他们将无以维生。雍正皇帝推行耗羡归公，耗羡的重要用途之一就是发给各级官员作为养廉银，各地总督每年的养廉银高达13 000—30 000两，巡抚达10 000—15 000两，知府多者6 000两，少者也有1 000两，知县多者2 000—3 000两，少者500—600两，提高达几十倍至上百倍，京官的薪水也有较大幅度提高。一部分耗羡充当地方的办公费用，这从根本上改变了地方官依靠违规、贪腐维持行政的

1 《世宗宪皇帝实录》卷49。

局面。雍正皇帝乾纲独断，敢于直面现实，勇于承担加派赋税的恶名，为遏制官场腐败建立了一个坚实的制度基础，否则法不责众，问题将无法解决。几乎所有的官员集体腐败，一定是制度性的原因，因此没有制度性的变革，清除腐败的根源，整顿吏治、反腐倡廉只能流于空谈。

各级官员的收入都有很大同幅度的提高后，雍正皇帝顺理成章地开展了吏治整顿与反腐败。在养廉银制度实行之前，各级官员如果仅仅依靠薪水不仅无法工作，甚至无法生活，因此他们必须各显神通捞钱，各种官场陋规普遍流行，下级官员在四时四节必须向上级官员送礼，而且如果上级官员身兼数职，就必须送数份礼，号称“规礼”。山东巡抚一年收到的下属送礼竟然高达11万两白银，而他的年薪不过150两，可见灰色、黑色收入之高。雍正皇帝下令：“倘有再私受规礼者，将该员置之重典，其该管之督抚，亦从重治罪。”中央部门也好不到哪里去，地方向户部交纳钱粮，每1 000两白银要交部费32两，于雍正八年被下令减半。经过雍正皇帝的大力整肃及耗羡归公，户部存银由雍正元年的2 300多万两增加到了雍正八年的6 200多万两，国家财力有了显著的增加。

雍正皇帝之所以能对症下药整肃吏治，在于他独特的经历。清朝入关后的顺治皇帝与康熙皇帝均是幼年继位，自小生长于深宫，并无丰富的生活阅历，尤其对官场的各种潜规则并不谙熟。雍正皇帝则不然，雍正皇帝是个“社会人”，早早分家另过，而且康熙皇帝对儿子们是撒手散养，以致诸皇子开公司的开公司，从政的从政，结党的结党，雍正皇帝也不例外——他甚至还参与过外贸生意，当然这些在中国史料中极少提及，但在英国东印度公司的贸易资料中却记录了。1702年，还是皇子的雍正皇帝曾与太子派人去舟山与东印度公司的商船“萨拉”号洽谈贸易，给予英国商人贸易特许权，并要求所有官员都要协助；但这些北京来的皇商并没有什么资金，想空手套白狼，要求舟山商人出面与英国商人贸易，他们要分享利润，否则各级官员就从税收方面刁难英国商人，甚至把他们软禁扣押，是不是有点似曾相识？

果然一切历史都是当代史。

当然雍正皇帝也从事国内贸易，他还在江浙地区做丝绸生意。因此他对官场、商场甚至底层的社会了解得很深，他曾貌似谦虚但实际很得意地说，他“事事不及皇考（康熙皇帝），惟有洞悉下情之处，则朕得之于亲身阅历。朕在藩邸四十余年，凡臣下之结党怀奸，夤缘请托，欺罔蒙蔽，阳奉阴违，假公济私之习皆深知灼见，可以屈指而数者”[1]，意思就是：我事事不如我父亲，但他八岁继位，这一点不

1 《世宗宪皇帝实录》卷49。

如我。更直截了当地说，就是父亲单纯天真，常被臣下欺骗，但想骗我？这是不可能的。这话虽然有点刻薄，但却是实情，一个人很难摆脱儿时的影响。

由于长期生活在宫廷外，且亲身参与过多项实际政务，雍正皇帝比他的父亲更了解官场的种种弊端。与他父亲一味崇尚宽仁不同，雍正皇帝信奉宽严相济，当宽则宽，当严则严。他认为“为政之道，不外宽猛两端。……宜宽而宽，宽而不失于慢；宜猛而猛，猛而不失于残。宽猛咸得其宜，乃为相济之道。未有遇事之先，横宽猛之念于胸中之理也”。康熙皇帝几十年宽仁之治导致吏治废弛，弊端丛生，贪腐盛行，是失之于宽，所以雍正皇帝要济之以猛、严，但这仅仅是针对官僚，他对普通民众仍然信奉宽仁之道。

3. 损富益贫的摊丁入地

中国历代的赋税分为土地税与人头税（差徭）两大类，在清代人头税就是人丁税，征税对象是16至60岁（均为虚岁）的成年男子。康熙五十二年（1713年），康熙皇帝下达了“续生人丁，永不加赋”的恩诏，将人丁税的总额冻结在康熙五十年（1711年）的水平，如果人丁不及康熙五十年的额度，就要以新增人丁补足。对无田产的贫穷民众来说，人丁税仍是一项沉重的负担，而且由于生死病老是一个动态的过程，补足人丁也是一项繁琐、浩大的工程，在技术上很难实现。事实上早在明末，在某些地区已经实行了将人丁税按田地分摊，与土地税合并一起交纳的方法，与实际的人丁（成年男子）已经脱钩，此即所谓的“摊丁入亩”。这意味着拥有土地越多，交土地税越多的人相应地就要承担更多的人丁税，这项政策显然不利于富裕阶层，而有利于贫穷阶层。

雍正元年（1723年）九月，直隶巡抚李维钧奏请将丁银摊入地税征收，他知道这一建议必将遭到富裕官僚阶层以及只会按陈规行事的户部反对，因此他要求雍正皇帝乾纲独断批准这一方案。雍正皇帝将李维钧的建议发给九卿会议讨论，果然众大臣“并不据理详议，依违瞻顾，皆由迎合上意起见”；“及至会议，彼此推诿，不发一言。或假寐闲谈，迟延累日”，推举几个新上任的下级官员随便说几句，“便群相附和，以图塞责”，而且很多人不来参加会议。眼见九卿会议也讨论不出什么结果，雍正皇帝决定乾纲独断，下令雍正二年（1724年）开始在直隶推行摊丁入地，直隶平均每地银一两摊入丁银二钱二厘，直隶无地的民众不用再交纳人丁税，并向全国推广。在推广过程中，浙江因为摊丁入地发生了群体性事件。雍正二年（1724年），浙江有地富人反对摊丁入地政策，聚集到巡抚衙门抗议，巡抚法海惊慌失措，答应暂缓推行，结果导致无地的穷人（赤脚光丁）又集体聚集请愿要求推行。雍正四年（1726年）七月，正值乡试，浙江乡绅千余人聚集至钱塘县衙（在今浙江省杭州市市区）反对实行摊丁入地，并举行罢市，被巡抚李卫强行制服，摊丁入地政策终于得以在全省推行。在雍正时期，除了少数几个地区外，全国普遍实行摊丁入地，在实质上废止了实行了几千年的人头税，减轻了中下层民众的经济负担和人身束缚，缓和了贫富差距，是利国利民（绝大多数的中下层民众）的一大德政。

雍正皇帝推行的损富益贫的政策不止摊丁入地一项。清朝继承了明朝的政策，有功名和官位（包括在职和退休）的人享有一定的经济特权，按照品级大小优免每户一定数量的人丁（优免人丁），有功名的士人则免除本身的差役和一切杂办。官员和士人的户被称为“宦户”“儒户”，也就是享有经济特权的户。这些特权阶层本来就拥有政治、经济上的优势，却还进一步利用这些优势进一步侵夺中下层的利益，扩大自身的优势，他们与地方政府勾结，将耗羡转嫁给普通民众，将亲族、关系户的田产寄挂在自己名下，抗拒、逃避赋税。雍正二年（1724年），雍正皇帝下令革除“儒户”“宦户”名目，禁止他们寄挂田产与抗拒、逃避赋税，只免除本身一丁的差徭，否则“即行重处”[1]。

---

1 中国第一历史档案馆编：《雍正朝汉文谕旨》，第六册（上谕内阁），第106页。

摊丁入地以及对乡绅官宦的遏制政策又一次体现了传统帝制的优越性，皇帝可以超越各阶层的利益，不为利益集团所绑架，而是乾纲独断，做出有利于自己政权以及绝大部分民众的决定。雍正皇帝继承了康熙皇帝的蠲免政策，他信奉“（赋税钱粮）丝毫颗粒，皆百姓之脂膏。增一分，则民受一分之累；减一分，则民沾一分之泽”[1]，在位期间共蠲免了约两三千万两的赋税，并大力提倡垦荒，规定新垦荒地水田六年、旱田九年起科。

1 《世宗宪皇帝实录》卷3。

第二节｜惟以一人治天下：绝对独裁与军机处

1. 朕视为一德，伊等竟怀二心：清除八旗权贵

对官僚贵族来说，尤其是与康熙皇帝相比，雍正皇帝可谓是一位严厉的君主。他即位之初就面临着严峻的政治局面，即要解决康熙晚年形成的诸皇子政争，他的主要对手是皇八子党。但出人意料的是，他刚即位就任命皇八子贝勒胤禩、十三阿哥胤祥、大学士马齐、尚书隆科多总理事务，负责“启奏诸事，除朕藩邸事件外，余俱交送四大臣；凡有谕旨，必经由四大臣传出，并令记档”[1]；随即又封胤禩为廉亲王，胤祥为怡亲王，皇八子党的胤祹为多罗履郡王，废太子之子弘皙为理郡王；又将皇八子党的要员贝子苏努升为贝勒，佛格升为刑部尚书。在康熙朝，康熙皇帝生母的佟家是满洲亲贵第一家，号称“佟半朝”。康熙皇帝的舅舅、内大臣、一等公佟国纲，倚仗自己的身份，经常颐指气使，逼迫康熙皇帝任用他喜爱的官员；佟国纲的

1 《世宗宪皇帝实录》卷1。

长子鄂伦岱任领侍卫内大臣，袭一等公，更是骄横跋扈。康熙皇帝在热河生病，他不仅不请安问候，还率领乾清门侍卫公然射箭游戏；康熙皇帝曾在旅途中斥责他与皇八子胤禩结党，他悍然不知畏惧，甚至上前顶撞争吵，激怒大病初愈的康熙皇帝，当时随行的雍正皇帝却敢怒不敢言。佟国纲的弟弟、康熙皇帝的岳父、领侍卫内大臣、议政大臣、一等公佟国维则公然串连满洲亲贵大学士马齐，领侍卫内大臣、理藩院尚书、一等公阿灵阿（钮祜禄氏，开国功臣遏必隆之子，康熙皇帝皇后的弟弟）及鄂伦岱等人共同推举胤禩为太子。这些人全部是上三旗满洲最重要的亲贵，势力雄厚强大，且皇八子党成员有多名康熙皇帝的皇子，而此时雍正皇帝的支持者，在中央只有胤祥、隆科多，在地方只有年羹尧等少数人，因此他只能暂时采取怀柔策略，对此胤禩也非常清楚，认为雍正皇帝“目下施恩，皆不可信”[1]。

但雍正皇帝并未一味怀柔，而是逐步分化、孤立政敌。他将皇八子党的重要成员抚远大将军王胤禵从青海召回，降为贝子，发往康熙皇帝的景陵居住；胤禟被发往青海新任的抚远大将军年羹尧的军中，后被逮捕回京，又发往保定，拘禁而死；命令胤䄉护送在京去世的泽卜尊丹巴胡土

1 《大义觉迷录》卷3。

克图灵柩返回喀尔喀，因其在张家口逗留不前被削爵拘禁；贝勒苏努也被罢爵发配，死于戍所。同时，他又开始翦除异姓党羽，于雍正二年（1724年）将刑部尚书、二等公阿尔松阿（阿灵阿之子）罢官罢爵，发配盛京；而一向骄横的鄂伦岱竟然在乾清门当着众人的面，将雍正皇帝要他转交给阿尔松阿的朱批谕旨“掷之于地，且极力党护阿尔松阿，将其死罪承认在身”[1]，随即也被发配盛京，两人后来均被处死。最后，终于轮到了与雍正皇帝“情如水火，势如敌国”的党首胤禩，他于雍正四年被罢爵拘禁，随即死于囚所。

在清除皇八子党后，年羹尧成为下一个被清除的对象。年羹尧原是雍正皇帝的心腹，出身于镶白旗汉军，是当年尚为雍亲王的雍正皇帝的下属，雍正皇帝即位后抬入镶黄旗。他接替了胤禵的抚远大将军，平定青海立了大功，被封为一等公，管辖陕西、甘肃、四川、云南、青海等区，掌握全国精锐，是巩固雍正皇帝政权的重要支柱。他的权力巨大，在其辖区内“文官自督抚以至州县，武官自提镇以至千把”[2]的官员全部由他任命，由他保举的官员，吏部、兵部都会优先选用，号称“年选”，但不久就发生了变化。雍正二年（1724年）十月，年羹尧入朝觐见，雍正皇帝命直隶总

1 《世宗宪皇帝实录》卷29。

2 《世宗宪皇帝实录》卷39。

督李维钧、陕西巡抚范时捷跪在道旁送迎，王公大臣集体于德胜门外迎候。年羹尧手执黄缰，跨紫骝马傲然而过，并不还礼致意，甚至在皇帝面前也无人臣之礼；在青海时，包括额驸在内的蒙古诸王公见他都要下跪，因此他不仅得罪了满、蒙、汉王公大臣，还得罪了皇帝本人。由于雍正皇帝之前对年羹尧宠信异常，也招致众人非议，挫伤了他的自尊，因此他对年羹尧逐渐不满。早在雍正二年（1724年）十一月初二日，雍正皇帝就曾告诉四川巡抚王景灏年羹尧行为“乖张”；随后在十三日直接告知直隶总督李维钧，他怀疑年“居心不纯，大有舞智弄巧、潜蓄览权之意”[1]，并提醒李维钧要与他疏远。随后，在给诸多大臣的奏折批语上，雍正皇帝频繁表达对年羹尧的不满，甚至流露了清除的意图。

年羹尧保荐陕西布政使胡期恒及王景灏，认为二人可重用，并弹劾四川巡抚蔡珽，欲将其逮捕治罪，雍正皇帝即任命王景灏接任四川巡抚，又提拔胡期恒为甘肃巡抚。雍正三年（1725年）正月，年羹尧指使胡期恒参奏陕西驿道金南瑛，但雍正皇帝认为“金南瑛曾经大学士朱轼保题，在会考府行走；怡亲王亦曾奏荐，朕是以拣选任用。年羹尧遽行题参，必有错误”[2]，两人的矛盾公开化。当蔡珽被押

1　王景灏：《奏为敬领温纶恭谢天恩折》，雍正二年十一月初二日，《雍正朝汉文朱批奏折汇编》第三册，第920页；李维钧：《奏宋师曾照赔银两照数清完折》，雍正二年十一月十三日，《雍正朝汉文朱批奏折汇编》第四册，第1页。

2 《世宗宪皇帝实录》卷28。

解到京，雍正皇帝特地召见，蔡珽趁机揭露年羹尧的“暴贪、诬陷”，雍正皇帝随即赦免蔡珽，任命他为左都御史。雍正三年（1725年）二月，雍正皇帝开始直接批评年羹尧失职，并威胁“必重治尔罪”；因发生了日月合璧、五星联珠的天象，年羹尧上疏祝贺，用了“夕惕朝乾”一词，雍正皇帝趁机发难，认为他是有意倒置，“自恃己功，显露不敬之意”，“不以‘朝乾夕惕’许朕，则羹尧青海之功，亦在朕许不许之间而未定也”[1]。雍正皇帝首先将年羹尧的亲信甘肃巡抚胡期恒革职，以岳钟琪兼理，调回署理四川提督纳泰；又痛斥年羹尧“妄举胡期恒为巡抚，妄参金南瑛等员，骚扰南坪寨番民，词意支饰，含糊具奏。又将青海蒙古饥馑隐匿不报，此等事件不可枚举。年羹尧从前不至于此，或系自恃己功，故为怠玩；或系诛戮过多，致此昏愦。如此之人安可仍居川陕总督之任？朕观年羹尧于兵丁尚能操练，著调补浙江杭州将军”[2]，川陕总督由岳钟琪署理。

墙倒众人推，大臣们纷纷揭发年羹尧的罪行，并要求严厉处理，年羹尧被一路降职为闲散章京，又被押解回京。十二月，议政大臣、刑部等衙门为其总结了“大逆之罪五，欺罔之罪九，僭越之罪十六，狂悖之罪十三，专擅之罪六，

1 中国第一历史档案馆编：《雍正朝起居注册》第一册，北京：中华书局，1993：465.

2 《世宗宪皇帝实录》卷31。

忌刻之罪六，残忍之罪四，贪黩之罪十八，侵蚀之罪十五，凡九十二款罪”，认为其“反逆不道，欺罔贪残，罪迹昭彰”，“伏请皇上将年羹尧立正典刑，以申国法。其父及兄弟子孙伯叔、伯叔父兄弟之子年十六岁以上者，俱按律斩。十五岁以下及母女妻妾姊妹，及子之妻妾给付功臣之家为奴。正犯财产入官”[1]，判决可谓凶残之极。雍正皇帝改判年羹尧自裁，其子年富斩立决，其余15岁以上之子发遣广西、云贵极边烟瘴之地充军，其他人免罪。

在年羹尧被整治的同时，雍正皇帝另一位宠臣隆科多也由盛而衰。隆科多是佟国维之子，孝懿皇后的弟弟，因此雍正皇帝尊称其为“舅舅”，为四位总理事务大臣之一，世袭一等公，管理吏部事务并负责京城的治安；他的次子一等侍卫玉柱被提升为銮仪卫銮仪使，负责皇帝本人的安全保卫。隆科多拥有很大的人事任命权力，其选用的官员号称“佟选”，为人作威擅权，同样触犯了雍正皇帝的权威。雍正二年（1724年）十二月，雍正皇帝在给河道总督齐苏勒的朱批中透露了对隆科多的不满：“近年舅舅隆科多、年羹尧大露，作威作福，揽势之景，朕若不防微杜渐，必不能保朕之此二功臣也”[2]，次年正月他解除了隆科多

1 《世宗宪皇帝实录》卷39。

2 齐苏勒：《奏为恭谢天恩事折》，雍正二年十二月十三日，《雍正朝汉文朱批奏折汇编》第四册，第181页。

步军统领的职务。雍正三年（1725年）五月，雍正皇帝公开表达了对隆科多的不满："朕御极之始，将隆科多、年羹尧寄以心膂，毫无猜防，所以作其公忠，期其报效。孰知朕视为一德，伊等竟怀二心；朕予以宠荣，伊等乃幸为邀结，招权纳贿，擅作威福，敢于欺罔，忍于背负，几致陷朕于不明"[1]，又指责隆包庇年，将他"著交与都察院严察奏闻"，几天后玉柱被革职，第二年正月，隆科多也被革职，年底被宣判有"大不敬之罪五，欺罔之罪四，紊乱朝政之罪三，奸党之罪六，不法之罪七，贪婪之罪十六"[2]，总共四十一款罪，"应拟斩立决，妻子入辛者库[3]，财产入官"，雍正皇帝从宽将其"永远禁锢"[4]。

年羹尧立有大功，能力突出，恃才傲物，得罪同僚甚至皇帝，又非常贪腐，但这些都由来已久，早已被皇帝洞察。在战争需要时，雍正皇帝可以曲意纵容，对他的罪行视而不见，甚至奉承讨好，而一旦战争结束，他即失去了利用价值，却故态不改，则必然会被清算。年羹尧本人缺乏政治头脑，被雍正皇帝的迷魂汤灌晕了，没有真正明白鸟尽弓藏的道理，引起了猜忌。他最主要的罪行表面上是"谋为不轨"的大逆之罪，但显然并非事实；他的获罪并非

1 《世宗宪皇帝实录》卷32。
2 《世宗宪皇帝实录》卷33。
3 专以从事大内或王公府第等处贱役苦差为职的八旗组织。
4 《世宗宪皇帝实录》卷62。

因为贪腐，他只是雍正初期八旗最高层内部政治斗争大背景下的一个牺牲品。年羹尧如此，隆科多也是如此，在失去利用价值后，因威胁皇权被皇帝清算。

2. 八旗共治的终结与绝对君权的确立

清朝初期是以皇帝为首的八旗亲贵共治的政体，入关后虽然权力集中于皇帝本人，但即使是到了康熙皇帝晚年，八旗亲贵仍然拥有很大的权力，而诸皇子又形成了新的八旗亲贵集团，旧亲贵仍在，新亲贵又在形成，严重制约了皇权。康熙朝时，以康熙皇帝三位皇后的家族为中心形成的三大八旗亲贵集团全部积极参与了储位之争，结果以索额图为首的赫舍里氏皇太子党因密谋造反被康熙皇帝消灭，但随后以阿灵阿、阿尔松阿父子为首的钮祜禄氏，以佟国维、鄂伦岱为首的佟佳氏两大外戚亲贵集团与正黄旗满洲的新亲贵叶赫那拉氏揆叙（大学士明珠之子）联合拥戴能够保护他们利益的皇八子胤禩，胤禩的福晋则是康熙朝权力最大的皇族安亲王岳乐的外孙女。康熙皇帝晚年始终被八旗亲贵的激烈内斗困扰，甚至担心自己可能不得善终，国家会陷入内乱。因此雍正皇帝与胤禩并非单纯的个人政争，而是与整个满洲新旧亲贵集团的斗争，胤禩是他们的利益代言人。这一集团的权势虽然被康熙皇帝打击，但并未被消灭，而是一直延续到了雍正朝，成为雍正皇帝强大的政敌，以胤禩为中心形成的新旧八旗亲贵集团对皇权造成了很大的威胁。

雍正皇帝即位前只是一名普通皇子，缺乏康熙皇帝拥有的崇高权威，这是他即位时面临的严峻形势，因此他才通过不断的拉拢、分化，依靠弟弟怡亲王胤祥、舅舅隆科多以及年羹尧为助手，逐步消灭了皇八子党的骨干成员。在消灭了这一最大的对手后，新形成的八旗新贵隆科多、年羹尧的势力又开始坐大，这同样不为一意想大权独揽的雍正皇帝所允许，因此被他迅速消灭，至此雍正皇帝才彻底地解决了八旗亲贵内斗失控、威胁皇权的局面，实现了大权独揽，皇权独大。当然雍正皇帝使用的手段非常激烈，一是因为亲贵一向骄横跋扈，为非作歹，罪有应得；二是因为他本人已经40多岁，在当时的条件下留给他的时间并不多，如果他不能及时、彻底地解决，而是将这个连康熙皇帝都难以应付的难题留给他年龄尚轻且无政治经验的继承人，那将更国无宁日。这一迫切的使命催迫他在即位初期的几年内兴起了一场接一场的大狱，直至完成目标方才罢休。

八旗是清朝的统治基础与权力核心，皇帝亲自掌握上三旗事务，而另外下五旗则直属各自的王公，并不直接属于皇帝。雍正皇帝即位之初就认为“下五旗诸王将所属旗分佐领下人挑取一切差役，遇有过失，辄行锁禁，籍没家产，任意扰累，殊属违例”[1]。雍正皇帝通过整顿旗务，削弱了王公对下五旗的控制，由皇帝直接任命的都统管理，从而将下五旗的管辖集中于皇帝。八旗亲贵经过雍正皇帝的刻意打压，尤其是几个最显赫家族的重要首脑被清除，失去他们往日的气势与权力，变成了皇帝忠实的奴仆。

清朝的最高决策机构原是议政王大臣会议，成员均是八旗亲贵，雍正皇帝即位之初，以守孝三年的名义暂时设立了总理事务王大臣，一度掌握最高决策权。雍正七年（1729年），因与准噶尔汗国的战争，雍正皇帝下令“两路军机，朕筹算者久矣。其军需一应事宜，交与怡亲王、大学士张廷玉、蒋廷锡密为办理”[2]，此三人组成了“军需房”，次年改称“军机处”。军机处只是一个处理紧急军国事务的临时机构，办公地点是一临时搭建的木板房，先后设置于乾清门内外，后移到隆宗门外，并改建成瓦房，靠近皇帝的寝宫养心殿，是一个典型的内朝机构。军机处随皇帝而行，在圆明园、避暑山庄、颐和园等地都有它的驻所。

军机处设立后，皇帝可以自由选择亲信大臣充当军机大臣。军机大臣无专职，亦无定员，只是临时的职务，协助皇帝处理一切军国大事；领班军机大臣每天都需要值班，以

---

1 《世宗宪皇帝实录》卷8。

2 《世宗宪皇帝实录》卷82。

备皇帝随时召见（乾隆年间改为全体召见），主要职责是与皇帝共同商议政务，承皇帝旨意起草上谕，并负责密封，廷寄给各地官员；决策权由皇帝一人掌握，军机大臣只有建议权，因此只是皇帝的机要秘书，军机处只是皇帝的机要秘书处。从此之后，议政王大臣会议逐渐失去了重要性，内阁只能处理一般例行的行政事务，权力高度集中于皇帝一人之手，他通过军机处这个机要秘书班子处理一切重要的军国政务，达到了他心目中的理想状态："惟以一人治天下"。

雍正皇帝进一步完善了奏折制度，他刚即位就将上密折的范围扩大到了所有的总督、巡抚，后来又扩大到了布政使、按察使（主管一省司法）、学政（主管一省教育、科举）、提督、总兵一级官员，形成了正式的制度，并特批一些中低级官员也有上奏密折的权力。奏折由官员直接秘密上奏皇帝本人，皇帝则在奏折上直接用朱笔亲笔批示，称为"朱批谕旨"，经朱批后的奏折称为"朱批奏折"，此时奏折已经完全取代了原来的题本，成为官员向皇帝汇报政务的最重要文书；朱批谕旨也成为官员决策、行政的重要依据。从此朱批奏折与廷寄成为清朝行政的两种最重要的公文，全由皇帝一人批答，或口述由军机大臣拟写，因此在体制上确保皇帝的乾纲独断。此时议政王大臣会议虽然还存在，但已逐渐沦为摆设，最终被乾隆皇帝废除，八旗共治的最后一丝痕迹也不复存在。任何个人和机构组织都倾向于扩大自身的权力，清朝皇帝一直遵循这个思路，最终雍正皇帝通过建立“军机处—奏折体制”得以完成。军机处—奏折体制将一切权力全部集中于皇帝手中，要求皇帝必须极为勤政，每天不间断处理各地奏折，否则国家军政要务就得停摆，这是彻底的人治，皇帝一人的绝对独裁，因此对皇帝本人的能力与责任心要求极高，而相应的，大臣也就丧失了积极主动性。

第三节 | 西北用兵：清朝唯一的汉人大将军

1. 千里奔袭：一战定青海

青海和硕特汗国的台吉扎什巴图尔归附清朝，被康熙皇帝封为亲王，他的儿子罗卜藏丹津于康熙六十年参加了安藏之役，因功被封为亲王。罗卜藏丹津以顾实汗的嫡孙自居，妄图恢复和硕特汗国的独立地位，与准噶尔大汗策妄阿拉布坦串通，于雍正元年夏天命令各部摒弃清朝的封号，恢复和硕特汗国旧称，并自称为“达赖混台吉”，进攻忠于清朝的亲王察罕丹津、郡王额尔德尼额尔克托克托奈等部；又不听清朝的调解，进攻西宁府附近，青海战事因此爆发。

雍正元年十月，年羹尧被任命为抚远大将军，“统领满洲、蒙古、绿旗大兵”征讨罗卜藏丹津，进驻西宁。他拟定了进剿青海事宜：一、从陕西、土默特、鄂尔多斯等处共挑选1.9万名兵丁，令四川提督岳钟琪等率领，从西宁、松潘、甘州、布隆吉尔（今甘肃省安西县布隆吉乡）分四路进剿；二、分兵防守西宁各边口、永昌、甘州、布隆吉尔、巴塘、里塘、黄胜关（在今四川省松潘县），防止和硕特军队北犯甘肃，南犯西藏、四川，并形成合围之势；三、购买几千匹马驼；四、贮备军粮，五、精炼火器，要求分拨火药1.8万斤。

十一月初罗卜藏丹津进攻西宁周边，被清军击退。此时青海众多喇嘛煽动信徒叛乱，提督岳钟琪等率军镇压，杀伤叛军6 000余名，焚毁了郭隆寺，抢劫了塔尔寺，并将叛乱首领达克玛胡土克图喇嘛正法。罗卜藏丹津失利后退往柴达木以东，岳钟琪建议对外宣称于雍正三年（1725年）四月进攻，而趁其不备提前于二月突然进攻。年羹尧接受了这个建议，命令岳钟琪等率6 000精骑，于二月初八日出发进剿。罗卜藏丹津未料到清军会提前突然袭击，一路奔逃，清军穷追不舍15日，擒获罗卜藏丹津的母亲、妹夫以及众多部众及牛羊，并一直追击到柴达木，罗卜藏丹津仅率200余人逃窜潜匿。清军随后分兵围剿其他叛乱部众，叛乱的和硕特八台吉均被擒获，青海平定。清军的奇袭堪称军事史上的光辉篇章，15日内一战而定青海，年羹尧因功被授予一等公，再加赏一等精奇尼哈番（清朝的世职），岳钟琪被授予三等公，雍正皇帝在京师午门举行了盛大的献俘礼。

为了彻底解决青海问题，年羹尧拟定了《青海善后事宜十三条》与《禁约青海十二事》，主要内容为：将青海诸蒙古和硕特部落“分别功罪，以加赏罚”；按照内札萨克蒙古的制度，划分游牧居住地区，编为佐领；青海诸王贝勒分作三班，三年一次进京朝贡，与内地的互相交易于二月、八月每年两次进行；居住在青海的喀尔喀、厄鲁特（准噶尔）的四部落不再属于和硕特管辖，实行扎萨克制度；青海的藏族人也不再属于和硕特管辖，转由地方政府管辖；青海喇嘛庙房间不得超过200间，喇嘛不能多于300人；清军在青海要地分兵驻守等。

平定青海是雍正皇帝的一大政绩，即位之初即获如此武功，为他巩固皇位，扩张皇权，打击政敌创造了重要条件。如果青海的问题没有处理好，有他英雄父亲赫赫业绩的对比，雍正皇帝的统治会变得脆弱。雍正二年（1724年）设置了钦差办理青海蒙古番子事务大臣，简称“青海办事大臣”或“西宁办事大臣”，标志着中央政府开始直接管理青海。

康熙皇帝出兵安藏后，曾在西藏驻军，但雍正皇帝一即位就将驻军撤回。西藏地方政权由五噶伦共同管理，他们分裂成两派，一派是后藏贵族康济鼐、颇罗鼐，另一派是前藏贵族阿尔布巴、隆布鼐和扎尔鼐，后者有达赖喇嘛的父亲索诺木达尔扎的支持。雍正三年（1725年）十一月，清朝任命康济鼐为总理，阿尔布巴协理，共同管理西藏事务，两人被封为贝子。康济鼐自恃当年支持清军入藏有功，轻视其他噶伦，矛盾终于激化，雍正五年（1727年）六月，阿尔布巴、隆布奈、扎尔鼐等前藏贵族杀害了忠于清朝的康济鼐，噶伦颇罗鼐则一面发动后藏军队抵抗，一面请求雍正皇帝发兵进藏剿灭叛军。十一月雍正皇帝决定由左都御史查郎阿等人率领陕西、四川、云南的满洲兵400名及绿旗兵1.5万名入藏平乱。清军于次年五月由西宁出发，经过近三个月的行军抵达西藏，而此前颇罗鼐已经击败叛军，并俘虏了阿尔布巴、隆布鼐、扎尔鼐三人，经查郎阿审讯后被处死。吸取了撤军导致西藏内乱的教训，雍正皇帝决定在西藏重新驻军，留陕西兵、四川兵各1 000名，并设立了驻藏大臣率领驻军。

由于担心准噶尔再次入侵西藏劫持达赖喇嘛，雍正六年（1728年）十一月，由查郎阿率军护送达赖喇嘛迁往他的家乡里塘，并驻军保卫。雍正皇帝又决定在噶达（在今四川甘孜藏族自治州道孚县）修建惠远庙作为达赖喇嘛的新居所，并亲撰《惠远庙碑文》以记其事。达赖喇嘛于雍正八年（1730年）二月移居此地，一直到雍正十三年（1735年）才返回拉萨布达拉宫。

2. 和通泊惨败：汉人大将军的困境

准噶尔汗国一直是清朝最大的敌人，罗卜藏丹津兵败后也从青海逃至准噶尔寻求庇护。雍正三年（1725年），清朝与准噶尔举行边界谈判，提出以阿尔泰山为界，结果谈判破裂，关系开始紧张，川陕总督岳钟琪开始秘密筹备对准作战，如果准军入侵西藏，他将率军直捣巢穴。雍正皇帝特地批示岳钟琪不必担心糜费钱粮，告诉他国库已经储存了5 000多万两白银，表达了“舍千万帑金，除却策妄一大患”的决心[1]。发兵入藏前，雍正皇帝因忌惮准噶尔可能会介入，曾一度犹豫，幸运的是，准噶尔大汗策妄阿拉布坦去世，清军解除了后顾之忧，并将达赖喇嘛移居以防准军劫持。策妄阿拉布坦的长子噶尔丹策零继承汗位，遣使到清朝称策妄阿拉布坦已经成佛，又表达了“欲使众生乐业，黄教振兴”的雄心。被激怒的雍正皇帝于雍正七年（1729年）二月宣布开战，认为“但留此余孽，不行翦除，实为众蒙古之巨害，且恐为国家之隐忧。今天时人事，机缘辐辏，时不可迟，机不可缓，天与不取，古训昭然。且我圣祖皇考为此筹画多年，未竟其事。兹当可为之时，朕不敢推诿，亦不忍推诿”[2]。

雍正皇帝任命领侍卫内大臣三等公傅尔丹（镶黄旗满洲，开国功臣费英东的曾孙）为靖边大将军，率领北路军，川陕总督三等公岳钟琪为宁远大将军率领西路军征讨准噶尔，等两军会师后统一由岳钟琪指挥。北路军由京城八旗

1　岳钟琪：《请解总督授以甘肃提督专管三边兵马事折》，雍正五年二月二十二日，中国第一历史档案馆：《雍正朝汉文朱批奏折汇编》第九册，第158—160页。
2 《世宗宪皇帝实录》卷78。

兵6 000名、车骑营兵9 000名以及奉天、船厂、察哈尔、索伦、土默特、右卫、宁夏七处兵8 000名，再加上喀喇沁土默特兵800名、官员753员组成，总计兵力达2.45万余人，于阿尔泰驻扎。西路军由士兵2.65万名，官员324员组成，合计约2.7万人。雍正七年（1729年）六月，雍正皇帝在太和殿举行出师礼，将敕印授靖边大将军公傅尔丹，并在东长安门外与大将军、副将军、参赞大臣等行跪抱礼送军出征。西路军则在岳钟琪的率领下于七月自肃州出发，经过一个多月的行军，前出至巴尔库尔（今新疆自治区巴里坤县），不久准噶尔的使臣特磊抵达军营表示要谈和，雍正皇帝不听岳钟琪的意见，竟然轻信准噶尔的求和要求，命令将特磊送往京城，暂缓一年进军开战，并将宁远大将军岳钟琪、靖边大将军傅尔丹召回京城述职。

岳钟琪赴京后，代理宁远大将军职务的副将军纪成斌命令副参领满洲人查廪率一万军队守护科舍图牧场。查廪玩忽职守，每天挟妓饮酒作乐，准噶尔军于雍正八年（1730年）十二月趁清军放松戒备之际突袭牧场，抢劫清军驼马，查廪怯战，率先逃跑。总兵曹勷前往救援，又被击败，后经总兵樊廷、张元佐率军激战七昼夜，将被抢掠驼马大半夺回，但清军损失惨重。纪成斌将败军之将查廪逮捕治罪，岳钟琪回到军营后大惊。因岳钟琪与纪成斌都是汉人，不敢得罪满洲人，因此释放查廪，将一切罪责归于总兵曹勷，并讳败为胜上报[1]。雍正皇帝闻讯后决定立即开战，但鉴于西路军受到的损失，将从前议定的直捣伊犁的方针改为层层推进，计划在三四年内消灭准噶尔，并从全国各地征调绿旗兵增援西路军，满蒙八旗增援北路军。

雍正九年（1731年）二月，西路军已达4.5万多人，岳钟琪请求亲率一万精兵突袭乌鲁木齐，7 000名步兵、车兵随后，但被雍正皇帝否决。岳钟琪根据情报判断准噶尔军可能要进攻北路军，因此计划自己率西路军趁机截击准军的后路以援助北路军，但雍正皇帝认为北路清军超过3万人，且有数万喀尔喀军相助，不需要西路军相援，并认为准军进攻的对象是西路军而非北路军。岳钟琪坚持自己的意见，随后又三次紧急奏报准军要进攻北路军，但雍正皇帝并不相信，固执地认为这是敌人的虚张声势。

也许是因为曾静案的微妙影响，岳钟琪逐渐失去了雍正皇帝的信任，大事小事必须汇报，却被频繁指责，动辄得咎。雍正皇帝先后派宗室、都统伊礼布、石云倬充当西路军副将军，在前线牵制、监视岳钟琪，又派满洲人查郎阿署川陕总督，管理西路军后勤供应。此时岳钟琪的前线、后方都被满洲人控制、监视，在这种处境下，还如何专心指挥作战？用人不疑，疑人不用，前线统帅负全责，当然

1 （清）昭梿：《啸亭杂录》卷10。

相应地需要临机决断的全权。军机瞬息万变，岂能后方遥制，前方监视？此前平定青海叛乱轻而易举，可能导致雍正皇帝产生了错觉，以为胜利是由于他的高明妙算，实际上青海的胜利正是年羹尧、岳钟琪等前线将帅临机决断，勇于负责，敢于决断出奇兵突袭的结果，这也是因为当时雍正皇帝对年羹尧高度信任，并不事事遥制。同样，岳钟琪感觉到自己失去了雍正皇帝的信任，也就不敢充分发挥自己的主观能动性，不敢勇于负责临时决断抓住战机，当然也就无法重现当年亲率6 000精骑横穿青海草原，穷追敌寇的英姿。当年的人并没有变，岳钟琪还是一位英雄，而且并未迟暮，仍然渴望直捣敌人的巢穴，以后他将有机会证明这一点，但是现在形势变了，形势比人强。

雍正九年（1731年）六月，准噶尔将领策零敦多卜诱敌深入，靖边大将军傅尔丹不顾多人反对率领一万清军盲目进攻，被准军在和通泊伏击包围，几乎全军覆没，仅2 000余人逃回，包括副将军公爵巴赛、副将军查弼纳、公爵达福等多名满洲亲贵阵亡，准军一直追击到科布多城。这是清朝与准噶尔战争史上空前的惨败，也是雍正皇帝刚愎自用、执意不理会岳钟琪正确判断导致的恶果，当然主要原因还是傅尔丹的军事指挥能力低下。岳钟琪得知北路军败绩后，即率军袭击乌鲁木齐，大败准军，并迫使北路的准军退回阿尔泰山。不谙军事情况、惊慌失措的雍正皇帝喜出望外，竟然认为准军撤退是上天赐予的奇迹，孰不知这是西路军奋战的结果。雍正皇帝仅罢免了败军之将傅尔丹的大将军职位，改任其为振武将军，并任命大学士、一等公马尔赛（正黄旗满洲，康熙朝名臣图海之孙）为抚远大将军统率北路军，但马尔赛军事能力同样低下，上任不到两个月就被雍正皇帝多次斥责，被降职为绥远将军，傅尔丹、马尔赛这两位前任大将军均归新任命的靖边大将军、顺承亲王锡保指挥。

北路军如此，西路军也好不到哪里去。雍正十年（1732年）正月，准噶尔军5 000人攻哈密，曹勷、纪成斌率军击退敌人，但副将军石云倬不听岳钟琪指挥，行动迟缓，致使敌军逃脱，被岳钟琪弹劾，押送京城治罪。雍正皇帝任命福建总督刘世明、汉军旗人贵州巡抚张广泗为副将军，又认为岳钟琪"智不能料敌于平时，勇不能歼贼于临事"[1]，将他削去公爵、宫保，降为三等侯，仍留总督职衔，护大将军印务，戴罪立功。四个月后，又任命大学士鄂尔泰（镶蓝旗满洲）"督巡陕甘，经略一应军务"[2]，成为岳钟琪的上级，岳随即被撤职，由署陕西总督查郎阿署理宁远大将军；后又因副将军刘世明、扬武将军武格、副将军伊礼布三人"志气颓惰，俱怀怨望之心，而刘世明与武

1 《世宗宪皇帝实录》卷117。

2 《世宗宪皇帝实录》卷121。

格，又复彼此推诿”[1]而将刘世明革职。清军两路军指挥更换如此频繁，指挥层又矛盾重重，足见雍正皇帝识人不明，用人不当，自乱方寸。而且因他不能完全信任汉人大将军岳钟琪，刻意安排军队指挥层彼此相互监督、牵制，导致军心不稳，指挥不力。

3. 志愿未竟，不无微憾：雍正朝的得与失

雍正十年（1732年）八月，准噶尔军3万余人进攻喀尔喀，意图俘获泽卜尊丹巴胡土克图，结果攻到杭爱山，俘获了康熙皇帝的额驸、喀尔喀亲王策凌的两个儿子。策凌闻报大怒，与喀尔喀亲王丹津多尔济等率领满洲、蒙古喀尔喀兵2万人奋勇尾追千里，在额尔德尼召英勇进攻，将准军斩杀大半，丹津多尔济被赏封为智勇亲王，额驸策凌为超勇亲王。这是雍正年间与准噶尔作战中清军取得的最大胜利，但主要是蒙古喀尔喀部而并非八旗军的功劳；八旗军不仅没有功劳，还因怯战放走了准军残部。

额尔德尼召之战后，大将军顺承亲王锡保多次命令振武将军马尔赛截杀逃跑的准军，但马尔赛违抗命令，迟迟不出兵，部下傅鼐跪求请兵杀贼，却不被允许，致使准

1 《世宗宪皇帝实录》卷122。

军逃脱。事情暴露后，雍正皇帝大怒，将他认为“本属庸才”[1]的马尔赛以“负恩纵寇、不忠不孝”[2]的罪名于军前正法斩首，他的部下正红旗汉军都统、伯爵李杕于秋后问斩。既然马尔赛“本属庸才”，雍正皇帝为何还要将这个庸才从三等公提拔为一等公，并任命为正一品的大学士呢？马尔赛并无指挥作战的经验，因其出身于上三旗满洲亲贵世家，是大学士图海的孙子，竟然就被任命为大军统帅；前任大将军傅尔丹也是如此，指挥能力低下，却被任命为统帅。雍正皇帝于军事一窍不通，被准噶尔的缓兵之计所骗，却又要自作聪明遥控指挥，固执己见，听不得正确意见，直接导致了北路军惨败；他识人不明，重用满洲亲贵，人事任命非常草率，换帅频繁，导致军心不稳，内耗不断，这些都是清军处处被动，表现极为拙劣的重要原因，因为他们有一个对军事极为外行的皇帝。这位皇帝“宅”在万里之外的圆明园、紫禁城，仅依靠来回一次要几十天的朱批奏折、廷寄遥控瞎指挥，而他的父亲康熙皇帝却亲临战阵，亲率前锋横绝大漠，两者的差距真不可以道里计。

岳钟琪的噩运并未随着被撤职而结束，因张广泗接连弹劾他指挥不当，不恤士卒，并犯了欺罔之罪，他被革职交与兵部拘禁。查廪因曾兵败被逮捕，因此非常痛恨岳钟

1 《世宗宪皇帝实录》卷123。

2 《世宗宪皇帝实录》卷126。

琪与纪成斌；他是查郎阿的亲戚，因此诬告岳、纪二人，导致岳被判斩监候，纪成斌则在军前问斩。几十年后，礼亲王昭梿为岳鸣不平，“世宗之于岳公，君臣之际可谓至矣！因诬一满人卑贱者，乃使青蝇之谗为祸若尔”[1]，揭露了岳钟琪遭遇的内在本质。此时八旗入关已近百年，不复当年的骁勇善战，满洲亲贵更无当年祖先统率大军南征北讨的雄心与才干，早在三藩之乱时，被任命为大将军的安亲王岳乐、顺承郡王勒尔锦等人及八旗军的表现已经非常平庸、拙劣。但清朝的皇帝以满洲为本位，对汉人的高度不信任，不顾实际才能，仍然普遍任用满洲亲贵统率军队，如马尔赛、傅尔丹等平庸之辈。“终清世，汉大臣拜大将军，满洲士卒隶麾下受节制，钟琪一人而已”[2]，岳钟琪是清朝汉人唯一的异数，他因军功卓著深受雍正皇帝的重用，掌握西北边陲的重兵，却招致了满洲亲贵的极度猜忌与痛恨。在这种背景下，经常有人诬告他“为岳飞裔，欲报宋、金之仇”，甚至还出现了曾静派人游说他造反一事。虽然雍正皇帝反复表示对他的信任，但实际上已经开始怀疑，特地在他的军中安排旗人监督、牵制，并且处处遥制，不让他放手指挥，多次否决他直捣巢穴的作战方案，甚至不顾他多次提醒准噶尔要进攻北路的警报，而一旦战争失利却

1 （清）昭梿：《啸亭杂录》卷10。

2 《清史稿》卷296《岳钟琪传》。

又诿过于他，轻轻放过导致北路军惨败的满洲亲贵傅尔丹（后因侵吞军饷被逮捕），这都反映了雍正皇帝重满轻汉，任人唯亲，宁用满洲饭桶、不用汉人英杰的本心。

雍正十一年（1733年）四月，大将军顺承亲王锡保因调度无方被革职，平郡王福彭被任命为定边大将军，成为北路军的统帅，但也一事无成。督巡陕甘的鄂尔泰回京后要求罢兵讲和，查郎阿又汇报准噶尔派遣使节来请和。雍正皇帝终于明白，一群饭桶将帅不可能打胜仗，再加上六年的战争损兵折将，人力、物力消耗巨大，军费开支高达6 000多万两，一度充裕存银达5 000多万两的国库只余下了2 000多万两，战争实在打不下去了，因此雍正皇帝决定讲和，并且公开承认自己的失误，自我检讨："朕之筹划于事先者虽未有爽，而臣工之失机于临事者不一而足，亦皆朕无能不明之咎。"[1]雍正皇帝总算有自知之明，勇于承认错误，这一点还是值得肯定的，总比那些犯了错误只知文过饰非，甚至推诿塞责的领导要强得多。但讲和也不是那么容易的，清准和谈一直持续到了乾隆四年（1739年）才达成和约，此时雍正皇帝已去世四年多。雍正年间的清准战争没有赢家，双方均损失惨重，仍然回到了原来的起点，与康熙年间清朝赢得干净漂亮相比，这也许反映了康熙皇

1 《雍正朝汉文谕旨》，第八册（上谕内阁），第329页。

帝与雍正皇帝这一对父子在军事指挥能力的巨大差异。

虽然北方与准噶尔的战争遭到了很大的挫折，但在广大的西南地区，改土归流的战争却取得了胜利。土司制度是唐宋羁縻制的延续，即在少数民族地区任命当地的部族首领充当世袭的地方官，即土官。土官制定自己的法律，拥有生杀予夺的大权，相当于独立的王国，朝廷只拥有名义上的管辖权。将世袭的土司改为由朝廷任免的流官（非世袭，不断流动），即为“改土归流”，实质是加强国家内部统一，将土官辖区变为朝廷直接管辖的州县。

雍正二年（1724年），雍正皇帝谕知四川、陕西、湖广、广东、广西、云南、贵州等地的督抚提镇官员："朕闻各处土司鲜知法纪，每于所属土民多端科派，较之有司征收正供，不啻倍蓰，甚至取其马牛，夺其子女，生杀任情。土民受其鱼肉，敢怒而不敢言。孰非朕之赤子？方令天下共享乐利，而土民独使向隅，朕心深为不忍”[1]，对土司制度极度不满。第二年，云贵总督高其倬（镶黄旗汉军）将云南威远土州改流，揭开了雍正年间改土归流的序幕。继任云贵总督鄂尔泰进一步建议推行大规模改土归流，他提出了“云、贵大患无如苗、蛮，欲安民必制夷，欲制夷必改土归流”[2]的主张，获得雍正皇帝的激赏。雍正四年（1726

1 《世宗宪皇帝实录》卷20。

2 《清史稿》卷288《鄂尔泰传》。

年）六月，鄂尔泰对贵州广顺州长寨用兵，设置长寨厅（今贵州省长顺县），大规模的改土归流开始，同时在四川、湖南、湖北等地推行；两年后雍正皇帝将土司众多的广西划归鄂尔泰管辖，他成为云南、贵州、广西三省总督。到了雍正八年，改土归流基本完成，鄂尔泰因功被封为世袭一等伯爵、保和殿大学士兼军机大臣，成为继已故的怡亲王胤祥之后，雍正皇帝晚年最信任、倚重的大臣。

与波澜壮阔、跌宕起伏、开疆拓土、充满大漠草原英雄气象的康熙朝相比，雍正朝不仅时间短暂而且显得平淡无奇，对外战争表现得尤其不堪，耗费了大量的人力物力，却被准噶尔屡屡挫败，这说明雍正皇帝的战略规划与军事指挥能力低下，不知人善任，任命的前线统帅几乎都不称职。当然也有此时八旗亲贵都是开国功臣的第二、三代，军事指挥能力普遍下降，八旗军的战斗力也大大衰退的原因，在这种背景下，雍正皇帝选不出像样的统帅。但在这种情况下，雍正皇帝仍然坚持以满洲为本位，情愿屡屡更换八旗出身、能力低下的统帅，而对自己唯一重用且军事能力很强的汉人统帅岳钟琪却心存疑虑，不敢放权，派人掣肘、钳制，直至罢官下狱，这是造成清军失利的主要原因。

雍正朝对外虽然几乎一无可陈，但对内却政绩斐然，改变了康熙晚年的吏治废弛、贪腐横行的局面，并且在制度上多有建树，建立了耗羡归公、养廉银制度，有效地防止了人亡政息。他对中下层民众继续了康熙朝轻徭薄赋的仁政，实行摊丁入地，对八旗亲贵、士大夫官僚等既得利益集团则是严厉打击，一定程度上剥夺他们的政治、经济特权，缓和了阶级矛盾，并在此基础上将大权集于皇帝一身，创立了以一人治天下的“军机处—奏折体制”，确保了政治上的高度统一，行政高效。但在另一方面，这个体制不可避免地将国运越来越多寄托在皇帝一人身上，皇帝的个人素质、眼光、能力、精力在很大程度上决定了国家的命运，但幸运的是，他的继承人同样具有高超的政治能力，眼光宏大高远，且精力充沛。

雍正十三年八月二十三日（公历1735年10月8日）凌晨，时年56岁的雍正皇帝因病在圆明园去世。在此前一天，他召见了庄亲王胤禄，果亲王胤礼，大学士鄂尔泰、张廷玉，领侍卫内大臣公丰盛额、讷亲，内大臣户部侍郎海望至寝宫前，由鄂尔泰、张廷玉恭捧他御笔亲书的密旨：“皇四子宝亲王弘历为皇太子，即皇帝位”[1]；遗诏中雍正皇帝总结了自己“至劳至苦，不敢以一息自息”的13年皇帝生涯，认为父亲“付托之重，至今日虽可自信无负，而志愿未竟，不无微憾”[2]，他的“微憾”可能就是在其有生之年，未能平定准噶尔，仍然没有消除这个最大的隐患。

1 《世宗宪皇帝实录》卷159。
2 《高宗纯皇帝实录》卷1。

第四章

宽猛相济：乾纲独揽的乾隆朝

乾隆皇帝执政初期奉行宽仁，深获官僚拥护，但当他发现官僚贪腐、渎职依旧，认为“一味姑息纵舍，则失之懦弱”，失望之余改为严厉。他先后清除了朝中的朋党，诛杀多名高官显贵。乾隆皇帝“亲揽庶务，大权在握，威福之柄，皆不下移”，虽然对官僚严厉，却对普通民众广施仁政，前后五次普免全国钱粮，其力度要远大于康熙时期。乾隆朝的经济、耕地、粮食产量、人口与国力均达到了清朝的极盛时期，并且也是中国历史上空前的高峰。

第一节｜乾隆新政：治天下之道，贵得其中

1. 择优原则的秘密立储

雍正皇帝去世后，皇太子弘历尊奉载有他遗体的黄舆从圆明园回到紫禁城乾清宫，内侍将雍正元年就缄藏于乾清宫“正大光明”匾后的封函取下，捧到弘历面前；弘历令庄亲王胤禄、果亲王胤礼、大学士张廷玉、原任大学士鄂尔泰等一齐入宫，打开封函，这是雍正皇帝在13年前的亲笔手书：“宝亲王皇四子弘历秉性仁慈，居心孝友，圣祖仁皇帝于诸孙之中最为钟爱，抚养宫中，恩逾常格。雍正元年八月间，朕于乾清宫，召诸王满汉大臣入见，面谕以建储一事，亲书谕旨，加以密封，藏于乾清宫最高处，即立弘历为皇太子之旨也。其仍封亲王者，盖令备位藩封，谙习政事，以增广识见。今既遭大事，著继朕登基，即皇帝位。”[1]皇太子弘历随即按照雍正皇帝的遗命，任命庄亲王胤禄，果亲王胤礼，大学士鄂尔泰、张廷玉辅政，为总理

---

1 《高宗纯皇帝实录》卷1。

事务王大臣。这道秘密立储的诏书也证明雍正皇帝遵照了父亲临终前的嘱咐，必封弘历为太子。

清朝的秘密立储彻底改变了中国长期流行的嫡长子继承制，它有一个最基本的假设：皇帝肯定会从有利于政权长远利益的角度择优选择继承人，这样就可以有效避免官僚因支持不同的继承人而导致的党争、内斗。皇帝与政权的利益一致，而官僚显然并非如此：索额图因是康熙皇帝太子的舅公而选择支持不成器的太子，甚至站在了皇帝的对立面；他的政敌又为了自己的利益选择了相对弱势的皇八子，形成了康熙晚年激烈的党争。嫡长子继承制虽然相对稳定，但有很大的风险，如果嫡长子本人能力弱，会激起其他人夺嫡、篡位的野心，最典型的莫如发动“玄武门之变”的唐太宗李世民和发动“靖难之役”的明成祖朱棣。即使没有内乱、夺嫡事件发生，一个缺乏能力的人，只因嫡长子的身份继位，也是拿国家利益当儿戏——极端事例就是说出“何不食肉糜”的晋惠帝——在乾纲独断、大权集于皇帝一身的清代，这一方法更是不可行。除汉景帝外，西汉盛世、康乾盛世的诸位皇帝——西汉的文帝、武帝、昭帝、宣帝和清朝的康熙皇帝、雍正皇帝、乾隆皇帝，没有一人是因嫡长继位，都是择优选择的结果，唐朝盛世中的两个著名皇帝唐太宗、玄宗同样也是如此；相反，执行嫡长制最为严格的明朝却是平庸皇帝辈出，除了明太祖外，最为杰出的皇帝恰恰是夺嫡篡位的明成祖。

秘密立储制度将立储的选择权集中于皇帝一人，择优选择继承人，其他任何人都不能参与，可以有效避免嫡长制的诸多弊端。皇帝在自己儿子中选一个继承人，这是他一生中最重大的决定，他绝不会拿江山和自己家族的身家性命开玩笑，而其他的任何人都没有这个责任，也负不起这个责任，所以立储才要秘密，要杜绝其他任何人的干扰。嫡长子继承制的实质是用天生的身份来杜绝一切人为的干扰，不让包括皇帝本人在内的任何人参与，但它的天然缺陷就是不能择优，排除了继承人能力的因素，这样反而会带来夺嫡的风险，这是强势的皇帝所不甘心、不能容忍的，所以中国历史上的夺嫡事件比比皆是，不可避免会引发内乱。

秘密立储还有一个很大的优势，在理论上，所有皇子都有可能继承皇位，因此他们之间存在着竞争；正因如此，所有的皇子都要接受未来继承皇位的特殊教育。清朝的皇子教育、培养制度是历代最为严格、最为成功的，它不仅吸取了明代皇子教育失败的教训，也是为了秘密立储。曾任军机章京的赵翼亲眼目睹了诸皇子在上书房读书的情景：“余内直时，届早班之期，率以五鼓入，时部院百官未有至者，惟内府苏喇（谓闲散白身人在内府供役者）数人往来，黑暗中残睡未醒，时复倚柱假寐，然已隐隐望见有白纱灯一点入隆宗门，则皇子进书房也。……既入书房，作诗文，每日皆有程课。未刻毕，则又有满洲师傅教国书、习国语及骑射等事，薄暮始休。”《康熙起居注》详细记载了康熙二十六年（1687年）六月初十这一天皇子们的读书生活：寅时（3—5时），皇子在书房读书，复习前一天的功课；卯时（5—7时），满、汉文师傅到达书房，皇太子胤礽背《礼记》120遍后，由师傅检查背书有无错误，并书写楷书数百字；辰时（7—9时），上完早朝的康熙皇帝来到书房检查诸皇子的功课，要求皇太子当面背书；巳时（9—11时），炎热的中午，皇太子不摇折扇，不解衣冠，伏案写字；午时（11—13时），诸皇子进午膳后，皇太子又读《礼记》120遍，然后背诵；未时（13—15时），皇太子吃完点心后，在庭院中练习射箭，然后由诸位师傅翻书出题，学生依题讲解；申时（15—17时），康熙皇帝又来书房，由师傅随意翻书命题，诸皇子鱼贯进前背诵、讲解；酉时（17—19时），康熙皇帝亲自考核诸皇子的射箭，随后亲射，连发连中[1]。如此严格的皇子教育起码保证了一个底线，不会出现明朝那样连阅读公文都困难的半文盲皇帝。赵翼认为明朝皇子“所谓生于深宫之中，长于阿保之手，如前朝宫庭间，逸惰尤甚。皇子十余岁始请出阁（读书），不过官僚训讲片刻，其余皆妇、寺（宦官）与居，复安望其明道理、烛事

1 《康熙起居注》，第1643—1645页。

机哉?”[1]

雍正十三年九月三日（公历1735年10月18日），24岁的皇太子弘历于太和殿即皇帝位，以第二年为乾隆元年，此即庙号高宗的乾隆皇帝。清朝并未废除皇太子制度，雍正皇帝通过秘密手书遗诏的方式在皇帝去世后才公开皇太子的身份，这是康熙皇帝生前秘密立储的继续，但事实上朝野早就知道弘历是当然的继承人。

2. 以宽大为政：万民欢悦，颂声如雷

在皇子时代，乾隆皇帝曾写过《宽则得众论》，认为“诚能宽以待物，包荒纳垢，宥人细故，成己大德，则人亦感其恩而心悦诚服矣！苟为不然，以褊急为念，以刻薄为务，则虽勤于为治，如始皇之程石观书，隋文之躬亲吏职，亦何益哉。”[2]“以褊急为念，以刻薄为务”恰恰是雍正朝的为政特征，在这篇文章里，乾隆皇帝借古讽今，抒发了自己崇尚宽仁的政治理念。由此也可以看出，乾隆皇帝对其父雍正皇帝的执政理念与风格非常不以为然，父子之间存在较大的差异，文章中甚至将父亲影射成了事无巨细、事必躬亲但严峻刻薄的秦始皇、隋文帝，父子间的真实关系

1 （清）赵翼：《檐曝杂记》卷1。

2 乾隆皇帝：《宽则得众论》,《御制乐善堂全集定本》卷1。

可想而知。

乾隆皇帝即位第五天就颁布了自己的政治纲领："治天下之道，贵得其中。故宽则纠之以猛，猛则济之以宽。"虽然他表面上宣称"时时以皇考之心为心，即以皇考之政为政"，但他要行中道："惟思刚柔相济，不竞不絿（不争逐不急躁），以臻平康正直之治"，具体做法是"朕主于宽，而诸王、大臣严明振作，以辅朕之宽。夫然后政和事理，俾朕可以常用其宽，而收宽之效"，实际还是要行宽仁之政。乾隆皇帝与祖父康熙皇帝的感情很深，也很敬佩祖父的功业与政治理念，却对父亲的为政不以为然，他对此并不讳言："皇考尝以朕为赋性宽缓，屡教诫之。朕仰承圣训，深用警惕。"[1]名为"警惕"，实则表明两人的不同。乾隆皇帝"非嫡非长非宠"，并非雍正皇帝喜欢、宠爱的皇子，他之所以能被立为太子即位，是因为祖父康熙皇帝的隔代指定。

显然康乾祖孙在天性更加相近，与严峻的雍正皇帝则相差较远。乾隆皇帝认为雍正皇帝"临御之初，见人心玩愒，诸事废弛，官吏不知奉公，宵小不知畏法，势不得不加意整顿，以除积弊。乃诸臣误以圣心在于严厉，诸凡奉行不善，以致政令繁苛，每事刻核，大为闾阎（百姓）之扰累。然则皇考之意，果如是乎？朕即位以来，深知从前

1 《乐善堂全集·庚戌年原序》。

奉行之不善，留心经理，不过欲减去繁苛，与民休息。”[1]乾隆新政开始了。

乾隆新政的第一件事就驱逐了雍正皇帝豢养在禁苑、宫中，和他说禅论道、炼制丹药的僧人、道士，曾为政治斗争出谋划策的僧人文觉被命令徒步返回家乡长洲（在今江苏省苏州市），并交地方官严加管束。随后又迅速将包括胤禩、胤禟等在内的皇八子党成员子孙收入玉牒，恢复了宗室待遇；将被拘禁的胤䄉、胤禵释放，封为公爵；释放包括被判处斩监候的岳钟琪、傅尔丹、蔡珽在内的诸多有罪官员及其家属；69名因亏空被判决有罪的官员概行宽释；他在登基两年多的时间内“施恩豁免”的赋税“已不下数千万”[2]。雍正时期鼓励开荒，结果地方官谎报成绩，以求奖励提拔；推行清丈土地，结果民众武装反抗；规定民间土地房产买卖，要用官方印刷的合同（契纸、契根），结果官吏趁机敲诈勒索；不顾自然条件，雍正皇帝命怡亲王胤祥在直隶强行营治水田，甚至还试行井田；因为西北用兵、西南改土归流，财政紧张，实行的开办捐纳当官等政策均被乾隆皇帝或废除或改正；甚至还一度放松了雍正时期极为严格的私盐查缉，允许民众贩卖40斤以下的私盐。雍正皇帝性喜佛道，乾隆皇帝则对佛道严厉管束，发给度

1 《高宗纯皇帝实录》卷14。

2 （清）王先谦：《东华续录》乾隆六。

牒（执照）控制人数，并禁止增建寺庙道观。乾隆皇帝极度厌恶雍正皇帝的宠臣河南、山东总督田文镜，认为他“苛刻搜求，以严厉相尚，而属员又复承其意指，剥削成风，豫民重受其困”[1]，雍正皇帝在某种意义上就是放大版的田文镜，这句话形容他也很切合。

礼亲王昭梿回顾这段历史评论道：“纯皇帝（乾隆皇帝谥号最后一字为“纯”）即位时，承宪皇（雍正皇帝谥号最后一字为“宪”）严肃之后，皆以宽大为政。罢开垦、停捐纳、重农桑、汰僧尼之诏累下，万民欢悦，颂声如雷”[2]；朝鲜使臣也认为“雍正有苛刻之名，而乾隆行宽大之政”，他不为指责皇帝本人和大臣的言论而怪罪言官，“可谓贤君矣”[3]。朝鲜使臣此言非虚，乾隆皇帝提拔了在雍正时期就以直言敢谏名动天下的孙嘉淦为专管监察的左都御史，孙嘉淦当即上了《三习一弊疏》，认为皇帝有三大恶习：“耳习于所闻，则喜谀而恶直”；“目习于所见，则喜柔而恶刚”；“心习于所是，则喜从而恶违”；“三习既成，乃生一弊。何谓一弊？喜小人而厌君子是也”[4]，即皇帝不愿意听到不同意见，喜欢阿谀奉承、柔媚事主的佞臣。乾隆皇帝见疏非常欣赏，命令宣示群臣。

乾隆新政也激起了雍正时期旧臣的反弹。河南、山东

---

1 《高宗纯皇帝实录》卷7。

2 （清）昭梿：《啸亭杂录》卷1。

3 《朝鲜李朝实录中的中国史料》（第11册），第4504页。

4 《清史稿》卷303《孙嘉淦传》。

总督田文镜的亲信王士俊继任后继续执行田的政策，结果被乾隆皇帝贬为署理四川巡抚，乾隆元年他上密折指责群臣“近日条陈惟在翻驳前案”，甚至当众嘲讽“只须将世宗时事翻案，即系好条陈”[1]，实质上是指责乾隆皇帝专门翻雍正皇帝的案，这是对外号称“时时以皇考之心为心，即以皇考之政为政”的乾隆皇帝无法容忍的，结果王士俊以大不敬罪被判斩监候，后被释放为民，遣送原籍。

3. 满洲则思依附鄂尔泰，汉人则思依附张廷玉

即位之初，年轻的乾隆皇帝没有自己的执政班底，都是父亲留下来的旧臣，由四位辅政大臣庄亲王胤禄、果亲王胤礼、大学士张廷玉、鄂尔泰任总理事务王大臣，并紧急召回正前往浙江视察海塘工程的老师朱轼，任命他为协办总理事务大臣。在诸多大臣中，乾隆皇帝唯对朱轼抱有深厚的感情，也最信任，他的宽仁思想是朱轼当年教育的成果，因此朱轼充当了乾隆皇帝新政的导师，只是不到一年即去世。乾隆二年（1737年）十一月，居丧期结束的乾隆皇帝撤销了总理事务处，恢复了军机处，以鄂尔泰、张廷玉、讷亲、海望、纳延泰、班第为军机大臣，原总理事

1 《高宗纯皇帝实录》卷23。

务王、大臣庄亲王胤禄、果亲王胤礼均不在其中，由此确立了皇族亲贵不再参与政务的定例，直至124年后的辛酉政变后才被打破，而此前皇族亲贵则一直积极参与政事。

鄂尔泰、张廷玉是雍正皇帝生前最信任的大臣，甚至在遗诏中赞扬他们是“不世出之名臣”，并要求将二人“配享太庙”，这是清朝大臣所能得到的最高荣誉，以前只有立下奇功伟业的大臣才能获得。鄂尔泰虽然有改土归流之功，但不久苗民因此起事，一直到乾隆初年才平定，他本人一度被罢免除爵；张廷玉更无尺寸之功，只是雍正皇帝身边得力的机要秘书，可见雍正皇帝做事非常心血来潮，乾隆皇帝对此深不以为然。此时鄂尔泰、张廷玉秉政，“门下士互相推奉，渐至分朋引类，阴为角斗”，形成了鄂、张朋党，“满洲则思依附鄂尔泰，汉人则思依附张廷玉。不独微末之员，即侍郎、尚书中亦所不免”。但由于乾隆皇帝本人重满轻汉，当时“天下巡抚尚满汉参半，总督则汉人无一焉”，以满洲为本位的思想较之康熙皇帝、雍正皇帝更加浓厚，因此鄂党要稍占上风。但实际上鄂、张党争都在乾隆皇帝的操控之下，诚如他自己所说：“朕临御以来，用人之权从不旁落。试问数年中，因二臣之荐而用者为何人？因二臣之劾而退者为何人？”[1]具体的操控手段即为不时的敲

1 《高宗纯皇帝实录》卷114。

打，乾隆五年（1740年），他公开揭露了满汉大臣分别依附鄂、张二人的事实，并警告鄂、张朋党："鄂尔泰、张廷玉乃皇考与朕久用之好大臣，众人当成全之，使之完名全节，永受国恩，岂不甚善？若必欲依附逢迎，日积月罗，实所以陷害之也。"[1]

乾隆六年（1741年）十二月，左都御史刘统勋上奏"张廷玉历事三朝，小心敬慎。皇上眷注优隆，久而弗替，可谓遭逢极盛。然大名之下，责备恒多，勋业之成，晚节当慎，外间舆论动云：'桐城张、姚两姓，占却半部缙绅'，此盈满之候，而倾覆之机所易"[2]，要求三年之内停止张家亲属升官，并获得批准。张廷玉见此情形，请求解除自己管理吏部的权力，被拒绝；第二年，张廷玉欲将伯爵转给儿子张若霭承袭，结果被乾隆皇帝以"我朝文臣无封公、侯、伯之例。大学士张廷玉伯爵，系格外加恩"[3]的理由，剥夺了张的爵位世袭。就在同时，左副都御史仲永檀与鄂尔泰长子、南书房行走鄂容安串通泄露密奏内容，仲永檀被逮捕下狱，鄂容安被革职，并牵连到了鄂尔泰，他的"所有加级纪录，俱著销去，只降二级，从宽留任"[4]。

鄂尔泰于乾隆十年（1745年）去世，乾隆皇帝开始重

1 《高宗纯皇帝实录》卷1。
2 《高宗纯皇帝实录》卷156。
3 《高宗纯皇帝实录》卷179。
4 《高宗纯皇帝实录》卷184。

点打击张廷玉，他提拔出身于满洲镶黄旗、开国功臣遏必隆的孙子、一等公讷亲接替鄂尔泰为领班军机大臣。讷亲是雍正皇帝识拔的青年才俊，他的资历比张廷玉浅很多。雍正年间鄂尔泰后来居上成为领班军机大臣，现在讷亲又重演了当年的一幕，张廷玉心中滋味可想而知。乾隆十三年（1748年）讷亲被诛后，乾隆皇帝皇后的弟弟、出身于满洲镶黄旗富察氏、不到30岁的傅恒又一跃而成领班军机大臣，而此时张廷玉已经年近八旬。乾隆皇帝公开宣称张廷玉只是一件摆设，并无实际的作用："自朕御极十五年来，伊则不过旅进旅退，毫无建白，毫无赞勷。朕之姑容，不过因其历任有年，如鼎彝古器，陈设座右而已。"甚至认为即使在他备受器重的雍正朝，也只是皇帝的秘书，"仅以缮写谕旨为职，此娴于文墨者所优为"。[1]这段话表明张廷玉在乾隆皇帝眼中就是一件古董摆设，从来不能参与政务决策，他真正重用、信任的还是满洲亲贵。

乾隆皇帝又利用张廷玉请求退休以及配享太庙一事对他百般公开斥责、羞辱，以此来清除他在朝中的影响，并惩罚他的重要党羽军机大臣汪由敦。但幸运的是，乾隆二十年（1755年），张廷玉在惶恐、屈辱中终于得以善终，而且乾隆皇帝尊重父亲的遗愿，恢复了他配享太庙的资格，

1 《高宗纯皇帝实录》卷363。

虽在他生前，这一资格已经被撤销。乾隆皇帝也没有放过已经去世10年，但仍有政治影响的鄂尔泰，借着《坚磨生诗抄》案处死了鄂党的胡中藻、鄂尔泰的侄子鄂昌，并公开痛斥：“胡中藻系鄂尔泰门生，文辞险怪，人所共知。而鄂尔泰独加赞赏，以致肆无忌惮，悖慢诪张。且于其侄鄂昌，叙门谊，论杯酒。则鄂尔泰从前标榜之私，适以酿成恶逆耳。胡中藻依附师门，甘为鹰犬”，并宣称“使鄂尔泰此时尚在，必将伊革职重治其罪，为大臣植党者戒。鄂尔泰著撤出贤良祠，不准入祀”。至此，苦斗了20多年的鄂、张二党被彻底清除。

清朝康熙、雍正年间的文字狱很多并非单纯因文字获罪，而是有政治斗争背景，文字获罪仅仅是表象。康熙晚年著名的《南山集》案有废太子的背景，雍正年间的吕留良案则是因曾静劝岳钟琪造反，查嗣庭“维民所止”案与雍正皇帝打击隆科多有关，汪景祺《西征随笔》案、钱名世“名教罪人”案则是受了年羹尧的牵连，其他大小案件中，很多犯案者虽然出身草根，却喜欢手持红蓝铅笔，站在地图前指点江山，构思政治宏图，企图将自己的文章对策呈送当权者以求悻进，进行政治投机，结果马屁拍到了马脚，导致悲剧；还有的人索性就是精神病、妄想狂。这些例子在《清代文字狱档》中比比皆是，真正的反清复明者几乎没有，甚至连案发时已去世多年、貌似最接近反清标准的吕留良也不是。[1]乾隆朝的文字狱最多，有130多起，是康熙、雍正年间的4倍多，据鲁迅在《隔膜》一文中的分析，案情也并非是政治因素："此外的案情，虽然没有这么风雅，但并非反动的还不少。有的是卤莽；有的是发疯；有的是乡曲迂儒，真的不识讳忌；有的则是草野愚民，实在关心皇家。"这些人对朝廷政情一无所知，想要对皇帝表忠心、撒娇卖乖提意见，结果自投罗网。乾隆皇帝本人对生于清朝、取得功名，却对明朝抱有故国之思的文人一向深恶痛绝，这也是他痛下杀手的重要原因。总体而言，乾隆皇帝滥兴文字狱的行为非常不光彩，造成了杀一儆百、万马齐喑的恶果，严重钳制了思想、言论自由。

1 国立北平故宫博物院文献馆：《清代文字狱档》，1931初版，上海：上海书店出版社，1986影印版。

第二节｜本朝纪纲整肃，无名臣，亦无奸臣

1. 皇后葬礼引发的政治大转折

乾隆十三年（1748年），继上年除夕嫡子永琮去世，三个月后，与乾隆皇帝感情深挚的皇后富察氏（谥号孝贤）也去世了，这件事导致了众多官员获罪受罚。因皇后册文的汉满翻译问题，管理翰林院的刑部尚书阿克敦被交刑部问罪，被加重判绞监候，结果刑部却被指责为“党同徇庇”，全体堂官（尚书、侍郎）均被革职留任，阿克敦以“大不敬”判斩监候；工部因皇后册宝制造粗陋，全体堂官被问罪或降级，或从宽留任；光禄寺、礼部全体堂官也因筹备丧礼的问题受到处分。地方官因各有职守，不可能到京治丧，虽然有些人会奏请，但只是表面文章。谁知乾隆皇帝却大为光火，将53名没有奏请的旗人地方官全部降级。风波还未平息，满洲原有丧礼百日不剃发的旧俗，但逐渐不再遵守，乾隆皇帝竟然扬言要杀掉所有百日内剃发的官员，后因发现众多驻防八旗兵也剃发而作罢，但两江总督周学健、湖广总督塞楞额因此被勒令自尽，湖南巡抚

杨锡绂、湖北巡抚彭树葵被革职。因皇后丧礼一事前后被处分的官员多达100余人。此前乾隆皇帝在位13年中只判处过一名高官死刑，即乾隆六年（1741年）因贪污1 600两白银被令自尽的提督鄂善，而且还是“垂泪谕之”[1]。这是乾隆即位来最大的政治风潮，但没有人想到的是，更大的风潮正在袭来。

这一年的十二月，因金川兵败，川陕总督张广泗被押解回京问斩，随后派遣侍卫鄂实携带遏必隆的佩刀将保和殿大学士、领班军机大臣、金川战事经略大臣讷亲斩首，而遏必隆恰恰是讷亲的祖父，清朝的开国功臣。乾隆十四年（1749年）九月，以在瞻对战事中贻误军机为由，赐文华殿大学士、佟国维之子、一等公庆复自尽。

乾隆十三年（1748年）是乾隆皇帝个人与乾隆朝政治的分水岭，之前乾隆皇帝是一位“赋性宽缓”的仁君，一心效法祖父的仁政，之后他变成了一个杀伐决断的严峻之主，但对民众仍然延续了宽仁之政。钟爱的嫡子与皇后相继去世只是触发这一转变的契机，而根本的原因在于乾隆皇帝本人的政治哲学。早在即位之初，在“治天下之道，贵得其中”，要行宽仁政治的诏书中，他便提出了警告：“宽大之与废弛，相似而实不同。朕之所谓宽者，如兵丁之宜

1 《高宗纯皇帝实录》卷139。

存恤，百姓之宜惠保，而非谓罪恶之可以悉赦，刑罚之可以姑纵，与庶政之可以怠荒而弗理也”；他要求大臣要“严明振作”，否则“恐相习日久，必至人心玩愒，事务废弛，激朕有不得不严之势。此不惟臣工之不幸，抑亦天下之不幸，更即朕之不幸矣。”[1]

乾隆十四年（1749年），乾隆皇帝一改从前的宽大，大批勾决死刑犯，甚至以前一再被缓刑的罪犯也被处死，并且重点勾决那些贪污的“官犯”，他对此自有解释：“当临御之初，因人命攸关，实切切而不忍，宁失之宽。今阅历既久，灼见事理，若一味姑息纵舍，则失之懦弱。裁度因时，方得权衡不爽。非有意从宽，亦非有意从严；且非前此从宽，而今又改为从严也。”[2]乾隆皇帝一直遵奉宽严相济，执政十几年的经历与金川战事让他深刻意识到官僚的效率低下、平庸塞责，他对整个官僚阶层产生了极度的不信任与不满。正是在这个背景下，他严厉打击鄂、张二党，彻底清除了他们的影响力。

2. 威福之柄，皆不下移：皇权的最顶峰

自乾隆十三年（1748年）起，年轻的领班军机大臣、

1 《高宗纯皇帝实录》卷4。
2 《高宗纯皇帝实录》卷350。

大学士傅恒成为乾隆皇帝最信赖、最重要的大臣，而雍正朝的老臣已经全部退出了政治核心，仅剩的张廷玉，如乾隆皇帝所说，只是一尊摆设。但即使是最受信任的傅恒，也不过只是承旨，“只供传述缮撰，而不能稍有赞画于其间”，所有的权力全部掌握在皇帝一人手中。诚如乾隆皇帝本人所言：“我朝纲纪肃清，皇祖、皇考至朕躬百余年来，皆亲揽庶务，大权在握，威福之柄，皆不下移。”[1]无论是康熙时期的内阁、议政王大臣会议，还是雍乾时期的军机处，最多只能为皇帝的决策起到咨询作用，军机处甚至连咨询的作用也被削弱，只是皇帝的机要秘书处。

乾隆皇帝将父亲的“惟以一人治天下”的皇权至上推到了极致。乾隆四十六年（1781年），因尹嘉铨在著作中称大学士、协办大学士为相国，被乾隆皇帝发现后严厉驳斥：“夫宰相之名自明洪武时已废而不设，其后置大学士，我朝亦相沿不改，然其职仅票拟、承旨，非如古所谓秉钧执政之宰相也”；认为祖父、父亲与自己三人“无时不以敬天、爱民、勤政为念，复于何事藉为大学士者之参赞乎？即如傅恒任大学士最久，亦仅以苊忱、勤职自效”；“使为人君者深居高处，以天下之治乱付之宰相，大不可也；使为宰相者，居然以天下之治乱为己任，目无其君，此尤大不可

1 《高宗纯皇帝实录》卷1051。

也”。乾隆皇帝的这段论述非常坦白，他认为大学士只是承担文件起草任务的秘书，甚至不需要出谋划策，所有权力、所有的决策均由皇帝一人掌握，大学士怎么能配称为“宰相”？皇帝不仅要掌握最高的决策权，还要“亲揽庶务”，掌握日常的行政权，因此即使有真的宰相，也轮不到他们来承担天下的治乱。

清朝皇帝的勤政可称中国历朝之最，一年中除了极少数几天的例外，从康熙皇帝开始的“御门听政”每天都要举行；所有的题本、奏折都要求皇帝亲自审读、批示，而其中涉及的事情包罗万象，五花八门，大到战略布置、军队调动、高官人事，小到家庭命案、各地仓储、雨水粮价……当时在军机处任章京的赵翼亲眼目睹了乾隆皇帝的作息：“上每晨起必以卯刻（5—7时），长夏时天已向明，至冬月才五更尽也。……上自寝宫出，每过一门必鸣爆竹一声。余辈在直舍，遥闻爆竹声自远渐近，则知圣驾已至乾清宫。……余辈十余人，阅五六日轮一早班，已觉劳苦，孰知上日日如此，然此犹寻常无事时耳。当西陲用兵，有军报至，虽夜半亦必亲览，趣召军机大臣指示机宜，动千百言。余时撰拟，自起草至作楷进呈或需一二时，上犹披衣待也。”[1]皇帝将这些大大小小的日常行政工作全部包揽

1 （清）赵翼：《檐曝杂记》卷1。

到自己一个人身上，勤则勤矣，但效果却未必好。一个人的精力、时间总是有限的，而且随着年龄增大，精力衰减，政务必然随之懈怠，这在高龄的康熙皇帝与乾隆皇帝两人身上表现得最为明显。

与此同时，因为皇帝独揽所有大小权力，大臣沦为单纯的执行工具，缺乏主观积极性和随机应变的能力，一切都要等待皇帝的指示，一旦发生紧急情况常常应对不及，雍正年间对准噶尔的战争很大程度上就是因此而败。康雍乾三帝都有过人的精力与责任心，以及超越常人的政治能力，他们可以几十年如一日高强度地处理政务，乾纲独断体制适合他们，但并不适合他们的子孙；而清朝皇帝最重祖制，墨守成规，他们的后代皇帝在这个体制中就勉为其难了。当然从另一角度看，在决策英明的前提下，乾纲独断体制也有其效率高、执行力强的长处，康熙皇帝、乾隆皇帝数次重大征伐均出自于本人的独断，不顾群臣的反对，如果那时遵循了少数服从多数的民主决策，中国的历史将完全改写，起码会失去西藏、黑龙江流域与新疆。汉武帝的独断专行同样也深刻地改变了中国的历史，但像这样雄才大略的君主毕竟是极少数，更多的平庸或昏聩的独断专行却会带来灾难。

晚年的乾隆皇帝志得意满，极度自我膨胀，在贬低大臣的作用之余还认为“本朝纪纲整肃，无名臣，亦无奸臣。

何则？乾纲在上，不致朝廷有名臣、奸臣，亦社稷之福耳。”这意味着大臣仅是工具，只要执行皇帝的英明决策即可；在英明皇帝洞察一切的监督下，大臣没有丝毫的权力与邪念，因此既不会建立功勋成为名臣，也没有机会成为祸国殃民的奸臣，他们只不过是帝国巨大机器上的一个个零件，甚至螺丝钉。皇权的至高至尊，于乾隆朝达到了顶峰。

清代皇权独大，没有任何个人或集团能与之抗衡。中国历史上的外戚、权臣、宦官等侵夺皇权的专权现象清代都不复存在，乾隆皇帝因此宣扬：“前代所以亡国者，曰强藩、曰外患、曰权臣、曰外戚、曰女祸、曰宦寺、曰奸臣、曰佞幸，今皆无一仿佛者。”[1]清朝吸取了历代的经验教训，实质上是集中国历代帝王统治术之大成。皇权代表的是家天下，负有最终的无限责任，代表这个政权根本的、长远的利益，因此在民有、民治、民享的民主宪政制度建立之前，皇权与绝大多数民众，特别是中底层民众的利益是一致的，而官僚利益因其职业经理人的心态，行事多为短期行为，他们的利益上侵皇权，下侵民众，对中底层盘剥最为厉害，中底层除了揭竿而起、玉石俱焚外，没有任何办法与之抗衡；只有皇权才可以低成本地抗衡官僚利益集团，因此皇权在一定程度上是代表并且捍卫中底层利益的。在

1 《高宗纯皇帝实录》卷1112。

民有、民治、民享的民主宪政制度建立之前，家天下是最合理、高效的制度，特别体现在遏制官僚集团对中底层利益的侵夺上。从这个意义上讲，皇权越集中，政治效率就越高，中底层民众才越有可能得到保护（必要条件，而非充分条件）。如果没有绝对的皇权，像清朝这样大规模频繁蠲免赋税是根本无法实施的，一定会因遭到官僚集团大力抵制而搁浅，因为不断加税借机勒索才符合官僚的利益。

当然绝对皇权存在一个巨大的风险，即皇帝本人有无足够的能力与精力。如果是康雍乾三帝以及汉武帝、宣帝这样政治能力、精力、责任心超强的皇帝，官僚的权力就会被大为压缩，同时政治运转极为高效，对权贵、官僚阶层的打击力度、对中底层的保护力度——两者未必同时存在，且各有侧重：康熙皇帝侧重于保护中底层，汉武帝侧重于打击、抑制高层，雍正皇帝、乾隆皇帝与汉宣帝则两者并重——也会相应增强；如果反之，皇帝的能力与精力不济，官僚的权力就会相应扩张，但即使是中智之主，也可以从中平衡、调控，维持政权的稳定，仍然可以保持中央权力的平衡，典型的例子就是明朝中后期，皇权逐渐削弱，官僚与宦官的权力开始增长，但还可以维持政权的有效运转。

如果遇上平庸之主，如汉元帝、汉成帝，明万历帝、天启帝、崇祯帝之流，官僚集团内部就会出现激烈的朋党之争，因为他们仅是职业经理人，可以重新换个新东家投靠，为了自己的利益可以不顾政权的安危而内斗不止，皇权在内斗中逐渐削弱，直至政权崩溃。最典型莫过于明朝末年，国家财政崩溃，在关内李自成等与关外满洲的双重打击下，明朝政权命悬一线，但官僚集团（含宦官集团）却仍然内斗不止，将国事、战事当成打击政敌的工具，完全不顾政权的安危。在最后关头，崇祯帝要求官僚捐银招募军队抵抗，但官僚集团却阳逢阴违抵制，结果政权灭亡了，千万家财也被李自成一网打尽。

清朝皇帝对明朝政局的混乱印象最为深刻，因此他们全力集中皇权，建立了绝对皇权的乾纲独断体制，不让任何一个利益集团有独大、专权的机会，让他们全部处于皇权的绝对控制之下，就是为了避免重蹈明朝的覆辙。即使是皇权与士大夫官僚集团共治较为平衡、稳定的宋朝，当辽军南下至澶州（今河南省濮阳县）时，就出现了官僚集团为了各自的利益，纷纷要求放弃首都开封南迁至成都或金陵（今江苏省南京市）的情况，幸而被宰相寇准制止；靖康年间，金兵南下，在最需要当机立断的时刻，官僚集团又为了和、战争论不休，内斗不止，朝议未决，金兵已经渡河围城。乾隆皇帝自豪地宣称：“我朝自定鼎以来，综理政务，乾纲独揽，从未有用兵大事，臣下得以专主者”[1]，

1 《高宗纯皇帝实录》卷323。

即国家重要的军事全部由皇帝一人决定。掌握的权力大，就意味着承担的责任重，也就要求皇帝本人的政治素质与能力要强，虽然康熙皇帝创建了秘密择优立储的制度，但如何确保皇位继承人素质的问题仍然是乾纲独断体制的最大隐患，因此这个体制的继承人风险要远高于皇帝与官僚共治体制。

第三节｜仁政频施：走向巅峰与盛世危机

1. 天地止此生财之数，不在上，即在下

“我皇祖六度南巡，予藐躬敬以法之。”乾隆皇帝不仅要仿效祖父每年的“木兰秋狝”，南巡也照样要仿效，而且次数同为六次。“予临御五十年，凡举二大事，一曰西师，二曰南巡。”[1]西师指征伐准噶尔、回部，对外开疆拓土，南巡指巡视江南，是内政，可见南巡在乾隆皇帝心目中的重要地位。乾隆十六年（1751年）正月，他开始了第一次南巡，理由是“皇祖圣祖仁皇帝屡经巡幸……，朕法祖省方”[2]，即以康熙皇帝为榜样，考察地方情形。因为“东南贡赋甲于他省”[3]，历年积欠的钱粮非常多，因此他下令一次性将乾隆元年（1736年）至乾隆十三年（1748年）江苏积欠地丁228万余两、安徽积欠地丁30.5万两全部蠲免，浙江虽然没有积欠，也免除了

1 《高宗纯皇帝实录》卷1201。
2 《高宗纯皇帝实录》卷382。
3 《高宗纯皇帝实录》卷380。

本年度应征地丁钱粮30万两；经过的直隶、山东各州县的钱粮免除十分之三，成为以后的定例。乾隆皇帝宣称“南巡之事，莫大于河工”，因此他六次南巡，均仿效康熙皇帝视察河工，但正如他自己所说，只是“敕河臣慎守修防，无多指示”，他并不像康熙皇帝那样精通河工，能亲自规划、指导工程。清兵入关后，江南人反抗最为激烈，反清意识历久不衰，因此南巡另有不能明说的目的，即“统战”。康熙皇帝与乾隆皇帝南巡，均多次亲自祭拜孔林与明太祖陵，并行最高等级的三跪九叩或二跪六叩礼，表示自己虽是异族入主，但与汉族人同样尊奉孔子和明太祖，这也是乾隆皇帝将南巡与西师并列为其一生中最重要两件事的原因。当然江南园林、山水对来自于白山黑水、生长于北国的皇帝深具吸引力，避暑山庄、圆明园、清漪园等皇家园林中的很多景点就是直接模仿江南园林和山水，甚至连名称都不做改动。

乾隆皇帝一生以祖父为楷模，他继承了康熙皇帝的仁政，频繁以各种理由蠲免天下赋税钱粮，其力度之大，减免数额之高远超过康熙皇帝。他登基后就蠲免了各地积欠10年以上的钱粮，只此一项，就免除了江南（江苏、安徽）赋税达1 000万余两；在他退位的乾隆六十年（1795年），又下令蠲免天下所有积欠赋税达1 700多万两，没有积欠的地方则将其次年赋税免除五分之一。因灾害蠲免钱粮更是家常便饭，赈灾救济费用仅在乾隆二十年（1755年）之前就高达2 500万两以上。乾隆朝蠲免的盛举分别在乾隆十一年、三十五年、四十三年、五十五年，前后四次普免全国赋税钱粮，共计白银1.2亿两，如果加上实际上仍然是乾隆皇帝执政的嘉庆元年（1796年），则是五次，共计白银1.5亿两，而康熙朝只有一次；此外他于乾隆三十一年、四十五年、五十九年三次普免漕粮一千万石。整个乾隆朝蠲免的天下钱粮赋税共计超过3亿两白银，是康熙朝的两倍，而当时每年全国的赋税总数也不过4 000万两左右，可见其力度之大。蠲免赋税是乾隆皇帝施行的最大仁政，如此大力度的蠲免是有雄厚的财力为基础的，乾隆时期户部存银常年保持在六七千万两左右，最高时近8 000万两，足以应付政府的各项日常开支、重大工程和战争。

虽然清朝的赋税很轻，康乾时期又对外积极扩张用兵，同时大兴各种工程，但每年国家财政都有盈余，国库储备银逐年上升，康熙四十五年（1708年）国库存银已超过5 000多万两，以后虽有起伏，但总体呈现稳步上升的趋势；到了乾隆三十七年（1772年），国库存银达到了空前的8 000多万两。充盈的国库无疑是大幅度减免赋税的重要物质保证，但藏富于民的政治理念才是政策得以实施的根本原因。乾隆皇帝认为“思天地止此生财之数，不在上，即在下。与其多聚左藏，无宁使茅檐蔀屋自为流通。迺者仰绍列祖贻庥，化成熙洽，为民藏富。”[1]天下财富的总数是一定的，政府掌握得多，民众掌握得就少，与其将财富积聚国库，掌握在各级官僚手里，还不如让财富流通于民间，藏富于民，只有这样才能促进经济、社会的发展。人民富足了，国力自然会变得更强，这才是民富国强、长治久安的不二法门，这才是真正负责任、着眼于长远的明智之举。如果政府只是一门心思聚敛财富，与民争利，又没有开放、透明的财务制度由民众监督，抱着捞一把就走的心态，各级官僚必然更加贪污腐败，结果必然导致民穷官富，吏治败坏，社会矛盾激化，人心离散，阶层分裂、对立，这只会导致乱世，与通往盛世之路背道而驰。正因为国家的最高领导者有此清醒、明智的藏富于民的认识，康乾时代才能在对外积极扩张、对内大兴工程的同时不增加赋税和人民的负担，因为国力强盛，扣除政府日常开支、军费和工程费，国家财政仍然有盈余。

2. 经济与人口的空前高峰

清朝延续了历代的征收人头税政策，号称“编审人丁”，编审对象范围是16岁至60岁且无残疾的男子，但江

1 《高宗纯皇帝实录》卷850。

西、福建、广东、浙江的女性也要承担人头税。由于编审是为了征税，有些地区的人丁逐渐以粮食或白银作为计量单位，它们是“照田地计丁”“照粮计丁”的产物，但原来的“照人计丁”仍然存在。编审人丁需要耗费大量的人力、物力，每逢编审时按规定要逐户、逐人核查，为了逃税民众也常常隐瞒人丁，因此全国人丁数增长缓慢，50年间才从1 900多万增长到康熙五十年（1711年）的2 400多万，它们是粮、银、人三种事物的混合相加，不仅不能反映实际的人丁增长，更不是全体人口。不少人（甚至包括乾隆皇帝）将这些人丁数与乾隆六年（1741年）以后几乎包括全体人口的“民数”比较，认为清代在短时期内人口增长数倍甚至十几倍，称之为“人口爆炸”“人口奇迹”，这纯属低级错误。

康雍时期的“滋生人丁，永不加赋”“摊丁入地”以及其他各种的赋税减免、赈灾救济肯定会促进人口的增长，但也不能过高估计，决定人口增长的最重要因素仍然是经济，特别是粮食产量。乾隆朝蠲免数额之所以是康熙朝的两倍，最主要的原因是国家整体经济实力的提高，它首先体现在耕地数量的增长上。乾隆二十四年（1759年），清朝征服了准噶尔汗国与回疆后，全国版图面积超过了1 300万平方公里，达到了极盛。此时内地的耕地已经开垦殆尽，政府有意识招徕民众到新疆屯垦。乾隆三十八年（1773

年），乾隆皇帝认为“况人数既多，自地无遗利，安得复有未辟之旷土，广为垦种升科？若求可垦之地，则惟新疆乌鲁木齐等处地土沃衍，尚可招徕屯垦。至于内地开垦一说，则断无其事。各省督抚亦断不得以此为言。”[1]因此到了乾隆中期，全国耕地数量达到了空前的最高峰，据估计达到了10亿亩。由于农业技术的提高、作物的改良、复种技术的普及、水利建设等原因，粮食亩产量不断提高，在乾隆中期也达到了空前的高峰，平均亩产达到了310斤（原粮）；除了一些经济作物用地，全国粮食总产量约1.5亿吨，同样也达到了空前的高峰。因此随着耕地面积、单产量、粮食总产量三项经济指标全部达到了中国历史上空前的高峰，乾隆中期的全国人口数也超过了2亿，较清初翻了一番，这同样也是中国历史上空前的高峰。在传统农业时代，人口数量与粮食产量高度正相关，即粮食产量越高，人口数量越多，反之亦然。空前多的人口，必须伴随着空前高的粮食产量，而乾隆中期人均粮食（原粮）占有量达到了约750公斤，即使按照较低的估计标准，也超过了500公斤，同样也达到了历史上空前的高峰[2]。雄厚的经济基础是清代达到极盛的重要标志，也是乾隆时期在不断四处征

1 《高宗纯皇帝实录》卷948。

2 郭松义：《18、19世纪的中国农业生产和农民》，北京：《历史研究所学刊》第一辑，2001；吴慧：《中国历代粮食亩产研究》，北京：农业出版社，1985：191、194.

伐、对外扩张的同时，却并不需要对内增加赋税、劳役的原因；而与此对比，汉武帝时期的扩张给民众带来了沉重负担，甚至几乎导致全国经济的崩溃，最根本的差异就在于清朝乾隆中期的经济实力（以粮食产量计）至少是汉武帝时期的五倍以上，清朝与准噶尔的实力差距也远远大于西汉与匈奴的差距。

清朝人口从一个巨大的基数（超过1亿）开始了和平时期一百多年的持续稳定增长，在乾隆中期超过了2亿，末期超过了3亿，在这30多年里，人口的平均年增长率超过15‰，是中国历史上最快的时期，并在下一个30年超过4亿，20世纪上半期中国最为流行一个的术语“四万万同胞”即源于此。

传统社会的人口出生率比较稳定，决定人口增长速度以及总数的决定性因素是死亡率，即只有保持较低的死亡率才能保证人口较高的稳定增长。清代的人口总数达到了中国历史空前的高峰，不仅有长时间持续和平、稳定的因素，也有人口死亡率相对较低的因素，这意味着综合生活水准的提高。

3. 美洲作物造就了康乾盛世？

随着人口总数的不断增长，从18世纪中叶起，清朝的人口压力已经越来越大。早在20世纪50年代，何炳棣就认为18世纪的“最后二十五年时，深思熟虑的一代中国人已开始为从该世纪最初数十年来已习以为常的生活水准明显的下降所震惊”。原来中国的粮仓湖南与江西在丰年时仅有少数的余粮，粮食价格自18世纪中叶起开始了持续稳定的上涨，当时的地方官员以及中央政府均认为人口增长是最根本的原因，认识到了人口压力的存在。[1]

康熙皇帝对人口压力有清楚的认识。康熙四十八年(1709年)，皇帝在祈谷的祭文中称：“承平日久，生齿既繁。纵当大获之岁，犹虑民食不充”；“本朝自统一区宇以来六十七八年矣，百姓俱享太平，生育日以繁庶，户口虽增，而土田并无所增，分一人之产供数家之用，其谋生焉能给足？”四十九年（1710年）称：“民生所以未尽殷阜者，良由承平既久，户口日繁，地不加增，产不加益，食用不给，理有必然”；五十一年（1712年）称：“米价终未贱者，皆生齿日繁，闲人众多之故耳。”至于江南地区，早在康熙三十八年（1699年）南巡时，康熙皇帝便惊异地发现虽然“江浙……比岁以来蠲豁田赋，赈济凶荒，有请必行……爱养之道备极周详”，但“见百姓生计大不如前”。

康熙皇帝没有理由夸大治下严峻的人口压力。随着承

1 ［美］何炳棣：《1368—1953中国人口研究》，上海：上海古籍出版社，1989：268—271.

平局面的持续，人口不断增长，人口压力只会越来越大，而除了封禁的东北地区外，中国的可耕地已基本开垦殆尽了。雍正十三年（1735年），御史曹一士上疏："我朝承平日久，生齿浩繁，苟属可耕之土，必无不毛之乡。"乾隆三十八年（1773年），皇帝认为中国内地已经开垦完毕："若求可垦之地，则惟新疆乌鲁木齐等处地土沃衍，尚可招徕屯垦。至于内地开垦一说，则断无其事，各省督抚亦断不得以此为言。"新疆虽大但可耕地有限，难以缓解巨大的人口压力。

从明朝初年到乾隆中期，中国粮食总产量的提高要归功于耕地面积的扩大与单产量的提高，这两者的作用大致相等，但18世纪后半期中国内地的可耕地已经开垦殆尽之时，由于边际报酬递减规律的作用，粮食单产量的提高越发困难，那么全国性的人口危机便会到来。时人汪士铎为此惊叹："人多之害，山顶已殖黍稷，江中已有洲田，川中已辟老林，苗洞已开深菁，犹不足养，天地之力穷矣。"[1]

乾隆中期以后，全国粮食总产量的增长开始低于人口增长的速度，甚至粮食单产量随着气候变冷、灾害增加、水利设施的败坏、地力的消耗开始下降，而民众的生活水

---

1 ［美］德·希·帕金斯（Dwight H. Perkins）：《中国农业的发展：1368—1968》，上海：上海译文出版社，1984：30；［美］何炳棣：《1368—1953中国人口研究》，上海：上海古籍出版社，1989：272.

平则随着人均粮食产量的持续下降而下降。中国已经面临着全面性的人口压力，社会、自然环境全面恶化。在这个大背景下，传统经济已经难以维持数亿民众的生活水平，如果没有经济全面转型、产业革命，生产力发生质的飞跃，则必然会出现全社会的经济危机以及随之而来的政治危机。

面临人口压力带来的社会危机，康熙皇帝选择频繁大力度地减免赋税、赈灾、治河、兴修水利、改良农业技术、提高复种指数来应对。在继承上述措施的同时，乾隆皇帝与各级地方政府开始推广种植美洲作物，玉米、番薯是主要的品种。乾隆五十年（1785年），乾隆皇帝意识到“番薯既可充食，兼能耐旱，必使民间共知其利，广为栽种，接济民食，亦属备荒之一法”。

玉米、番薯最大的优势是适应力强，对土地要求不高，可以种植在贫瘠的山区丘陵坡地，不与传统稻麦争地。为了鼓励民众垦荒，达到乾隆皇帝“野无旷土”“民食益裕”的目标，各级政府制定了各项优惠政策，对于新开垦的贫瘠山地丘陵以及零散地块“永不升科”（永远免税），而这些土地主要用来种植玉米、番薯。在政策的推动下，玉米、番薯逐渐在全国推广：根据地方志记载，在有观察的266个府级政区中，1776年，还有118个没有种植玉米，1820年降为72个，1851年则仅有40个。

在乾隆晚期全国推广玉米和番薯，人口也持续增长，并将在未来30年内突破4亿。那么，这两者之间真的存在因果关系吗？玉米和番薯对中国人口增长的影响究竟有多大？

陈志武在《量化历史研究告诉我们什么》中引述了“宫启圣教授”（实为“龚启圣”，James Kung）的研究认为：“从1776年到1910年间，中国14.12%的人口增长是由玉米所致。而从16世纪初到20世纪初，中国粮食增量的55%是由于这三项新作物（玉米、番薯和土豆）。”这实际是龚启圣与其学生联合署名的成果，文章利用府级地方志，将各府分为“有、无”玉米种植的两个对照组，用统计方法推断玉米对人口的影响，而并非陈志武所称的利用了“1 330个县的县志”。

陈志武称：“按照1776年、1820年、1851年、1890年、1910年几个时间点看，在每个时期，已经采用玉米的县人口密度明显高于还没采用玉米的县，而且一个县已经种植玉米的年份越长，其人口密度高出的就越多。种玉米的时间每多十年，其人口密度就多增5%—6%。经过各种严格计量方法的验证，他们得出的结论为：是玉米带动了中国的人口增长，而不是人口增长压力迫使中国引进玉米、番薯。”

但如前所述，多种信息来源的大量史料确凿无疑地表明，早在乾隆四十一年（1776年）前，中国的人口压力已经非常普遍，且越发严重，成为朝野的共识，正因为此，才迫使政府推广、改良玉米、番薯这些并不适合中国人口味的美洲作物，即人口密度高、人口压力大的地区更有动力引进玉米，而不是相反——因为引进了玉米而导致人口密度高、人口压力大，这是倒果为因。

上文陈志武所引的论断如果成立，将是中国经济史的一项惊人的发现，但龚启圣文引述的是帕金斯《中国农业发展》一书的结论，两者的原文均写明："在这一漫长的历史时期，中国粮食产量约55%的增长归因于种植面积的扩张"，而根本不是如陈志武所讲的那样归因于这三种美洲作物。这一错误也是惊人的。

"中国14.12%的人口增长是由玉米所致"吗？答案是非常可疑的。因为地方志中记录的只是玉米种植的"有、无"问题，而并没有记录它的种植面积与产量，任何计量方法都无法仅根据"有、无"来准确计算出玉米对人口增长的影响。

那么以玉米、番薯、土豆为代表的美洲作物对清朝中国人口的影响究竟有多大？清朝没有各项粮食作物的产量统计，因此无法进行估计，但好在有民国初年的相应统计。1914—1918年，玉米与薯类（包括番薯、土豆以及中国本土的芋头等在内）种植面积占全国耕地总面积的7.2%，两者合计的产量占粮食总产量约为7.67%；20世纪20年代，玉米、番薯，包括中国本土的各种芋类在内的产量合计也只占全国粮食产量的9%。

由于自清中期直到20世纪中期的100多年间，玉米、番薯等美洲作物的种植面积一直在稳定、快速增长，因此越往前推，这一比例只会更低，据吴慧估计，清中期（乾隆末到嘉庆年间）这两种作物的产量合计仅占全国粮食产量的4.63%，而且这一数据可能偏高。即使假定玉米、番薯、土豆全部（实际只有部分）作为人的食物，那么它们对中国人口的增长作用也极为有限，乾隆末期之前更是微不足道，因此美洲作物对清朝人口巨量增长并突破2亿、3亿直至4亿的作用并不大，养活中国数亿人口的仍然是传统作物。实际上，直至1957年，玉米和薯类的种植面积也不到全国粮食种植面积的20%。现在有一种流行的观点，认为清朝人口空前的增长与数量，甚至经济发展，都主要归因于美洲作物，甚至称所谓的“康乾盛世”为“番薯盛世”，这完全是一种没有根据的臆断。

我并不反对历史量化研究，事实上我的博士论文（主题为明清人口）以及《中国人口史》（第六卷）的基本研究方法就是计量。但量化研究有几个必要的前提：背景要掌握得全面深入、数据的局限性要清楚明白、来源要可靠无误，这对于中国传统时代的研究尤其重要。明代官方黄册中有大量超过100岁甚至200岁高龄的“人”，清代的“丁”有三种不同的计量单位与涵义，明清耕地“亩”与实际面积相去甚远……如果不加辨析就对它们进行计量研究，只怕方法越复杂艰深，结论就会偏离事实越远，这样的量化研究岂非与研究求真的初衷背道而驰？

清代空前的人口数量是由于高产的美洲作物甘薯、玉米的引进，是因为它们不仅产量高，而且耐旱，可以种植在传统作物难以生长的贫瘠、崎岖的山区，扩大了作物面积，提高了全国粮食总产量，这一观点可以适用于乾隆以后。据乾隆五十四年的户部统计，全国人口总数已经突破了3亿，而美洲作物在全国的普遍推广始于乾隆末期，乾隆皇帝本人还积极提倡、鼓励。人类的生存前提是要有维持生命存在的基本食物，因此这一中国历史上空前规模的人口数量实际意味着空前规模的食物产量，清代的经济发展成就是传统中国的最高峰。

第五章

毁誉参半的“十全武功”

乾隆时期战争频繁，号称“十全武功”，虽然有些武功并不值得炫耀，付出了高昂的代价却战果甚微，但攻灭准噶尔、回疆，“拓地二万余里”的西师之役是最为华彩的一章；其次是击败了入侵西藏的廓尔喀，加强了对西藏、蒙古的管理，创立了金瓶掣签制度。乾隆朝最终奠定了现代中国的版图，这是其最大的历史贡献。

第一节 | 代价最为高昂的战争：两次金川之役

1. 遏必隆刀：第一次金川之役

乾隆皇帝即位就与准噶尔汗国签订了和约，确定了双方边界，结束了长期的战争状态。他在位的前十年，天下太平，没有战事，直到乾隆十年（1745年），在遥远西南边陲发生的战事打破了平静。因四川西部的上、下瞻对土司（今四川省新龙县一带）所属藏民劫掠从西藏撤回士兵的行李，四川巡抚纪山与川陕总督庆复上奏要求发兵进剿，获得乾隆皇帝的批准。但是由于地形非常险要，碉楼密布，且当地藏民生性彪悍，战事非常不顺利，清军逐次增加到了两万人，耗费军费超过100万两白银，一直拖到了乾隆十一年（1746年）六月才告结束。一年多后，因捏造下瞻对土司班滚死讯，已经回任大学士的庆复被革职，后又赐自尽。这是乾隆朝的第一场战争，结果非常不理想，但随后发生的金川战事将更加艰难。

金川分为大金川和小金川（今四川省大金、小金县），位于瞻对附近，同属藏民土司。大金川土司莎罗奔逐渐强大，四处攻打周边土司，并于乾隆十二年（1747年）击败了前来镇压的小股清军。这件事激起了乾隆皇帝的征服欲，他任命因征苗建功的张广泗代替庆复为川陕总督，负责进攻大金川，要求“毁穴焚巢”，一举消灭。是年六月，张广泗率兵三万多人围剿进攻，但“自入番境，经由各地，所见尺寸皆山，陡峻无比。隘口处所则设有碉楼，累石如小城，中峙一最高者，状如浮图（塔），或八九丈、十余丈，甚至有十五六丈者，四围高下皆有小孔，以资瞭望，以施枪炮。”金川地处大渡河峡谷，崇山峻岭，地形极为险要，遍布石造碉楼，非常坚固，没有现代的重型火炮难以攻克。清军子母、劈山等炮对碉楼起不到作用，只能围困。但金川军队熟悉地形，作战勇猛，经常主动出击，清军“各营驻扎逼近贼卡之处，屡被侵犯。彼据险呃吭，转得乘我之隙，以逸待劳，以寡待众，而我军应接不暇”[1]，死伤惨重。

莎罗奔曾一度请降，但乾隆皇帝坚持要彻底消灭，结果战事久拖不决。乾隆十三年（1748年）四月，清朝派遣大学士、领班军机大臣讷亲经略军务，“统领禁军及各营将士”前往金川参战，并因“久官西蜀，素为番众所服”，起用出狱后赋闲的岳钟琪，加恩赏给提督衔，此时军费消耗已经达400万两。六月，讷亲抵达前线后，率军攻打“山

1 《高宗纯皇帝实录》卷313。

陡箐密，碉寨层层”的腊岭，总兵买国良、署总兵任举中枪阵亡，副将唐开中受伤，进攻失败。讷亲奏请也筑碉楼“与之共险”，认为“贼番自必摇动”，但被乾隆皇帝否决：“我兵自宜决策前进，奋力攻取，以此筑碉之力，移之攻取破彼之碉，以夺其所恃，不亦可乎！”[1]虽然清朝八旗大臣讲求出将入相，文武并不分途，但讷亲没有作战经验、能力，被张广泗轻视，将帅失和。连战连败，讷亲已经灰心绝望，他与张广泗奏请或于第二年再增兵三万大举进攻，或撤兵只留一万人防守，等两三年后再进攻，又被乾隆皇帝痛斥：“岂有军机重务，身为经略，而持此两议，令朕遥度之理？如能保明年破贼，添兵费饷，朕所不惜。如以为终不能成功，不如明云‘臣力已竭’，早图归计，以全终始。”[2]乾隆皇帝的恼怒情有可原，此时清军已达4万多人，而对手仅有3 000余人，但无奈对方骁勇善战，且有天险和坚固的碉楼，清军人数再多也无计可施。九月，张广泗、讷亲先后被革职，随后又在全国增调东三省、京营、四川、西安驻防满洲兵以及绿旗兵近3.5万千人，与金川前线兵力合计已近8万人，并任命大学士傅恒经略金川军务。虽然如此大张旗鼓、兴师动众，但乾隆皇帝内心并无胜算，他秘密嘱咐傅恒，如果第二年三四月间仍然无法取胜，就公开下

1 《高宗纯皇帝实录》卷318。

2 《高宗纯皇帝实录》卷321。

诏罢兵。此时户部库中所存银只有2 700余万两，若战事迟至秋冬，“则士马疲惫，馈饷繁难。此二千七百余万者且悉以掷之蛮荒绝徼。设令内地偶有急需，计将安出？”[1]财政困难是乾隆皇帝无法继续进行战争的根本原因。小小的大金川，总人口不到一万，士兵只有3 000人，8万清军围攻了两年却不能战胜，耗费的军费高达2 000余万两，乾隆皇帝对战事已经非常悲观，公开承认自己的指挥错误，且无论胜败也要如期结束战争：“是贼据地利，万无可望成功之理。朕思之甚熟，看之甚透。上年办理，实属错误。及早收局，信泰来之机，朕改过不吝。……金川小丑，实所谓得其人不足臣，得其地不足守。”[2]

为了震慑军心，张广泗被斩立决，随后讷亲也被祖父遏必隆的佩刀斩杀。清军山穷水尽之时，对方同样也山穷水尽。乾隆十四年（1749年）正月，战事峰回路转，发生了戏剧性的变化，已经英勇抵抗达两年之久的莎罗奔终于撑不下去，突然请求投降。莎罗奔在康熙年间岳钟琪奇袭西藏时，曾是他的部下。为了打消莎罗奔的投降顾虑，岳钟琪仅率四五十人进入对方营地勒乌围，并留宿一夜。莎罗奔对他的这位老上级“迎谒甚恭”，第二天一起在佛像前发誓，随后岳钟琪率领莎罗奔等诸位首领奔赴清军大营，

1 《高宗纯皇帝实录》卷329。

2 《高宗纯皇帝实录》卷333。

“膝行叩降”，“次第俯伏帐下”，傅恒“承旨赦罪，遣令回巢”，惨烈漫长、代价高昂的金川之战以这样一段极富个人英雄主义的传奇结尾，实乃因为有一位传奇式的英雄人物。

为了这块弹丸之地，清朝付出的代价是极其惨重的，乾隆皇帝的第一宠臣、大学士、一等公讷亲，曾在改土归流、平定苗乱中立功的总督张广泗被处死，多名高级将领战死，国家财政已经无法支撑。如果金川再坚持一两个月，清军将不得不公开承认失败而退兵，因此这个至少看起来还算体面的结果让乾隆皇帝喜出望外，他封傅恒为一等忠勇公，岳钟琪为三等威信公。金川之战的发动，不接受对方投降、坚持要取得彻底的胜利，所导致的战事漫长、死伤惨重，这都是乾隆皇帝决断的结果，体现了乾纲独断体制的短处，一旦最高决策者失误，就要付出高昂的代价，并且除非他本人回心转意，错误就会持续下去。好在乾隆皇帝撞了南墙还知道回头，划定了明确的止损线，更幸运的是，恰好在即将到达这条止损线前，金川投降了。

2. 见溃兵如蚁：第二次金川之役

乾隆十四年（1749年）勉强平定金川后，金川一带一切如旧，各个土司之间照样互相攻杀。清朝官方奉行“以番制番”，希望众土司联合消灭势力最强的大金川，但事与愿违，情势更加恶化，大、小金川反而联合。乾隆三十六年（1771年），事态终于不可收拾，四川总督阿尔泰奏请介入，否则大、小金川必将称霸一方，乾隆皇帝则下令“当统兵直捣其巢穴，或计以诱致，或竟以力取，将（小金川土司）僧格桑擒解省城候旨”[1]，并且认为只要5 000名士兵就可完成这项任务。七月，四川提督董天弼率军进攻，但先胜后败；乾隆任命温福（镶红旗满洲）为定边副将军，率八旗满洲兵前去参战。三路清军分别由温福、董天弼、阿尔泰率领进攻，初战告捷。到了乾隆三十七年（1772年）九月，已经调集军队7万多人，火药10万斤，子弹500多万颗，终于在年底攻占了小金川的统治中心美诺，但僧格桑逃往了大金川。乾隆皇帝改变了之前只消灭小金川的目标，要求消灭实力更为强大的大金川。乾隆三十八年（1773年）五月，为了大金川战事已经调拨了2 400万两白银，而库贮尚有7 000余万两，乾隆皇帝表达了“此时惟进剿（大）金川，为众番除害，以奠边隅。即多费军需，亦所不惜”[2]的决心。

大金川一带气候恶劣，山势险峻，冰雪覆盖，经常只有一条羊肠小道可供通行，而在险要隘口、悬崖绝壁上却密布碉楼、石墙，内设枪炮，清军进攻极为艰难，每前

1 《高宗纯皇帝实录》卷888。

2 《高宗纯皇帝实录》卷934。

进一步都伤亡惨重，被迫顿兵不前；此时小金川兵又趁机收复故地，清军前后受敌。乾隆三十八年（1773年）六月，清军的士气已经降到最低点，金川兵则勇敢顽强，突然奇袭清军的木果木大营，清军全面崩溃，统帅温福左胸中枪战死。多年以后，当时在金川前线的明亮（镶黄旗满洲，傅恒的侄子）向礼亲王昭梿回忆当时的情景："董公天弼（提督）、牛公天畀（总兵）、张公大经（总兵）等皆死之，师遂大溃。我兵自相践踏，终夜有声。渡铁锁桥，人相拥挤，锁崩桥断，落水死者以千计。吾方结营美诺，见溃兵如蚁，往来山岭间。"[1]近2万人的清军战死4 000余人，中高级军官战死150名，其余均四处溃散。

乾隆皇帝认为木果木是清朝开国以来从未有过的惨败，更激起了他一定要彻底消灭金川的雄心。他任命阿桂为定西将军，明亮为副将军，增兵2万余人，鉴于绿旗兵战斗意志薄弱，其中八旗和蒙古兵占了近一半，此时金川前线已经集结了7万多人的清军，又加拨了3 400多万两的军需。清军仍旧先攻得而复失的小金川，因碉楼工事上次已被破坏，小金川很快就被占领。大金川土司索诺木三次向清朝投降，甚至将已病亡僧格桑的尸体呈献，但被乾隆皇帝拒绝，他坚持要彻底消灭大金川。经过一年八个月的

1 （清）昭梿：《啸亭杂录》卷7。

残酷战斗，终于在乾隆四十年（1775年）八月，攻下了大金川的重要据点勒乌围，阿桂红旗报捷，仅七日就将战报传递到正在木兰围场打猎的乾隆皇帝。阿桂与明亮各率一路清军会攻大金川的最后据点噶喇依，苦战不休，至第二年正月，索诺木跪捧印信，与兄弟、妻子及其大头人、喇嘛、大小头目2 000余人出寨投降，历时四年半的大、小金川之战终告结束。将军阿桂为平定金川的第一功臣，封为头等诚谋英勇公，副将军明亮封为一等襄勇伯，参赞大臣海兰察封为一等超勇侯。金川之战还涌现了一颗灿烂的新星——傅恒之子、年仅21岁的福康安，他被封为三等嘉勇男。乾隆四十二年（1777年）四月，在紫禁城午门举行盛大的受俘礼，由福康安率将校押解俘虏，乾隆皇帝随后在瀛台亲自审讯，索诺木等四人被凌迟处死。大、小金川之战以清朝完全的胜利而告终，但代价极其惨重，前后合计有10万大军，集结在方圆不过500里的偏僻之地，死伤数万；因物资运输极为困难，军费高达7 000多万两白银，是整个乾隆朝代价最高昂的战争，与之相比，征服准噶尔的军费不过3 300多万两。

金川战争可以说是乾隆皇帝一个人执意发动的，是否值得，是功是过，基本上要由他一个人承担。那么这是否仅是乾隆皇帝个人好大喜功的产物呢？中国历代王朝对少数民族地区的统治基本上是羁縻制，地方少数民族的首领在名义上臣服于中原王朝，接受如都督、知州、宣慰司等一类世袭的土官职位，定期纳贡，中原王朝会赐予价值远高于贡品的礼物，保持一种名义上的归属关系，与内地州县制的统治性质不一样，中央政府不干涉其内部事务，也不能以现代国际法体系建立后的领土来看待。清朝加强了对少数民族地区的统治，比如在蒙古地区实行盟旗制度，内部虽然仍保留自治地位，但在行政、军事两方面已经由中央政府直接管理；在南方少数民族地区，则推行改土归流，将很多地区的土官制改成内地的州县流官制，金川战争可以说是雍正年间改土归流的又一个高潮和继续，改土的对象是川藏地区实力强大的土司。清朝原来的策略是以番制番，鼓励互斗，甚至默许、扶植弱小的土司来削弱强大的大小金川土司，结果发现事态不妙，不仅削弱不了，甚至还有被金川吞并的危险。一旦金川统一了川藏地区，下一步就会直接威胁到西藏，控制达赖喇嘛，随后便是蒙古不稳，大清帝国的统治基石就会松动。这是一个极其危险的信号，因为这几乎是明朝末年建州女真崛起、成为一个强大帝国的翻版，这对于建州女真的嫡系后人来说再熟悉不过，因此作为一个深谋远虑的政治家，乾隆皇帝一定要不惜一切代价，将这种危险的苗头扼杀在摇篮里，他绝对不会允许第二个后金帝国、准噶尔帝国出现。

当然，乾隆皇帝不可能将这层意思明白晓谕，当臣下无法理解他一意孤行要征服金川时，他选择了一个委婉的方式，表达了出兵征服金川的必要性："朕春秋已逾六旬，御宇三十六载，经事已多，临事知惧，岂不欲宁人偃武，顺适几余？况既云用兵，运筹每萦宵旰，而军书夜阅，宁不疲劳？即如前日董天弼间道进攻，久无奏牍，辄为廑念不置，至于废寝。朕又何所乐而必欲用兵乎？而用兵之事，于朕躬有益乎？无益乎？此愈无不可共白于天下也。"作为一个年过花甲的老人，乾隆皇帝当然情愿过太平安生的日子，并不想发动战争，因为他要为之殚精竭虑，废寝忘食，但是为了国家的长治久安，"抚驭蛮夷，惟在畏怀并用。苟其自作不靖，即当早示创惩，使诸番共知慑服。若一味因循姑息，渐致长其桀骜之气，所谓方长不折，将寻斧柯，是意在息事宁人者，贻误实无底止。明季畏葸苟安，遇事委靡不振，其弊率由于此"。他以明朝末年坐视建州女真坐大的教训为戒，防患于未然，不能息事宁人，不能等到对方气候已成才想到要征讨，那就为时太晚了，因此"我大清国正当全盛之时，中外一家，岂容徼内土司，独梗化外？……此在事势机宜，断不容已，并非好为穷兵黩武也"[1]。这段乾隆皇帝的自我辩白应该说是发自内心的，金川之战虽然代价高昂，但必须要打，而且一定要取得干净、

1 《高宗纯皇帝实录》卷898。

彻底、全面的胜利，一定要将首恶处以极刑，且绝不接受投降，以此来威慑一切潜在的、蠢蠢欲动的敌人。虽然从技术上讲，金川之战清朝赢得很狼狈，以狮搏兔，损失却如此惨重，但从此以后，川藏地区保持了100多年的和平、安宁，这一战是值得的。乾隆皇帝是作为一个深谋远虑的政治家来考虑这个问题的，他身上肩负着祖父、父亲寄予的重托，同时还要将江山长治久安地交给自己的子孙；作为一个具有极强责任心、使命感的政治家，他不能因循保守，得过且过，将难题留给后代，因此他一定要在自己的任内解决金川问题。

第二节 | 拓地二万余里的西师之役

1. 力排众议、独运乾刚：攻灭准噶尔

第二次金川战争后，经过了几年和平，乾隆二十年（1755年），战事又起，这次是征伐准噶尔。乾隆十年（1745年），准噶尔大汗噶尔丹策零去世后，因汗位继承问题发生了激烈的冲突。噶尔丹策零的长子喇嘛达尔札发动叛乱，杀害了继承汗位的弟弟纳木札尔；纳木札尔的部下宰桑萨喇尔率千户牧民于乾隆十五年（1750年）归附清朝，被编设佐领，安插于察哈尔，乾隆皇帝据此获悉了准噶尔内乱的情报。喇嘛达尔札因已出家，且是庶出，遭到了准噶尔著名战将小策零敦多布（指挥和通泊之战）之孙达什达瓦、大策零敦多布之孙达瓦齐、和硕特部台吉班珠尔、辉特部台吉阿睦尔撒纳等实权人物的反对。阿睦尔撒纳、班珠尔是前大汗策妄阿拉布坦的外孙、和硕特拉藏汗的孙子，他们的祖父、父亲都被策妄阿拉布坦杀害，因此他们与准噶尔大汗有血海深仇。内乱再起，最终喇嘛达尔札被阿睦尔撒纳所杀，达瓦齐成为大汗。大、小策零敦多布家族间又发生了内战，达什达

瓦之子讷默库济勒噶起兵争夺汗位，兵败被杀。一连串的内战后，准噶尔元气大伤。达瓦齐与哈萨克联合攻打不愿臣服的杜尔伯特部，杜部首领车凌、车凌乌巴什、车凌孟克（号称“三车凌”）决定归附清朝，于乾隆十八年（1753年）冬，率领一万多人离开额尔齐斯河流域，到达清军驻地乌里雅苏台。杜尔伯特部被编为赛因济雅哈图盟，下设札萨克。乾隆十九年（1754年）五月，乾隆皇帝在承德避暑山庄接见三车凌，封车凌为亲王、车凌乌巴什为郡王、车凌孟克为贝勒，并举行盛大宴会庆祝三车凌内附。

清朝与准噶尔之间多年争战，但始终无法征服，损失惨重，且时时担心准噶尔会内侵漠北蒙古，南下青藏，控制达赖喇嘛。准噶尔连续近十年的内乱让乾隆皇帝终于看到了彻底征服准噶尔的希望，因此他才如此隆重接待三车凌，认为此时“机不可失，明岁拟欲两路进兵，直抵伊犁，即将车凌等分驻游牧，众建以分其势。此从前数十年未了之局，朕再四思维。有不得不办之势”[1]，并且开始筹划第二年的战事。

唯恐时机不够好，准噶尔的内乱愈演愈烈，阿睦尔撒纳与达瓦齐这一对从前的盟友也迅速反目成仇，阿睦尔撒纳战败后，率部2万多人归附清朝。乾隆皇帝闻讯，大喜

1 《高宗纯皇帝实录》卷465。

过望，不惜在一年内两次去避暑山庄接见阿睦尔撒纳。他于乾隆十九年（1754年）十一月从京师出发，日夜兼程，一日行140里，三天就赶到热河，询问阿睦尔撒纳征准事宜。阿睦尔撒纳提议于明年春天出其不意进军，为乾隆皇帝采纳，并封阿睦尔撒纳为亲王。

乾隆皇帝决心出兵彻底征服准噶尔，满朝大臣中只有大学士傅恒一人赞同，乾隆皇帝为此感叹："皇祖平定朔漠诗中，即有力排众议之语，足见我朝家法，独运乾刚。"[1]雍正年间的和通泊惨败使得众大臣对准噶尔强大的战斗力深感畏惧，况且一旦战败，不是被敌人所杀，就是被皇帝所杀，风险实在太高。战胜不过是加官进爵，而官最大不过正一品，爵再高不过一等公，要率军出征的八旗亲贵，很多人官爵早已经无可复加，何必要冒此风险？况且乾隆皇帝即位以来，连小小的金川也打得如何狼狈，何况是远在万里之外强大的准噶尔？但这确实是一个千载难逢的时机，机会稍纵即逝。当立功的成本太高时，官僚必然不求有功，但求无过，不会果断抓住机会，这又一次显示了乾纲独断体制的优势。

乾隆二十年（1755年）二月，清军兵分两路全面进攻准噶尔，北路军3万人，由定北将军班第统帅，阿睦尔撒

1 《高宗纯皇帝实录》卷489。

纳为定边左副将军，从乌里雅苏台进军；西路军2万人，由定西将军永常统帅，准部归附首领萨喇勒为定边右副将军，从巴里坤进军。清军的主力为八旗兵，其余为蒙古各部兵，共1.8万余人，以及1.1万的绿旗兵，7万匹马。阿睦尔撒纳率新降的准噶尔军为前锋，遵循乾隆皇帝“以新归顺之厄鲁特攻厄鲁特”的方针，用自己的而不是清朝的旗帜，率先进发，有利于招降。由于准噶尔已经分崩离析，清军一路势如破竹，准部军民纷纷投降。出师仅三个月，阿睦尔撒纳就攻下了伊犁，达瓦齐率众向西逃跑。乾隆皇帝赏阿睦尔撒纳亲王双俸，班第、萨喇勒晋封一等公，唯一赞成征准部的大学士忠勇公傅恒，加恩再授一等公爵。

乾隆皇帝下令务必俘获达瓦齐，阿睦尔撒纳率军穷追不舍，在格登山（在今新疆昭苏县内）大败达瓦齐。达瓦齐率残部南逃，被回部首领霍集斯俘虏送与清军，后押送京师。十月，乾隆皇帝登午门举行了盛大的献俘礼，“王公百官朝服侍班，铙歌大乐，金鼓全作”[1]。兵部堂官将俘虏达瓦齐、罗布扎、莽喀、图巴、敦多克、和通等押解向北跪。乾隆皇帝以“古者异国降王，或优以封爵，示无外也”[2]为由，封达瓦齐亲王，赐第京师。准噶尔仍分为四部：噶勒藏多尔济为绰罗斯（准噶尔）汗、车凌为杜尔伯特汗、沙

1 《高宗纯皇帝实录》卷498。

2 《高宗纯皇帝实录》卷499。

克都尔曼济为和硕特汗、巴雅尔为辉特汗。

此次征服准噶尔，实质是在清军支持下的准噶尔内战，所以胜利并不彻底。乾隆皇帝的初衷是将准噶尔分为四部，互不统属，利于控制，但阿睦尔撒纳有勃勃的雄心，企图成为整个准噶尔的领袖，他招降纳叛，趁机扩大自己的势力。本来就怀有戒心的乾隆皇帝命令班第将阿睦尔撒纳于军中正法，但此时清军大部队因缺粮已撤离伊犁，班第害怕交手，只是催促阿睦尔撒纳赴热河觐见，以便处置，由喀尔喀亲王额琳沁多尔济同行监视。但途中喀尔喀郡王青滚杂卜泄露真相，阿睦尔撒纳利用额琳沁多尔济的无能，趁机逃跑率众反叛，包围伊犁，而防守的清军仅有500人，只得撤退，在哈斯河被阿军包围，定北将军班第、参赞鄂容安（伯爵，鄂尔泰之子）自杀，萨喇勒被俘投降；定西将军永常率军6 000驻守乌鲁木齐，他违抗乾隆皇帝援救伊犁的命令，一路退守巴里坤，被革职解送京城，于途中病死。至此，对准的胜利成果已化为乌有。乾隆皇帝因额驸科尔沁亲王色布腾巴勒珠尔匿情不奏，欲立正典刑处死，武英殿大学士、军机大臣来保劝阻道："愿皇上念孝贤皇后，莫使公主遭嫠独之叹。"[1]乾隆皇帝为此挥泪叹息，色布腾巴勒珠尔免死夺爵。

---

1 《啸亭杂录》卷3。

2. 以成我大清中外一统之盛：二次出兵，威服中亚

乾隆二十一年（1756年）二月，清军又兵分两路，再次向伊犁进军，准噶尔未叛者跟随，已叛者又归附，进军顺利，一月后占领伊犁。乾隆皇帝命令清军统帅定西将军策楞将“此时所有伊犁应办事宜，尚可稍缓。惟当以追擒逆贼为第一要务”[1]，但策楞与参赞玉保失和，布置失宜，阿睦尔撒纳西逃至哈萨克，策楞、玉保被逮捕，解京审问，在途中被叛军杀害。一波未平，一波又起，喀尔喀郡王青滚杂卜发动了叛乱。清朝两征准噶尔，在喀尔喀征发了大量的壮丁与军费，乾隆皇帝又处死了放走阿睦尔撒纳的喀尔喀亲王额琳沁多尔济，而他是泽卜尊丹巴胡土克图与土谢图汗的兄弟，这激起了喀尔喀从贵族到民众的普遍不满。青滚杂卜利用不满情绪，起兵叛乱，在前方作战的清军后勤、通讯路线被切断；更危险的是，泽卜尊丹巴胡土克图也决定率喀尔喀诸部叛乱。情势万分危急，乾隆皇帝派遣他儿时的朋友与同窗、漠南蒙古的最高宗教领袖、三世章嘉胡土克图亲自前往喀尔喀，劝说泽卜尊丹巴胡土克图，同时又发兵威胁，软硬兼施之下总算平息了可

1 《高宗纯皇帝实录》卷519。

能的叛乱。不久青滚杂卜在俄罗斯边界处被俘，解送京师处死，清朝在其原属地唐努乌梁海地区设置了四个旗进行管辖。

准噶尔各部纷纷起兵，第一次平准后清朝分封的四部汗中，绰罗斯（准噶尔）汗噶勒藏多尔济、辉特汗巴雅尔积极参与，阿睦尔撒纳也从哈萨克返回，与众叛乱首领会盟，成为盟主。此时留守伊犁的清军仅2 000人，在伊犁等处办事大臣兆惠（正黄旗满洲）的率领下突围。清军一路奋勇作战，撤至乌鲁木齐，叛军追及，又撤至特讷格尔（今新疆自治区阜康县）被包围。此时清军已经无力突围，侍卫图伦楚率精兵800名，一人两马，前往解围成功，将兆惠军接应到巴里坤。兆惠因功封一等伯，世袭罔替，图伦楚被提拔为副都统。有功有罚，阿睦尔撒纳逃往哈萨克后，定西将军达勒当阿与定边左副将军哈达哈因追捕不力，被乾隆皇帝革职，并革去两人的公爵。

准噶尔各部的反复叛乱激起了乾隆皇帝强烈的报复心，他下令第三次征讨准噶尔。乾隆二十二年（1757年）三月，7 000名清军兵分两路，分别由定边将军成衮扎布、副将军兆惠率领进攻。此时准噶尔传染病流行，再加上连年战乱与饥荒，人口锐减，清军势如破竹，进展极为顺利。阿睦尔撒纳再次逃往哈萨克，清军随即深入哈萨克境内追捕，并与哈军发生了冲突。慑于清军的压力，以及乾隆皇帝

“阿逆一日不获即二年、或十年、二十年，兵断不止”[1]的决心，哈萨克汗阿布赉一改过去庇护阿睦尔撒纳的政策，“悔过投诚，称臣入贡”。乾隆皇帝非常高兴，他认为“兹阿布赉既已请降，约以阿睦尔撒纳如入其地，必擒缚以献，则叛贼失其所恃，技无所施，此一大关键也，朕心实为之庆慰。哈萨克即大宛也，自古不通中国。昔汉武帝穷极兵力，仅得其马以归，史册所传，便为宣威绝域。兹乃率其全部。倾心内属，此皆上苍之福佑，列祖之鸿庥，以成我大清中外一统之盛。”[2]乾隆皇帝此时已经萌发了与汉武帝一争高下的雄心，这段表白将他心中所想表露无遗。

阿睦尔撒纳逃入俄国境内，后于同年八月染天花病亡，尸体运往中俄边境的恰克图，由清朝官员验看。清朝与准噶尔的战争源于康熙二十九年（1690年），结束于乾隆二十二年（1757年），时间长达67年，至此终于以清朝全面的胜利、准噶尔汗国彻底的灭亡而告终，准噶尔的领土全部纳入清朝版图，并设置军政机构管辖。这是乾隆朝最辉煌的胜利，甚至也是整个清朝最辉煌的胜利。这场胜利在很大程度上要归功于乾隆皇帝本人，是他抓住了宝贵的历史机遇，果断决策，下定决心，一定要完全、彻底地征服准噶尔，即使其间屡次挫折，但始终锲而不舍，意志非

1 《高宗纯皇帝实录》卷519。

2 《高宗纯皇帝实录》卷543。

常坚定、顽强，勇于进取，不达目的誓不罢休，乾隆皇帝与汉武帝确有相似之处。

清朝征服准噶尔所采取的手段极为残酷，因为准噶尔屡服屡叛，乾隆皇帝严令“招降断不可恃，总以严行剿杀为要”[1]；不仅不招降，甚至命令屠杀自愿投降者：“大兵进剿，厄鲁特等自必畏罪投诚。如有前赴巴里坤者，即将伊等头目先行送赴京师，所属人众亦随即移至内地，俟过巴里坤后，其应行剿戮者即行剿戮，所余妻、子酌量分赏”[2]；在攻下伊犁后，他又下令：“现在两路收服之厄鲁特等甚多，伊等外虽投顺，多系畏威乞降，其心未可全信，如姑息养奸，将来必致滋事。……如稍怀叵测，即移至巴里坤，再令移入肃州，即行诛戮。朕从前本无如此办理之心，实因伊等叛服无常，不得不除恶务尽也。”[3]当准噶尔汗国已经被完全摧毁，有组织抵抗已经不存在后，清军仍然搜剿零星残存的厄鲁特民众，清军“如狝场中分两翼合围，约相会于伊犁。凡山陬水涯，可渔狝资生之地，悉搜剔无遗。时厄鲁特慑我兵威，虽一部有数十百户，莫敢抗者。呼其壮丁出，以次斩戮，寂无一声，骈首就死。妇孺悉驱入内地赏军，多死于途，于是厄鲁特之种类尽矣。”[4]经过灭绝性的

1 《高宗纯皇帝实录》卷546。

2 《高宗纯皇帝实录》卷535。

3 《高宗纯皇帝实录》卷544。

4 （清）昭梿：《啸亭杂录》卷3。

屠杀，厄鲁特“计数十万户中，先痘死者十之四；继窜入俄罗斯、哈萨克者十之二；卒歼于大兵者十之三。除妇孺充赏外，至今惟来降受屯之厄鲁特若干户，编设佐领、昂吉，此外数千里间无瓦剌（厄鲁特）一毡帐。”[1]

3. 自古罕有之奇功：西域新疆纳入版图

征服准噶尔后，回疆问题又浮现出来。回疆即天山以南地区，以前为叶尔羌汗国，后被准噶尔灭亡。当地民众信奉伊斯兰教，此时由政教合一的领袖大和卓布拉呢敦、小和卓霍集占兄弟统治，他们不愿意臣服清朝，于乾隆二十二年（1757年）杀死了清朝的使者副都统阿敏道。第二年，清军平定准噶尔后即南下征讨回疆。清军在托和鼐大败霍集占军，并将其余部800人在库车包围，本来形势一片大好，但将军雅尔哈善“遇事高居简出，对敌则藉称凭高瞭望，并不亲身督战”[2]，且指挥能力低下，竟让霍集占突围而出。乾隆皇帝下令将雅尔哈善押解京城正法。在乾隆皇帝的催促下，平定准噶尔的大功臣兆惠仅率军队4 000人，于第二年十月孤军深入，抵达叶尔羌城，结果于黑水营身陷重围，总兵高天喜、原任前锋统领侍卫鄂实（鄂尔

1 （清）魏源：《圣武记》卷4。

2 《高宗纯皇帝实录》卷578。

泰之子）、原任副都统三格、侍卫特通额（原定西将军策楞之子）战死，兆惠面部、腿部受伤，坐骑两次被击毙。兆惠告急的文书抵达了乾隆皇帝案头，他自责轻敌妄进，乾隆皇帝则主动承担了责任，认为“向来之轻视逆回，乃朕之误，又何忍以妄进轻敌，为兆惠之责乎？”[1]并晋封兆惠为武毅谋勇一等公，加赏红宝石帽顶，四团龙补服。

此时战争的焦点转变为解黑水营之围。乾隆皇帝任命富德为定边右副将军，阿里衮、爱隆阿、福禄、舒赫德为参赞大臣，他下令“无论何队兵丁”，只要马匹还有力气，就要迅速前往救援，而其他目标则完全放弃，“惟应援兆惠为要”。救援令下达，各路清军纷纷奔向黑水营。靖逆将军纳木扎勒、参赞大臣三泰为了抓紧时间，只率领200余名士兵星夜前去解围，结果途遇3 000名敌军，寡不敌众战死。乾隆皇帝认为这种“不肯于中途退避自全，惟知直前冲击，以致效命捐躯”的“忠毅之气，深可嘉悯”[2]，封纳木扎勒公爵、三泰子爵，均世袭罔替。富德率军于乾隆二十四年（1759年）正月在呼尔璊与霍集占的5 000名骑兵相遇，奋战四天后，因马匹长途跋涉，疲乏不堪，不能尽歼敌军；当天夜里正好遇上参赞阿里衮送马匹到达，清军分两翼包抄进攻，总共激战五日四夜，斩杀千余，大和卓

1 《高宗纯皇帝实录》卷576。
2 《高宗纯皇帝实录》卷575。

布拉呢敦中枪伤，逃回喀什噶尔。黑水营解围后，清军合师后撤回阿克苏，富德因功封为一等成勇伯。

六月，清军兵分三路再次进攻，兆惠攻取喀什噶尔，富德攻取叶尔羌，巴禄率军由巴尔楚克路与富德会合。得知大、小和卓已向西逃跑，乾隆皇帝认为“追袭最为紧要，以我马力有余，而逆贼等所携万众，杂以妇女童稚，行走既不能便利，多人亦易生变乱。我兵当恩威并用，或招抚、或离间，中途必自溃散，或有擒献者。”[1]清军穷追不舍，一路追杀到帕米尔高原，俘获1.2万人。霍集占兄弟逃到巴达克山国[2]，清军随即尾随追至，以武力威胁巴达克山国献出大、小和卓；十月，巴达克山国将小和卓首级交出，表示臣服，清军凯旋；四年后，巴达克山国又交出了大和卓布拉呢敦的尸体。

平定回疆的最后一战发生在位于今塔吉克斯坦境内帕米尔高原的雅什库里湖畔，清代称之为伊西洱库尔淖尔或叶勒什池。战后，为了纪念平定西域新疆的最后一战，乾隆皇帝决定在战场立碑纪功，并亲撰碑文：“伊西洱库尔淖尔者，我副将军富德等穷追二酋至拔达克山之界，获其降者万人，二酋仅以身免……特纪耆定之在兹，是以志岁月而刻石也”。当地吉尔吉斯牧人因此称此地为苏满塔什

1 《高宗纯皇帝实录》卷599。

2 中亚古国，位于今阿富汗东北部和塔吉克斯坦东部。

(Somantash)，即“有文字的石头”。但此碑立好后就此泯灭于世，再也不见记录。

直至1890年10月，英国著名探险家荣赫鹏(Francis Younghusband)找到了这块碑，发现已经断为数截；后来清末中国政府派遣海英为首的考察队重新刻了一块新碑立于原地，但不久即于1892年6月22日被俄国侵略者掠走放置于塔什干博物馆。1915年8月，著名探险家斯坦因(Aurel Stein)到达此地后，发现还有一个巨大的碑座在此。在1960年代中苏关系紧张的时候，这座碑座也被移到了霍罗格，埋在了博物馆前的列宁大街地下，直至2004年施工时被重新发现。

2013年8月4日，我率领复旦史地所帕米尔丝路考察队到达苏满塔什，借助海英的考察地图以及欧洲探险家们的记录，在当地牧人的帮助下，骑马渡河找到了碑亭遗址，墙壁犹在，对比100多年前俄军测绘参谋拍摄的碑座照片，得以确认这就是乾隆纪功碑的原址。这是100多年来，国人第一次发现并到达了乾隆纪功碑址，并第一次精准测量记录了它的位置，对于确定并还原清朝极盛时期的版图具有重大意义。

乾隆皇帝御制《开惑论》，叙述了“西师成功始末”:“今统计用兵，不越五载。内地初不知有征发之劳，而关门以西万有余里，悉入版图：如左右哈萨克、东西布噜特及回部各城，以次抚定。现在巴达克山诸部落，皆知献俘自效，捧檄前驱。以亘古不通中国之地，悉为我大清臣仆，稽之往牒，实为未有之盛事。”清朝征服准部、回疆，“隶版籍者二万余里，治军书者不及五年，载籍以来实罕有伦比”，众大臣请为乾隆皇帝上尊号，但被他拒绝，原因是“我皇祖圣德神功，超越万古；戡定殊勋，炳于史册。廷臣请上尊号，尚未允行”。乾隆皇帝回忆当年他“备承皇祖眷顾优隆，每遇军国重务，即令面聆圣训筹画”，因此他背负着祖父与父亲的双重期许，责任重大，好在“今以数载间运筹决策之劳，克全我两朝挞伐绥遐之略，返衷自问，差可无负燕贻者。”“燕贻”，即成语“燕翼贻谋”的略语，典出《诗经·大雅·文王有声》中的“武王岂不仕，诒厥孙谋，以燕翼子”，歌颂周武王为子孙谋划长久，安排得当，乾隆皇帝以此表明他征服准噶尔、回疆，完成了祖、父两辈“数十载未竟之绪”，立下了“拓地二万余里，均照内地兵民，驻扎屯垦”的“自古罕有之奇功”，不负祖、父对他的期许[1]。

准噶尔、回疆等地面积合计超过200万平方公里，清朝的西部边境从康熙年间的吐鲁番向西推进到了葱岭（今帕米尔高原）、巴尔喀什湖一线。在雍正、乾隆年间，清朝官方称云南、贵州等地改土归流后新设置的州县为“新疆”，即新开拓的疆土；乾隆二十四年（1759年）后的“新疆”又称“西域新疆”，即今新疆维吾尔自治区以及中亚一

1 《高宗纯皇帝实录》卷599。

带的称呼；原来西南地区的“新疆”已经成为旧土，因此不再使用这个名称。当然，“新疆”并非是清朝正式的政区名称，它由安西府、哈密、巴里坤、乌鲁木齐等地设有的道、府、州、县、提督、总兵等管辖，属于甘肃；伊犁、叶尔羌、和阗等地则分属总管（伊犁）将军及办事大臣管辖；哈萨克、布噜特[1]、巴达克山、爱乌罕（今阿富汗）等国则为外藩属国，并未列入清朝的版图。

征服劲敌准噶尔汗国、回疆，将西域新疆纳入版图是乾隆皇帝最大的历史功绩，也是康乾盛世最为华彩的一章，是清朝达到极盛的标志。虽然这块广大的土地在汉宣帝时期就被纳入了汉朝版图，设立了西域都护府管辖，但中原王朝并没有能够一直维持对此地的统治，直至乾隆皇帝重新将其纳入版图，实行正式的行政、军事管理。虽然清末丢失了西部40多万平方公里的土地，但仍然保有了余下的166多万平方公里的土地，一直到今天。长期、持续、稳定、有效的管辖才是领土归属最有力的依据，而“自古以来”只能作为参考。西藏自康熙五十八年（1719年）起，新疆自乾隆二十四年（1759年）起就一直处于中国中央政府长期、持续、稳定、有效的管辖之下，这是康乾祖孙皇帝创造的最伟大功绩，也是他们留下的最宝贵遗产。

1　中亚古国，在今帕米尔高原以西。

第三节 | 西南战事与万里疾弛援藏

1. 得不偿失的缅甸、安南之战

征服准噶尔、回疆，拓地二万余里后的乾隆皇帝志得意满，达到了其个人事业的顶峰，开始热衷对外扩张。乾隆三十年（1765年），缅甸入侵云南边境，清军战败，但讳败为胜，被乾隆皇帝识破，云贵总督刘藻被降为湖北巡抚，参将何琼诏、游击明浩、杨坤因谎报军情被处死，大学士、正白旗汉军杨应琚调任云贵总督。此时入侵的缅军因疾病流行已经退走，杨应琚为了立功，奏请木邦土司愿意归附，请求朝廷发兵。乾隆皇帝认为杨应琚“久任封疆，夙称历练，筹办一切事宜，必不至于轻率喜事，其言自属可信”[1]；又认为缅甸“亦非不可臣服之境”，因此动了出兵的念头。杨应琚再接再厉，又连续两次奏请发兵，乾隆皇帝终于首肯。乾隆三十一年（1766年）九月，杨应琚率军征讨缅甸，缅军反击，清军大败退回，却谎报大胜杀敌万人，被识破

1 《高宗纯皇帝实录》卷765。

后，杨应琚逮捕回京，被赐自尽。

此次失败反而激起了乾隆皇帝的斗志，他要求“必当歼渠扫穴，以申国威，岂可遽尔中止？且我国家正当全盛之时，准夷、回部悉皆底定，何有此区区缅甸而不加翦灭乎？”[1]随即任命傅恒的侄子明瑞为云贵总督，率军征缅。乾隆皇帝要求此次“非犁穴诛渠，尽歼丑类，不足以申国威而彰天讨，尤不可仅以受降蒇事。若我兵直抵阿瓦（缅甸首都），攻克其城，即当戮其逆酋，剿其凶党，大示惩创”[2]，他信心满满，以为是征讨准噶尔的翻版。乾隆三十二年（1767年）十二月，由3 000名满洲兵、2.2万绿旗兵组成的清军兵分三路，进攻缅甸，起初一路进展顺利，连破敌垒16座，杀敌2 000人有余，明瑞身先士卒，被封为一等诚嘉毅勇公。因连日作战，武器、粮草供应不足，部下建议撤军，但明瑞坚持进军，一直攻到距阿瓦仅70里的地方，因粮草耗尽，只得退兵。数万缅军尾追，虽然清军反击杀死了4 000名缅军，但终因孤军深入，援军不到，军营被攻破。明瑞身受重伤，步行20余里，割下辫发，交给仆人回去报信，然后自缢而死，领队大臣紥拉丰阿、副都统观音保战死。乾隆皇帝将多次催促却不敢前往救援明瑞军的额尔登额、提督谭五格逮至京师，亲自审问，以大逆律凌迟额尔登额，谭五格被斩

1 《高宗纯皇帝实录》卷780。
2 《高宗纯皇帝实录》卷806。

于菜市口，以祭奠明瑞及战死的将士。

由于轻敌，清军遭到了惨败，乾隆皇帝只得起用他的王牌——大学士傅恒为经略，阿里衮、阿桂为副将军，并拒绝了缅甸求和的要求，于乾隆三十四年（1769年）七月进攻缅甸。清军在取得一些胜利后，因气候、地形极度恶劣，士兵染病者众多，出兵时3.1万人，到十一月仅余1.3万余人。清军进攻阿瓦无望，屯兵于军事要塞老官屯下，但也久围不克。此时统帅傅恒身染重病，副将军阿里衮病故。因“缅地气候恶劣，徒伤人众，断难深入”，乾隆皇帝下令与缅甸和谈撤军，持续四年的征缅之役以缅甸“奉表称臣，输诚纳贡”[1]而结束，清军伤亡惨重，军费消耗达1 300多万两白银，却一无所获，不久傅恒病亡。

乾隆五十三年（1788年），又发动了征安南之役，起因是安南发生内乱，权臣阮岳、阮惠推翻了原来的郑氏王朝，两广总督孙士毅利用乾隆皇帝“兴灭继绝”的念头，为了个人立功封爵，发兵干涉，在占领安南国都后，不听乾隆皇帝的命令撤军，结果被反击，大败而回。阮氏趁机表示臣服，乾隆皇帝为了避免征缅战争重演，也顺势接受了请求，结束了战争。这场安南之役可以说是完全没有意义的，好在及时停止，没有重蹈征缅战争的覆辙。

1 《高宗纯皇帝实录》卷847。

2. 盖佛本无生，岂有转世：金瓶掣签

乾隆时期的清帝国幅员辽阔，边境线漫长，南方的战事刚平，西方的战事又起。安南之战结束不久，廓尔喀入侵遥远的西藏。廓尔喀位于今尼泊尔，与西藏隔喜马拉雅山脉相邻，因贪图西藏寺院的财物，于乾隆五十三年（1788年）入侵，掠夺后藏。乾隆皇帝闻讯，派遣军队入藏，但钦差大臣巴忠与西藏当地的喇嘛擅自赔款谈和。两年后，因西藏地方政府无力偿还赔款，廓尔喀第二次入侵，抢劫札什伦布寺财物，至此擅自谈和一事败露，巴忠畏罪自杀。乾隆皇帝决定不仅要击败入侵，还要彻底征服廓尔喀，因此急招两广总督福康安入京任命为将军，海兰察、奎林为参赞，统兵入藏，并令福康安由青海前赴西藏。因军情紧急，乾隆皇帝限令福康安昼夜疾行，西宁到西藏的3 700余里路程，需40天到达。此时“青海口外，俱系草地；时值隆冬，冰雪甚大；炊爨维艰，牧饲缺乏”[1]，在高寒的冰雪高原上疾行军极其艰苦，但福康安一路或轻骑、或步行，如期到达西藏。经过五个多月的激战，清军收复了全部西藏失地，并于乾隆五十七年（1792年）六月，翻越

1 《高宗纯皇帝实录》卷1390。

喜马拉雅山，攻入廓尔喀境内，一路节节胜利，深入境内达700余里，离其首都阳布（今尼泊尔加德满都市）仅数十里，廓尔喀顽强抵抗，双方死伤惨重。此时已经入秋，不久就要大雪封山，清军如果不能及时结束战事，就会后路断绝，陷入全军覆没的险境；廓尔喀多次乞和，表示臣服，并送物资犒劳清军，答应归还抢劫的西藏财物，乾隆皇帝于是决定撤军。

击败了廓尔喀后，乾隆皇帝决定加强对西藏的管理，此前西藏的事务大多由达赖喇嘛与噶布伦（西藏地方官）商同办理，并不向驻藏大臣报告。乾隆皇帝规定，以后所有事务都要由驻藏大臣与达赖喇嘛商同办理，而噶布伦只是他们的下属，并明令驻藏大臣应与达赖喇嘛、班禅额尔德尼地位平等，驻藏大臣应如伊犁将军统辖伊犁、喀什噶尔参赞统辖回疆一样，代表中央政府统治西藏。

由于达赖喇嘛、班禅额尔德尼等众多活佛在西藏、蒙古地区地位极其崇高，也拥有很多财富，因此西藏、蒙古贵族都想将自己的子孙充当他们的“呼毕勒罕”（转世），以至于“亲族姻娅，递相传袭，总出一家，与蒙古世职（世袭爵位）无异”，这很容易导致拥有政治、经济特权的贵族通过转世又掌握了宗教权力，政教合一，威胁清朝对蒙藏地区的统治。针对这一情形，乾隆皇帝决定创立“金瓶掣签”制度，加以改变，规定今后达赖喇嘛、班禅额尔德尼与活佛的转世灵童将从多个人选中产生，将人选的姓名写在签上，放在金奔巴瓶内，由驻藏大臣与达赖喇嘛当众抽取。金奔巴瓶有两个，一个存放在拉萨大昭寺，负责青藏地区的活佛转世；一个存放在京城雍和宫，专供蒙古地区大活佛转世，这样就从根本上杜绝了蒙藏活佛的私相授受，而将决定权掌握到了中央政府手中。“金瓶掣签”、驻藏大臣、西藏驻军，从宗教、政治、军事三方面确立了清朝对西藏的完全控制与管理。乾隆五十八年（1793年），福康安和驻藏大臣和琳等人根据乾隆皇帝关于西藏管理的一系列指示，拟定了《藏内善后章程》，并以此为基础颁布了《钦定西藏章程》29条，正式制定了“金瓶掣签”制度。除此之外还规定：驻藏大臣与达赖喇嘛、班禅额尔德尼地位平等，共同管理西藏；外国人来西藏必须登记，并呈报驻藏大臣；达赖喇嘛和班禅额尔德尼的财政需经驻藏大臣审核；西藏货币由白银铸造，铸“乾隆宝藏”字样；藏军名册征调名册要呈送驻藏大臣衙门；驻藏大臣每年春秋二季出巡前、后藏，检阅军队等。《钦定西藏章程》标志着对西藏的管理已经与蒙古诸部无异，这是西藏为中国领土最有力的证据。

乾隆皇帝对于喇嘛教即黄教的认识是非常透彻的，乾隆五十七年（1792年），他亲自撰写了《喇嘛说》，刻碑于京城最重要的喇嘛庙雍和宫（雍正皇帝继位前的王府）。他首先追溯了黄教的源流，并解释了清朝任命达赖喇嘛、班禅喇嘛统领中外黄教的原因："盖中外黄教总司以此二人，各部蒙古，一心归之。兴黄教，即所以安众蒙古，所系非小，故不可不保护之，而非若元朝之曲庇、谄敬番僧也。"乾隆皇帝反复强调清朝兴黄教是为了安抚蒙古，而并非像元朝那样尊崇喇嘛教："我朝之兴黄教则大不然，盖以蒙古奉佛，最信喇嘛，不可不保护之，以为怀柔之道而已。"他自己并不相信活佛转世制度："盖佛本无生，岂有转世？但使今无转世之呼土克图（活佛），则数万番僧无所皈依，不得不如此耳。"清朝承认转世只是一种政治统战手段，用以笼络数万喇嘛，从根本上还是为了安抚蒙古。

满蒙联盟是清朝统治的最重要基石，因此乾隆皇帝恢复了雍正朝中断的"木兰秋狝"制度。乾隆六年（1741年），乾隆皇帝仿效康熙皇帝，开始了他第一次的"木兰秋狝"，此后几乎年年都举行，总共达52次；他在避暑山庄度过的时间总计超过十年，甚至直至去世前的几个月，88岁的乾隆皇帝以太上皇帝的身份最后一次巡幸了避暑山庄，接见了蒙古各部王公，只是因年高而未行围。与康熙皇帝一样，乾隆皇帝举行"木兰秋狝"的目的，一是军队借围猎演习、锻炼，"当皇祖时，屡次出师，所向无敌，皆由平日训肄娴熟，是以有勇知方，人思敌忾。若平时将狩猎之事，废而不讲，则满洲兵弁习于晏安，骑射渐致生疏矣。皇祖每年出口行围，于军伍最为有益”；二是怀柔蒙古，“至巡行口外，按历蒙古诸藩，加之恩意，因以寓怀远之略，所关甚钜”[1]。

1 《高宗纯皇帝实录》卷136。

第六章

夕阳无限好：盛世挽歌

无论从版图面积、经济实力、人口数量还是从国力衡量，乾隆盛世都达到了中国历代的极盛，这个盛世是由一批功臣名将在乾隆皇帝本人的领导下创造的。但在盛世的阳光普照下，却存在着不祥的阴影。虽然乾隆皇帝严刑峻法反贪，但贪官却层出不穷，形成了自上而下金字塔式的贪腐生态系统，而在顶端的恰恰是乾隆皇帝本人最宠信的大臣。中国传统的农业文明已经发展到了顶峰，巨大的人口压力导致了生活水平持续下降，如果没有经济生产方式的转型与升级，无法摆脱这一危机。此时正值西欧、北美的工业文明兴起，无论在政治制度、生产效率，还是军事实力上，乾隆盛世都被远远地抛在了后面。纵向比，它是中国盛世的顶峰，但横向比，它只是一首挽歌。

第一节｜图画紫光阁：创造盛世的功臣名将

1. 贵盛无比、忠烈辈出的富察氏

乾隆朝的文治武功都达到了极盛，乾纲独断的乾隆皇帝是这一极盛之世的主要创造者，因为所有重大的决策都是他亲自决定并实施的，但一个人的精力、能力毕竟有限，他还需要自己的执政团队与助手。乾隆继位时年仅24岁，当时所有的朝臣都比他年长，因此他着力培养、提拔年仅30多岁的讷亲，任命他为领班军机大臣。讷亲是乾隆初期最重要的大臣，他勤政、能干，廉洁奉公，没人敢和他私下来往，但因出身名门，年少得志，为人意气骄溢，待人苛刻，后因大金川战事被乾隆皇帝诛杀，接替他的是傅恒。

傅恒是乾隆皇帝孝贤皇后的弟弟，镶黄旗满洲人，他20岁左右就成为军机大臣，后接替讷亲任经略大臣，指挥大金川战事，并被提拔为保和殿大学士、领班军机大臣，此时他才不过25岁。这样一位年轻人越级跳过了三朝元老张廷玉，足以证明乾隆皇帝与汉武帝一样，不循常理，喜欢破格用人，也许在心中，傅恒就是他的卫青。傅恒是乾隆朝前期最重要的大臣，他一直担任领班军机大臣，协助乾隆皇帝执政，满朝大臣中只有他赞成乾隆皇帝出兵准噶尔的决定。他为人勤劳、谦和、谨慎，“治事不敢自擅”，“行军与士卒同甘苦”，因此深得乾隆皇帝的器重与信任，偶有小过，乾隆皇帝即会提醒他注意。他不仅入相，而且出将，前后指挥过大金川与缅甸之战。后因缅甸之战染病，不到50岁就去世，死后获得了清代大臣的最高荣誉——配享太庙。

福康安是傅恒的儿子，受到乾隆皇帝特殊的宠爱，待之如子，年仅18岁，就从头等侍卫被提拔为户部侍郎、镶黄旗满洲副都统，随后赴金川参战。在前线的四年里，福康安作战英勇，多次亲率士兵攻克敌人碉楼，因功被封为三等嘉勇男，图形紫光阁，授正白旗满洲都统，吉林、盛京将军，成为正一品武将。随后他历任云贵、四川、陕甘、闽浙、两广总督，跟随阿桂镇压甘肃“回乱”，亲自督军攻破石峰堡，进封为嘉勇侯，转任户、吏二部尚书，协办大学士。乾隆五十二年（1787年），福康安率军渡海至台湾，镇压林爽文之乱，因功被封为一等嘉勇侯。他一生中最为辉煌的战绩是击退侵略西藏的廓尔喀军队，并深入对方国境反攻，迫使廓尔喀称臣纳贡，他因功被授为武英殿大学士，后因镇压湖南、贵州的“苗乱”有功，被破格封为宗室爵位贝子，他的父亲傅恒也被追赠贝子。嘉庆元年（1796年），福康安在镇压“苗乱”的军中染病身亡，年仅

42岁，被追赠为郡王，配享太庙。虽然乾隆皇帝对福康安宠爱超常，但在他犯过错时仍会予以处罚，并非一味纵容；他的高官厚爵也是来自于战功，而非仅凭家世。福康安的大半生都在各地奔波，从事征战，足迹遍及高原、山地、海疆、丛林，是乾隆朝后期表现最为突出、战功最为卓著的武将，俨然是乾隆皇帝的霍去病。

乾隆朝战功卓著的武将还有同为满洲镶黄旗富察氏的明瑞（定伊犁回部紫光阁功臣第十六位）、明亮（定金川紫光阁功臣第三位）、奎林（定金川紫光阁功臣第三位）、福隆安（定金川紫光阁功臣第六位），他们都是孝贤皇后的侄子。富察氏是乾隆朝最为显贵的满洲亲贵，整个清朝只有康熙朝的佟氏才能与之相比，虽然这有乾隆皇帝而特意栽培、重用的缘故，但富察氏的年轻将军主要还是依靠自己的战功获得提升、重用，富察氏家族比较完美体现了贵族的实际内涵：在享受较高政治、经济待遇的同时，必须承担责任，特别是冲锋陷阵、出生入死的责任。明瑞征缅，兵败自杀，福康安病殁军中。他们都以军功封爵，而不是只依靠祖、父辈的余荫坐享其成。

2. 如统勋乃不愧真宰相

乾隆盛世开疆拓土的功臣，前期的代表人物是平定准噶尔、回疆的兆惠，后期是阿桂、福康安。阿桂是正蓝旗满洲人，他曾参与初期征大金川与准噶尔之役，因在伊犁屯田有功，被抬入上三旗的正白旗，后又任征缅甸之役的副将军。阿桂担任平定金川的统帅，一战成名，因功被封为一等诚谋英勇公、协办大学士、吏部尚书、军机处大臣，成为乾隆朝的重臣，并于乾隆四十二年（1777年）成为武英殿大学士，三年后成为领班军机大臣，是名副其实的首辅；随后他又率军镇压了甘肃苏四十三“回乱”，制定平定台湾林爽文、远征廓尔喀的方略。乾隆皇帝仿效汉宣帝、唐太宗，四次图画功臣于紫光阁。第一次是平定伊犁回部五十人，以大学士傅恒，将军兆惠分列第一、第二，阿桂位列第十七；第二次平定金川五十人，以将军阿桂位列第一；第三次平定台湾二十人，以大学士阿桂位列第一；第四次平定廓尔喀十五人，以大学士福康安位列第一，阿桂位列第二，但这是阿桂逊让的结果。阿桂是乾隆朝后期最大的功臣，不仅武功赫赫，文治也颇为可观，多次巡视督导治河工程，查办大案、要案，尤其是整个清朝最大的官场腐败案——甘肃冒赈大案就是由他主审定案。

与阿桂一同位列紫光阁四次功臣前列的只有他的老部下海兰察，他也出身于镶黄旗满洲。乾隆二十年（1755年），海兰察从征准噶尔，其间辉特汗巴雅尔叛乱，逃入山中，海兰察奋力追赶，将他射坠下马生擒，被提拔为一等侍卫；海兰察从征缅甸，作战英勇，因功被提拔为镶白旗蒙古副都统。在大、小金川前线，海兰察能在木果木溃败之际收拾溃卒，退却坚守，显示了从容不迫的大将风范，后在阿桂的统帅下奋勇杀敌，战功卓著，列紫光阁功臣第八位，被封为一等超勇侯，任领侍卫内大臣。海兰察作为麾下第一猛将，跟随阿桂、福康安先后从征甘肃“回乱”、台湾林爽文之乱、廓尔喀之役，累积战功，被封为一等公，去世后，因多次负伤，破例列入供奉战死者的昭忠祠。海兰察有勇有谋，每次作战，他都要着便服策马观察敌情，发现敌人缺点后集中兵力进攻，所以战无不胜。他为人高傲，但“平生惟服阿桂知兵”[1]，因此心甘情愿服从阿桂的指挥。福康安对他非常尊敬，他才肯为之效力，这也是福康安屡立战功的原因之一。

继傅恒之后，最受乾隆皇帝信任的军机大臣是刘统勋，他是清朝第一位汉人领班军机大臣、东阁大学士，为人清正刚直，深受乾隆皇帝的信任。乾隆皇帝每年都派遣刘统勋到全国各地审理涉及高官的大案、要案，如广东粮驿道明福违禁折收案，云南总督恒文、巡抚郭一裕摊派案，山西布政使蒋洲摊派案，西安将军都赉侵吞军饷案，归化城

1 《清史稿》卷331《海兰察传》。

将军保德等侵吞案，苏州布政使苏崇阿侵吞案，江西巡抚阿思哈受贿案，都由他审理定案。他的行迹犹如戏剧一样传奇，常常微服私访体察吏治民情，在杨桥决口现场，要当场斩杀索贿的官吏。木果木兵败后，正在热河的乾隆皇帝心情极其郁闷，紧急召见在京师的刘统勋，询问是否要撤兵。刘统勋认为“日前兵可撤，今则断不可撤”，并推荐阿桂担任统帅，后来果然获胜。乾隆皇帝曾认为州县吏都不称职，想用笔帖式（满汉语翻译官）取代，为此咨询刘统勋的意见，并说这是他思考三天的结果，但刘统勋默然不言。乾隆皇帝责问，他回答：“圣聪思至三日，臣昏耄，诚不敢遽对，容退而熟审之。”第二天，他对乾隆说：“州县治百姓者也，当使身为百姓者为之。”话音未落，一语而悟的乾隆皇帝当即同意。乾隆皇帝中年以后的作风酷似汉武帝，威权特重，一向以工具视臣下，生杀予夺，但他却很敬重刘统勋，即使酷暑天也要戴冠正色接见他。乾隆三十八年（1773年）十一月，刘统勋黎明上朝，行至东华门时，突然于轿中病逝，乾隆皇帝闻讯，急遣尚书福隆安骑马带药救治。后乾隆皇帝亲自去刘统勋家吊丧，亲眼见到刘家的清寒朴素时，心中非常悲痛，回宫后流泪对诸臣说：“朕失一股肱”，“如统勋乃不愧真宰相”。并赐给刘统勋最高等级的谥号“文正”，刘统勋是清代得此谥号的第一人。后来乾隆皇帝写诗纪念刘统勋，称他“神敏刚劲，终身不失其正”[1]。刘统勋为人既清廉正直，又能干、勇于任事，是中国传统时代第一流官僚的杰出代表。

正是因为有这样一批忠心耿耿、尽心尽力的功臣名将，乾隆皇帝才能将自己的意志与战略规划有效贯彻执行。乾隆皇帝识人的眼光、用人的手腕都酷似汉武帝，不拘一格，敢于破格任用、提拔年轻的英才；驾驭群臣的手段上他同样也酷似汉武帝，杀伐决断，驭下严酷，臣下对其极为忌惮、畏惧。御史储麟趾曾因旱灾直言不讳地批评乾隆皇帝：“自古人主患不明，惟皇上患明之太过；自古人主患不断，惟皇上患断之太速。即如擢一官、点一差，往往出人意表，为拟议所不及。此则皇上意见之稍偏，而愚臣所谓圣明英断之太过者也。……此虽不足上累圣德万分之一，然臣尤愿皇上开诚布公，太和翔洽，要使天下服皇上用人之至当，不必徒使天下惊皇上用人之甚奇。”又批评他过分大权独揽，群臣只能袖手旁观：“今皇上宵衣旰食，焦劳于法宫之中，而王公大臣拱手备位，不闻出其谋画……是君劳于上，臣逸于下，天道下济而地道不能上行。”[2]

1 《清史稿》卷302《刘统勋传》。

2 《清史稿》卷306《储麟趾传》。

第二节 | 从严厉反贪到暗中纵容

1. 多留一日，则民多受一日之残：严刑惩贪

乾隆皇帝具有严峻、独断的个性，他在位期间极为重视吏治，其驭下之严厉远超过后世传说中以严厉著称的父亲雍正皇帝。乾隆皇帝认为“安民在于察吏。各省民风淳漓不一，政务繁简各殊。而随时整饬，必专其责于亲民之官。……一邑得人则一邑治，一郡得人则一郡治。督抚有表率封疆之任，不在多设科条纷扰百姓，惟在督察属员，令其就现在举行之事因地制宜，务以实心行实政”[1]，即总督、巡抚的责任不在于新设各种法规管理民众，而是要督察属下的各级官吏。他也痛恨官僚做不得罪人的老好人，邀买下属：“近日督抚办事，有所谓上和下睦、两面见好之秘钥。貌为勇往任事，以求取信，而阴市私惠，谓有旋乾转坤之力，使属员心感。”[2]乾隆皇帝与汉武帝一样属于英察之主，洞察世事人心，他将府州以上的文武官员的姓名写

1 《高宗纯皇帝实录》卷365。

2 《高宗纯皇帝实录》卷416。

在墙壁上，经常考察他们的言行举止，并时时训诫、提醒。他继承了雍正皇帝的做法，轮流接见知县及以上各级地方官，亲自考察他们的能力，“引见内外各官，一日有多至百余员者，从不厌烦劳”[1]；为了避免自己在短暂的引见中误判，他还要求众督抚推荐、保举人材。

吏治的严厉主要体现在乾隆皇帝对官吏的惩罚。大学士、河道总督高斌是乾隆皇帝宠爱的慧贤皇贵妃的父亲，原为汉人包衣，后被抬入镶黄旗满洲。乾隆十八年（1753年），黄河于江苏铜山县决口，河水灌入洪泽湖，高邮、宝应等州县被淹没，原因诚如乾隆皇帝所说：“今年南河固属天灾，然亦因年来工非实工、料无实料，遂至于此”，虽是天灾，实为人祸，治河官员偷工减料导致了水灾，因此乾隆皇帝下令查案的策楞、刘统勋将监修这段工程的同知李焞、守备张宾于河工现场处斩，并将高斌、协办河督张师载一同绑赴刑场，让他们目睹李焞、张宾的行刑过程，然后再宣布开恩释放。高斌、张师载不知内情，当即吓得昏迷倒地，醒后奏称：“我二人悔已无及，此时除感恩图报，心中并无别念。”[2]

乾隆皇帝对官吏贪污腐败更是深恶痛绝，对督抚、九卿大臣经常轻判贪腐官吏非常不满，认为这些贪官污吏

---

1 《高宗纯皇帝实录》卷1404。

2 《高宗纯皇帝实录》卷447。

“多留一日，则民多受一日之残，国多受一日之蠹”，因此“斧锁一日未加，则侵贪一日不止。惟一犯侵贪，即入情实（证据确凿），且即与勾决”，这样杜绝贪官有“子孙享富厚之实惠”的侥幸心理，“人人共知法在必行，无可幸免。身家既破，子孙莫保，则饕餮之私必能自禁”[1]，乾隆十四年（1749年），即将36名贪官处决。虽然有这一上谕，但八年后，湖南巡抚蒋炳仍然将贪污3 000余两白银的布政使杨灏轻判为斩监候，并通过了三法司（刑部、大理寺、都察院）、九卿科道的审核。乾隆皇帝阅秋审官犯册时“不胜骇然”，他认为“杨灏身为藩司，乃侵肥克扣至三千余两，此其贪黩败检，本应立行正法，以彰国宪”[2]，而“廷臣等于此等案件，并不权事理之轻重，竟尔恣意欺罔，朦混照覆，将视朕为何如主？朕临御二十二年，所办案件，内外臣工所共见共闻，尚敢如此窃弄威柄，施党庇伎俩，朝臣亦可谓有权？今日检阅之下,不胜手战愤栗”[3]。结果杨灏被斩立决，蒋炳被罢官，发配军台效力，三法司共有86名官员被革职留任或降级。有大批督抚因包庇贪污的下属被惩处，如湖南巡抚许容、两广总督硕色、广东巡抚岳浚、云南巡抚图尔炳阿、两江总督高晋等，他们或被罢官发配，

1 《高宗纯皇帝实录》卷351。
2 《高宗纯皇帝实录》卷546。
3 《高宗纯皇帝实录》卷548。

或被革职，江苏巡抚庄有恭、山西巡抚和其衷则被判斩监候。

乾隆二十二年（1757年），云贵总督恒文、云南巡抚郭一裕以进贡金炉为名，压低金价，中饱私囊。乾隆皇帝派遣刘统勋查案属实，赐恒文自尽，郭一裕充军。同年，山东巡抚蒋洲因在担任山西布政使任时亏空库款，并勒索下属纳银弥补，经刘统勋审理后处斩。乾隆三十三年（1768年），两淮盐政以筹备南巡为名，私自加派每一盐引银三两，共加派盐引银达1 090万两，除小部分供南巡外，大部分被两淮盐政侵吞，曾任盐政的高恒（慧贤皇贵妃兄弟）、普福与盐运使卢见曾均被处决，并没收家产。大学士傅恒请求看在慧贤皇贵妃面子上免高恒一死，乾隆皇帝则回答："如皇后兄弟犯法，当奈何？"[1]傅恒战栗不敢再言。

贪官们前赴后继，"争相赴死"，因贪腐而被处死的督抚还有曾任广东巡抚钱度、山东巡抚国泰、江西巡抚郝硕、闽浙总督宗室伍拉纳、福建巡抚浦霖、浙江巡抚福崧等，而乾隆朝最大的贪腐案发生在甘肃。乾隆四十六年（1781年），甘肃爆发了苏四十三"回乱"，甚至一度威胁兰州，皇帝急派宠臣户部尚书和珅为钦差大臣，率军镇压，但和珅没有军事才能，一战而败，却诿过下属，认为他们不听

1 《清史稿》卷339《高恒传》。

指挥。督师大学士阿桂赶到前线，发现情况并非如此，乾隆皇帝也已经洞察和珅的用意，将其召回身边。和珅为了挽回颜面，又借口说甘肃连绵大雨，影响作战，乾隆一听生疑。清代规定督抚要定期向皇帝汇报雨水粮价，而此前甘肃一直报告连年大旱。在甘肃作战的阿桂同样奏报“雨势连绵滂霈，且至数日之久”，乾隆由此认定“是以前所云常灾之言，全系谎捏”。官员谎报旱情必然是为了贪污朝廷下发的赈灾粮食，乾隆皇帝当即下令和珅、阿桂查办此案。此时正逢甘肃布政使（主管全省民政、财政）王廷赞赴避暑山庄觐见，他立即被逮捕审讯，由此揭发了甘肃官员集体冒领贪污赈灾款项的事实。七年前，陕甘总督勒尔谨因甘肃地瘠民贫，在全省实行“捐粮为监”即公开出卖国子监监生的名额筹措赈灾物资。国家规定只准许捐谷每40石换取一个监生名额，但勒尔谨与甘肃布政使王亶望勾结，擅自改变规则，以55两白银换一个监生名额。王亶望与兰州知府蒋全迪为各县谎报灾情，定下收捐数额，再由布政司预定份数，发单给各县，照单开赈。当王廷赞接任甘肃布政使后，他发现“监粮折银”不符合“捐监”的规定，一度想洗手不干，但却禁不住诱惑被拉下水。他非但不向皇帝据实陈奏，反而改革了全省组织贪污的程序，使其更加高效。几年内，甘肃全省捐银收入超过1 000万两，被各级官员全部侵吞。不仅如此，甘肃竟然宣称要盖仓库，储存子虚乌有的“捐粮”，并雇佣运粮夫役，又骗得户部20万两白银。甘肃不仅没有捐粮，这些贪官甚至侵吞了正项仓库中的100万石粮米，包括“籽种、口粮”，贪腐无所不用其极。

几乎所有的甘肃官员都卷入了这场贪污大案，在得知案情后，乾隆皇帝震怒：“甘肃此案，上下勾通，侵帑剥民，盈千累万，为从来未有之奇贪异事。案内各犯，俱属法无可贷。”王亶望、蒋全迪处斩刑，王廷赞处绞首，勒尔谨赐死；贪污白银两万两以上的案犯斩首56人，免死发遣46人，革职、杖流、病故、畏罪自杀数十人，甘肃官场几乎一扫而空。事情到此并未结束。首犯王亶望被抄家后，发现其家产折合白银300万两，其中有不少珍宝和名贵字画，乾隆皇帝对此心知肚明，但当他检视这些抄没之物时，却发现“多系不堪入目之物”，他推断必定有人调换吞没。乾隆四十七年（1782年）夏，乾隆在避暑山庄询问浙江布政使李封、按察使（主管全省司法）陈淮，但他们均矢口否认。乾隆命令将抄家底册与物品一一核对，果不相符，确有人从中调换侵吞。在铁证面前，李、陈二人只好认罪，供出了主犯闽浙总督陈辉祖。陈辉祖被逮捕，严刑审讯，交待了调换抄家物品的经过，被判斩监候，后被赐自尽。这算是甘肃集体贪污案连带出来的案件，又一位总督被杀。陈辉祖的贪婪和胆大妄为令人惊讶，在甘肃贪污案被如此严厉处置后，他竟然还敢侵吞首犯的财产，想必是心存侥幸和贪腐已经习以为常，没成想正好撞上了乾隆的枪口。

甘肃贪污案的突出特点是无官不贪，而且是有组织、成系统、走程序的贪腐，形成了一个贪腐金字塔式的生态系统。长达七年的时间内，向朝廷谎报全省连年大旱是一个高风险的行为，如果不是全体官员集体配合，很容易被揭穿，因此必须要将每一个官员都拖下水，变成共犯。换句话讲，如果一个官员想保全官位或者得到升迁，他就必须进入这个贪腐集体，否则作为异己，就无法在甘肃官场容身，因为他的上级和同僚会担心他有可能揭发。布政使王廷赞在刚进入甘肃官场时还想改变“监粮折银”的违法行为，但他随即选择了同流合污，一方面固然是因为贪欲，一方面也是形势使然，身陷泥淖无法独善其身。

官员集体或大规模贪腐的更深层原因在于，官员的选拔都由上级决定，即采取所谓的“伯乐制”。由于官场呈金字塔，每上升一级都很困难，因此下级获得升迁或保位就必须博得上级的欢心。在人治社会，官员提拔缺乏客观标准，下级向上级行贿也就成了必然的最佳之选，于是就形成了一个同样金字塔式的贪腐生态系统、一条食物链：官员不贪腐就无法行贿，不行贿就无法保位或升迁，每一级官员都是其下级的受贿者、其上级的行贿者，而真正清廉的官员必然凤毛麟角。在人治社会，贪腐是无法清除的，因为贪腐就是官场的润滑剂和原动力，甚至就是官场本身存在的目的，甘肃集体贪污案只是这一原则的完美体现。中国传统帝制时代的官员大多出身科举，自小熟读四书五经，普遍敬畏“天、地、君、亲、师”，强调“礼、义、廉、耻”，但这些道德信念仍然无法与人性的贪欲以及严酷的官场生态抗衡。

甘肃的贪腐食物链组织非常完整，运行高效平滑，省、府、县三级官员组成了一个贪腐金字塔。知情者均是共犯，相互庇护，没有强大的外来力量，是很难打破这一贪腐格局的。甘肃贪污案是由于一个偶然的因素，引发了最高层乾隆皇帝的关注与强力介入，才最终揭开了黑幕，否则还不知道要持续多久。

2. 诛殛愈众而贪风愈甚：最大的贪污犯和珅

乾隆皇帝处理贪污官员不可谓不严厉，整个清朝因贪污被处死的二品以上高级官员共41人，而被乾隆皇帝处死的就高达27人，占了三分之二。在乾隆皇帝的意识里，天下属于他一人，他是国家的唯一所有者，绝不会容忍臣下的贪腐行为，因此皇帝反贪腐是真心诚意的。由于乾隆皇帝拥有的绝对权威，他关注的反腐案件最终一定会高效破案。但是以天下之大，情况之复杂，官员之多，手段之高明，再英明、再能干的君主也无法烛照一切，必然会存在灯下的阴影——甘肃贪污案的主审官，乾隆皇帝最宠信的和珅，恰恰就是古今中外最大的贪污犯，这真是莫大的讽刺。

薛福成对乾隆朝的反贪有一个说法："诛殛愈众而贪风愈甚，或且惴惴焉惧罹法网，惟益图攘夺刻剥，多行贿赂，隐为自全之地。非其时人性独贪也，盖有在内隐为驱迫，使不得不贪者也。"[1]那么这个"内隐"究竟是什么呢？薛福成认为就是和珅。

和珅是正红旗满洲人，钮祜禄氏。清朝时，满洲人只称名，不称姓，但会以名字的第一个字当作汉人的"姓"用，比如和珅，可以称作"和中堂""和相"，而不会称为"钮祜禄中堂""钮祜禄相"。现在影视剧中一口一个"富察傅恒"着实可笑。

和珅出身于中等武官家庭，少年时家境一般，参加乡试未中。乾隆三十四年（1769年），和珅承袭了他父亲的三等轻车都尉爵位，并被任命为三等侍卫，到了乾隆皇帝身边；六年后，被乾隆皇帝赏识，提拔为御前侍卫兼副都统；过了一年，又被提拔为户部侍郎、军机大臣、内务府大臣，一跃成为乾隆皇帝最宠信的大臣，时年26岁；随后又兼步

---

1 （清）薛福成：《庸盦笔记》卷3。

军统领、崇文门税务监督、总理行营事务。和珅的官运还远未到头，乾隆四十五年（1780年），在查办云贵总督李侍尧贪渎案回京后，成为户部尚书、领侍卫内大臣、理藩院尚书，其子丰绅殷德与乾隆皇帝最宠爱的幼女固伦和孝公主订婚；第二年赴甘肃镇压“回乱”，虽未立功，回京后却兼署兵部尚书，管理户部三库；乾隆四十九年（1785年），升为协办大学士、吏部尚书兼管户部；两年后升为文华殿大学士，仍兼吏部、户部事；爵位从一等男、三等伯、一等伯，直至最高的一等公。

和珅并无显赫的功绩，升官晋爵速度之快是清朝的一大异数，但能深获一向英察的乾隆皇帝赏识，他必有过人之处。两人年龄差距如同父子，乾隆皇帝对他的儿子均不太满意、喜欢，而和珅的忠诚、聪明、机智、能干与趣味足以与一向自视极高的乾隆皇帝相匹配。只有和珅才能揣摩透乾隆皇帝的心思，这才是他深得宠信的根本原因。乾隆皇帝博闻强记，学识渊博，爱好诗词、文艺，政治能力超强，精通骑射，并通晓汉、满、蒙、藏、维吾尔五种语言，能与这些民族的首领直接对话，有效统治着拥有众多民族、辽阔版图的大清帝国，他的兄弟、皇子、皇孙以及大臣在才能的全面性上都难以企及。因语言能力有限，大臣很少有人能胜任少数民族事务，而和珅通晓汉、满、蒙、藏四种语言，同样博闻强记，精通各项事务，多才多艺，且精通骑射，所以乾隆皇帝才能让其一人身兼众多重要的职位。

乾隆皇帝到了晚年，身体、头脑均大不如前，甚至到了刚吃完早饭又索要早饭的地步，而他又不愿意大权旁落，因此需要一个自己非常信任的代理人帮助他处理事务，尤其是理财事务，和珅可谓是适逢其会。中年以后的乾隆皇帝志得意满，不仅四处兴兵征伐，生活起居也逐渐由俭入奢，大兴土木，营建宫殿、园林，四处巡游的费用更是十倍于康熙皇帝；晚年的乾隆皇帝更是借着自己与太后万寿的机会，极尽奢华之能事，大办庆典，但又必须遵守祖制永不加赋，所以明令群臣进贡奇珍异宝。和珅出众的敛财能力正好可以充分发挥，而这恰恰是一般大臣不耻为、不能为的。有了共同的利益，乾隆皇帝与和珅成为了事业上的亲密伙伴，乾隆皇帝需要和珅做一些不太光彩的敛财事务，而和珅则打着乾隆皇帝的旗号趁机中饱私囊。

和珅极为贪财，利用第一宠臣的身份与大学士、军机大臣以及兼管众多事务的地位公开索贿、卖官，又利用内务府总管大臣的身份截留天下进献给皇帝的贡品，因此他成为乾隆朝也是整个清朝的第一大贪官，并且形成了以他为首，自上而下、有组织、有系统的贪腐食物链，层层贪腐、索贿行贿，败坏了整个官僚体系，这一切的成本最终要落在广大民众身上，明为“永不加赋”，实为以贪腐加赋。更可怕的是，因贪腐官员日益增多，担心反贪会清除贪腐的食物链，和珅创立了“议罪银”制度，即贪腐犯案的官员只要上交一定数量的白银就可赎罪，而且获得了乾隆皇帝的批准，议罪银直接交往皇帝的私人银库——内务府广储司，成了皇帝敛财的工具，这是变相将贪腐合法化，甚至是鼓励贪腐。到了晚年，乾隆皇帝的反贪也逐渐改变了性质，变成了他敛财的手段，甚至有意纵容官员贪腐，等到一定程度再用议罪银、抄没家财打击，起到了不加赋而聚财的目的，既保持仁君的形象，又因反贪而获得民心，这真是一举两得的好事。但这种手段看似机巧，实际却损害了整个帝国的肌体。

和珅在乾隆皇帝亲自导演的这场游戏中扮演了主角。在这场游戏中，贪官实际上成了皇帝的投资公司，和珅是大大小小投资公司集团的总裁，乾隆皇帝捞钱的“白手套”。在当时，贪腐的钱财没有现代各种巧妙的技术手段隐匿，更无法转移国外，因此无处可逃，只是一群待宰的肥羊。章学诚评论：“自乾隆四十五年以后，迄于嘉庆三年而往，和珅用事凡三十年，上下相蒙，惟事婪赃渎货，始如蚕食，渐至鲸吞。”[1]《清史稿》认为：“和珅继用事，值高宗倦勤，怙宠贪恣，卒以是败”[2]，乾隆皇帝则因“耄期倦勤，

1 《章学诚遗书》，北京：文物出版社，1985：329.

2 《清史稿》卷319《和珅传》。

蔽于权倖，上累日月之明，为之叹息焉”[1]。与薛福成一样，章学诚与《清史稿》在评价这段历史时也将乾隆晚年的吏治败坏归于和珅，最多认为乾隆皇帝因年老被和珅蒙骗，均仅及表面，未触及实质，没能指出乾隆皇帝晚年的荒政、敛财、自以为是地操弄权术才是贪腐的根本原因，这是他们的历史局限性导致的。以乾隆皇帝的英察，他怎会不知在他眼皮底下和珅的所作所为？只是和珅的贪腐烈度之强，危害之大远远超过他的想象，他一向自以为是、志得意满，以为一切都在他的洞察、掌控之下，因此他对和珅始终宠信不衰。乾隆朝诛杀的贪官不可谓不多、手段不可谓不烈，这些贪官只是太过于肆无忌惮、超过皇帝的容忍底线才被清除，而实际上当时已经几乎是无官不贪，乾隆皇帝为了政局的稳定以及敛财的目的特意加以包容。当然，以当时的技术手段，皇帝一个人的精力、能力毕竟有限，即使如乾隆皇帝早期那样对贪腐深恶痛绝，没有普遍的、低成本的舆论、民众监督制度，仅仅依靠少数人，想要彻底清除贪腐也是不可能的。

1 《清史稿》卷15《高宗本纪六》。

第三节 | 大事还是我办：盛世的终结

1. 天地之力穷矣：可怕的人口压力

乾隆皇帝晚年的怠政、为敛财纵容腐败导致的吏治败坏预示着盛世的末日即将来临，但盛世衰落的根本原因并不是吏治败坏，而是人口持续不断的增长速度超过了经济增长速度，人均生活水平开始下降，吏治败坏则更加剧了这一过程。

乾隆末年，中国总人口已经到达了一个空前的数量：3亿。现代学者通过对历史人口的微观研究，证明了18世纪末期确实是中国人口的一个重大转折点。中国台湾学者刘翠溶利用49种族谱发现“在时间上，未婚率的提高、生育率的降低和死亡率的提高大致都出现于清代由盛转衰的十八世纪末叶，这是值得注意的人口现象。”[1]本人利用曹氏与范氏族谱进行历史人口学的研究时，也发现从18世纪后半期开始，曹氏与范氏的夫妻年龄差达到了最大，生育间

1 刘翠溶：《明清时期家族人口与社会经济变迁》，台北：中央研究院经济研究所，1992.

隔最长，生育数最少，曹氏男子的初育年龄最大，两个家族的男子20岁时的平均预期寿命开始了持续的下降，意味着死亡率开始上升。[1]李中清等对清皇族人口的研究也发现了相同的趋势。[2]这些人口学的指标是经济恶化、生活水平下降的有力证明。所有的这些研究全部证明了18世纪后半期的确是中国人口发展历史上的重要转折点，从这个世纪尤其是后半期开始，中国已经面临着全面性的人口压力，这一压力造成了社会、自然环境的全面恶化。不仅普通的平民，甚至最有特权的皇族人口也感受到了这一环境恶化、人口压力带来的影响。而此时，雄才大略、英察过人的乾隆皇帝已经垂垂老矣，再也无心、无力顾及这些了，他正面临着人生的重大选择。

2. 周甲归政：退而不休的太上皇帝

乾隆皇帝对祖父康熙皇帝非常景仰，两人感情也非常深厚，对祖父的怀念持续了他漫长的一生。在他24岁刚继位时就"焚香告天默祷"，自己在位时间不敢超过"皇祖御极六十一年"，"至乾隆六十年（1795年），即当传位皇子，

---

1 侯杨方：《明清时期江南地区的人口与社会经济变迁》，复旦大学博士论文，1997.

2 李中清、郭松义主编：《清代皇族人口和社会环境》，北京：北京大学出版社，1994.

归政退闲”，此即为“周甲归政”（一周甲为60年）。但在当时，乾隆皇帝还很年轻，那时人很难活到80多岁，因此他也不以为意，直到50岁才开始认真考虑这个问题。乾隆皇帝虽然有17个儿子，但到了他的晚年，只有4个皇子可供继承人选。他于乾隆三十八年（1773年）冬“手书应立皇子之名密缄而识藏之”，并将此事告知军机大臣，但未透露是何人。五年后冬至南郊大祀，乾隆皇帝“以书立皇子之名默祷上帝，如其人贤，能承国家洪业，则祈佑以有成”；若其不贤，则希望上天能夺去他的性命，以便重新选择新的太子。乾隆皇帝解释他“非不爱己子也，然以宗社大计，不得不如此，惟愿为天下得人，以继祖宗亿万年无疆之绪。……是朕非不立储，特不肯显露端倪，俾众人有所窥伺耳。此正朕之善于维持保护。”[1]这件事可以反映乾隆皇帝对他选定的太子并不满意，但也无可奈何，其他皇子他更不满意。时间终于到了乾隆六十年（1795年），这年九月初三，乾隆皇帝在圆明园勤政殿，召集皇子、皇孙、王公大臣，揭开隐藏了几十年的谜团，宣示他在乾隆三十八年（1773年）密封的手书:“立皇十五子嘉亲王永琰为皇太子”，决定于第二年正月初一禅位给永琰，并改元嘉庆[2]。时年36岁的永琰对即位后的境况并不乐观，他恳请父亲不要

1 《高宗纯皇帝实录》卷1067。

2 《高宗纯皇帝实录》卷1486。

退位，表示自己只想一直备位皇储，“朝夕侍膳问安之暇，得以禀受至教，勉自策励”；王公大臣也集体请求乾隆顺应“亿兆人之心”，将皇帝做到底。乾隆皇帝坚持自己当年的诺言，但宣布“归政后，凡遇军国大事及用人行政诸大端，岂能置之不问？仍当躬亲指教。嗣皇帝朝夕敬聆训谕，来知所禀承，不致错失。”虽然归政退位，但大权还是要掌握自己手里。

第二年，即嘉庆元年正月初一日（1796年2月6日），归政禅让大典举行，乾隆皇帝于太和殿升座，皇太子永琰率王公大臣跪，宣读庆贺传位表，大学士二人恭引皇太子到御座近前跪，左旁大学士请“皇帝之宝”跪奉乾隆皇帝，然后由乾隆皇帝亲授给皇太子。在这一瞬间，乾隆皇帝变成了太上皇帝，皇太子永琰成为皇帝，即通称的嘉庆皇帝。嘉庆皇帝率王公大臣行九叩礼，太上皇帝启座乘舆还宫，典礼完成。

紫禁城东路有一组独立的宫殿建筑——宁寿宫，占地超过5万平方米，宫门前有一块巨大的、雕刻精美的九龙壁，与山西大同九龙壁、北京北海公园九龙壁合称“中国三大九龙壁”，由此可知这组宫殿的不同寻常。宁寿宫的形制模仿乾清宫、坤宁宫，而建筑的材料、质量、巧妙更是青出于蓝，有独立的花园、亭台，甚至还有紫禁城中规模最大的戏台。宁寿宫中轴线上有一座乐寿堂，它是卧室和书房，是整个紫禁城用材最为考究、装修最为奢华的建筑，20余根金丝楠木大柱支撑起了这座面阔七间（36.15米）、进深3间（23.20米）的殿堂，内部四壁及天花板全部用金丝楠木装修。紫禁城虽然建于明初，是明清两代的皇宫，但因历年的天灾人祸，现存的主要宫殿基本是清朝重建。由于当时金丝楠木已经极其稀有，因此即使最重要的太和殿也只能用松木大柱，在外面包裹10厘米厚的杉木板而已。从建筑材料上讲，乐寿堂可以说是整座紫禁城中最为珍贵的建筑。

早在60岁生日时，乾隆皇帝就决定修建宁寿宫作为自己退位后的居所，因此不惜工本，精益求精，为自己的打算不可谓不周到。这也是人之常情，一个大权独揽长达60年的皇帝，自觉自愿退休，享受一下超高规格的待遇很正常，但不正常的是，这座华美的宫殿乾隆皇帝一天也没有住过，而是弃置了100多年，直到清末自比太上皇帝的慈禧太后携光绪皇帝短暂住过一段时间。禅位后仅十几天，朝鲜使节李秉模觐见，太上皇帝让他转告朝鲜国王，他虽然退位了，但“大事还是我办”。嘉庆皇帝只是一直在旁侍坐，朝鲜使臣回国后告诉国王他的观感：“新皇帝状貌和平洒落，终日宴戏，初不游目，侍坐太上皇，上皇喜则亦喜，笑则亦笑。”[1]太上皇口中的“大事”即是“军国大事及用

1 《朝鲜李朝实录中的中国史料》（第12册），第4912、4918页。

人行政诸大端”，这些都要太上皇“躬亲指教”，皇帝只能“朝夕敬聆训谕”。

养心殿是雍正皇帝以来皇帝的寝宫和处理日常政务的办公室，是政治舞台的中心，在此生活、工作了整整60年，“大事还是我办”的太上皇帝如何舍得离开？因此专门为太上皇准备的宁寿宫一直闲置，即使它远比养心殿华美、精制、轩敞。太上皇帝描述自己归政后的生活：“仍在养心殿日勤训政，事无巨细，皆余自任之。”看来不仅大事，就连小事也全由太上皇帝操办，年近不惑的嘉庆皇帝只能在太上皇帝的指导下当个“实习皇帝”，或不太好听但更恰当的“傀儡皇帝”。既然太上皇帝不搬走，嘉庆皇帝只好仍然住在自己的旧居毓庆宫。虽然改元“嘉庆”，但在宫廷中仍然使用“乾隆”年号，已经大权独揽60年的太上皇确实做到了“事无巨细，皆余自任之”。

嘉庆皇帝不仅要仰视太上皇帝，甚至还要看太上皇帝的亲信和珅的眼色。据当时人礼亲王昭梿的记载，和珅认为自己有拥戴嘉庆之功，“出入意颇狂傲”；嘉庆对和珅很尊敬，有任何事报告太上皇帝都要托他代言。当时太上皇已经是80多岁的老人，耳朵不灵，说话含糊，行为也常出人意表，除了与他亲近几十年的和珅外，几乎无人能与他沟通，因此和珅就顺理成章地成为太上皇与皇帝、臣下之间的“联络员”，狐假虎威，以致皇帝也要看他的眼色。当时白莲教造反，大小事一样不放的太上皇帝自然忧心，有一次他问了造反首领的名字后便闭目喃喃自语，皇帝和大臣都听不懂他在传授什么平乱的方略，而和珅却胸有成竹，答疑解惑。原来太上皇帝在念喇嘛教的密宗咒语，要将作乱的首领诅咒而死，和珅成了太上皇帝不可或缺的传声筒。因此此时虽然已改元“嘉庆”，但实质上仍然是“乾隆”时代。

归政禅让大典刚举行了几天，就爆发了继三藩之乱后规模最大的内战——川楚白莲教造反。这场内战持续时间长达九年，波及四川、湖北、陕西、河南，造反人员主要由川楚一带山区信奉白莲教的无地流民组成，它是人口压力与吏治腐败的双重产物，标志着长达一个多世纪的康乾盛世的结束。此时，首席大学士兼领班军机大臣阿桂去世，和珅终于成为名副其实的首辅，更加大权独揽。他有意压下各地不利的军报，以免让太上皇帝担忧，结果贻误军机。再加上长期承平，官员与军队腐败严重，动员、作战效率低下，内战愈演愈烈。

乾隆皇帝虽然号称“十全老人”，自以为是古往今来最成功的帝王，自称“二十有五践阼纪元，六十年传位皇帝。兹春秋八十有七，精神纯固，康健如常。亲见五代元（玄）孙，武功十全，诸福备具……逾于皇祖”[1]，应验了祖父康熙

1 《高宗纯皇帝实录》卷1497。

皇帝当年所说的“是命贵重，福将过予”，但不幸的是，他在生前就目睹了此次内战，给其完满的一生留下了深深的缺憾。

嘉庆三年（1798年），太上皇帝身体依旧如往常一样健康，仍然巡幸塞外，并在避暑山庄庆祝他的生日“万万寿”，在澹泊敬诚殿接受皇帝、皇子、皇孙、王公大臣、蒙古王公以及外藩使节的庆贺，此时朝廷上下已经在筹备明年太上皇帝的“九旬万万寿庆典”。回到京师后，太上皇帝一直住在他毕生营建的圆明园，直至立冬后才回到紫禁城。嘉庆四年（1799年）正月初一日，太上皇帝一改以往在外朝太和殿接受元旦朝贺的惯例，在内廷的乾清宫接受了皇帝及诸王公大臣的朝拜。在上一年冬至后，高龄的太上皇帝因“筹办军务，心体焦劳”而生病，接受元旦朝贺的第二天，太上皇帝病情加重。嘉庆四年正月初三日（1799年2月7日）早晨，统治了中国长达63年之久的弘历怀着遗憾于养心殿去世，就在前一天，他还写了一首《望捷诗》，盼望早日平定川楚白莲教之乱。

太上皇帝去世后的第五天，一直隐忍的嘉庆皇帝将和珅革职下狱治罪，随后和珅以20条大罪被赐自尽，家产被籍没，据不完全统计，家财高达2.2亿两白银[1]，相当

1 《仁宗睿皇帝实录》卷37；（清）薛福成：《庸盦笔记》卷3。

于全国四年多的财政收入总和，这是对乾隆晚期吏治败坏最生动的写照和总结。和珅财产数字只是大清帝国官僚腐败金字塔的顶端，而其下各级官僚贪腐钱财的总数是其十倍、数十倍，如此一来底层民众还有什么活路？嘉庆皇帝清楚知道白莲教造反的原因，他亲自审讯了白莲教首领王三槐，王在供词中提到“官逼民反”，嘉庆皇帝“闻之殊为恻然”，将王“暂停正法”。嘉庆皇帝认为清朝“百数十年来，厚泽深仁，周洽寰宇。皇考临御六十年。无时不廑念民生，……普免天下钱粮、漕粮，以及蠲缓赈贷，不啻亿万万。凡所以惠爱闾阎者，至优极渥。……百姓幸际昌期，安土乐业，若非迫于万不得已，焉肯不顾身家、铤而走险？总缘亲民之吏，不能奉宣朝廷德意，多方婪索，竭其脂膏，因而激变至此。然州县之所以剥削小民者，不尽自肥己橐，大半趋奉上司。而督抚大吏之所以勒索属员者，不尽安心贪黩，无非交结和珅。是层层朘削，皆为和珅一人，而无穷之苦累，则我百姓当之。言念及此，能不痛心。”[1]除了不敢涉及父亲、将一切罪过归于和珅一人外，嘉庆皇帝这段话不可谓不深刻，充分揭示了官僚组织化、系统化的贪腐对政权的危害。

---

1 《仁宗睿皇帝实录》卷38。

3. 泥足巨人：盛世衰落的深层次原因

康乾盛世的衰落固然有吏治败坏的原因，但更层次的原因还是在于中国传统的农业社会已经到了最高峰，没有了提升的空间。乾隆中期的耕地面积、粮食单产量、人均产量均达到了中国传统社会的顶峰，版图也是历代最大，耕地已经开发殆尽，既无法通过提高劳动生产率，也无法通过扩大耕地面积来增加粮食产量，摆脱生活水平不断下降的经济危机，而人口却仍然在持续增长，因此全面的经济、政治危机必然会爆发，只是腐败的吏治会加快它，以底层民众大规模暴动的形式到来，于是在嘉庆皇帝的眼中，和珅就成了替罪羊。

清朝并非完全没有机会实现经济转型。早在入关之初，皇帝就与来自欧洲的传教士有很多亲密的接触。传教士汤若望（Johann Adam Schall von Bell）与顺治皇帝、孝庄太后的关系非常亲密，就是他以皇三子玄烨得过天花具有免疫力的理由说服了顺治皇帝，将皇位传给了这位并不受宠的儿子，结果玄烨成为一代明君，开创了长达100年的盛世。康熙皇帝更是非常倾慕欧洲文明，他不仅非常擅长使用来自于欧洲的望远镜、各项测量仪器、火器，而且喜欢欧洲的音乐、几何、数学、生物、物理等学科，亲自将这些知识教给他的诸位皇子，雍正皇帝就是他的学生。清朝皇室倾慕欧洲文明的传统一直传到了乾隆皇帝，他同样任用欧洲传教士为他作画、设计圆明园里的西式建筑。但不幸的是，这几位皇帝只是将欧洲的艺术、器物、学科当成了宫廷娱乐的工具，而不是一个可以带动中国社会转型的契机。

清朝最重要的国策是“首崇满洲”，满洲是一个不到100万人的民族，他们入主中原后，时时担心淹没在上亿汉人的大海中，因此所有的军政大权全部掌握在八旗满洲手里，尤其是直属皇帝的上三旗。清朝中央的高级官员大学士、各部尚书实行满（旗）汉双任制，而实权都在满洲官员手里，汉人官员只能备位；掌管蒙古、西藏、新疆等少数民族事务的理藩院尚书以及八旗都统等官职只能由旗人担任。掌握军权的驻防将军、都统只是旗人的禁脔，掌握地方军政权力的总督也基本由旗人担任，只有少数汉人担任主管民政的巡抚。每有大征伐，必然任命满洲王公亲贵担任大将军、将军、经略，整个清朝只有汉人岳钟琪担任过大将军，是唯一的例外。满洲人可以不经科举，直接成为皇帝的侍卫，然后可以出将入相，得封高官显爵。除了满洲人外，其次得到信任的是八旗蒙古、八旗汉军以及外藩蒙古，汉人只能排在最后。八旗以骑射得天下，骑射是他们的看家本领，康熙皇帝、乾隆皇帝本人也极重视骑射，经常敦促八旗要演练骑射，这是他们统治亿万汉人的看家本领。为了本民族的利益，他们不愿意引进、普及先进的欧洲文明来启蒙、武装汉人，因为欧洲先进的火器可以轻易地击败落伍的骑射。清朝皇帝不引进欧洲文明不是出于无知，而是出于恐惧。后来的历史证明了这一点，当以汉人为主的清军开始装备先进的火器后，清朝政权就开始岌岌可危，然后迅速崩溃。

乾隆五十七年（1792年），英国派遣以马嘎尔尼（George Macartney）为首的庞大使团以庆祝乾隆皇帝万寿的名义访问中国，要求清朝开放贸易口岸、互派使节、减免并公开外贸税率。他们赠送给乾隆皇帝大批先进的仪器、马车、大炮、步枪、舰船模型等礼物。按照清朝的惯例，所有外国使节都要向皇帝行三跪九叩礼，但被马嘎尔尼坚决拒绝，这让自称“十全老人”的乾隆皇帝非常不快。乾隆皇帝虽然被英国文明的先进所震撼，但他仍然固步自封，坚决拒绝了英国使团提出的一切要求，并将赠送的礼物封存在圆明园，直至60多年后，英国军队在抢劫圆明园时，发现当年赠送给乾隆皇帝的步枪、大炮仍然保存完好；乾隆皇帝及其子孙不仅没有想过仿制，甚至也没有想过进口，以致几十年后，面对配备先进武器的英国侵略军时，清军使用的武器甚至还不及100多年前的康熙时期先进。当乾隆皇帝骄傲地宣称“天朝物产丰盈，无所不有，原不藉外夷货物，以通有无”[1]而拒绝英国通商贸易的要求时，不知道他的内心是否会有过一丝惶恐，但即使有，82岁高龄的乾隆皇帝也已经无暇顾及了。

虽然乾隆晚年的国运走势明显向下，但是我也反对将乾隆皇帝与同时期稍晚的美国第一任总统华盛顿做简单的比较，即所谓“乾隆忙于后宫时，大洋彼岸这个男人在干什么”一类的质问。这种人物比较不仅不公平，也没意义，显得非常幼稚可笑，只有让二人穿越到对方的时空，看各自表现，或者从小就生长在同一时空，才有比较的可能。当然这些都是不可能的，所以更没意义。按照这个逻辑，现代每一个平庸的人，都有资格嘲笑历史上的超级牛人没看过电视，没玩过电子游戏，不会上网，所以不如自己。

每一个人都是时代的产物，不可能超越自己生长的时代、环境，将这些因素剥离，单纯比较他们个人间的优劣，显然是不公平的、不合理的。一个人再伟大，再有能力，也无法超越自己的环境；一个背负沉重传统包袱的巨大国家，没有足够强的外来刺激，也很难有实质的转变，幻想出现一个超人凭借一己之力就能改变世界只不过是个童话。在中国长达几个月的旅行让英国使团充分了解了大清帝国的虚弱与贫穷，他们认为中国人是“忙忙碌碌的一

---

1 《高宗纯皇帝实录》卷1434。

群，像蚂蚁一样没有个性，也像蚂蚁一样繁忙。……连面部表情看上去都没有差别。他们像奴隶一样被镇压，也像奴隶一样驯服顺从。孩子惧怕父母，百姓惧怕官吏，官吏惧怕皇帝”；“所有与我们有过接触的官员，无一不表现得温文尔雅，极有教养。然而，他们虽然礼貌周全，却都不诚实”；“中国不是开明的君主制，而是在靠棍棒进行恐怖统治的东方专制主义暴政的典型。中国不是富裕的国度，而是一片贫困的土地，不是社会靠农业发展，而是社会停滞于农业”；“清政府的政策跟自负有关，它想凌驾于各国之上，但目光如豆，只知道防止人民智力进步……当我们每天都在艺术和科学领域前进时，他们实际上正在变为半野蛮人。……（清帝国）只不过是一个泥足巨人，只要轻轻一抵就可以把他们打到在地”；“中华帝国只是一艘破旧不堪的旧船，只是幸运地有了几位谨慎的船长才使它在近150年期间没有沉没。它那巨大的躯壳使周围的邻国见了害怕。假如来了个无能之辈掌舵，那船上的纪律与安全就都完了……船将不会立刻沉没。它将像一个残骸那样到处漂流，然后在岸上撞得粉碎。”[1]

这些外来者的观察不仅非常生动描绘了康乾盛世末期衰败、贫穷、绝望的景象，而且对过去150年的历史做了

1 ［法］佩雷菲特：《停滞的帝国——两个世界的撞击》，北京：生活·读书·新知三联书店，1998.

恰当的总结，并准确地预言了未来。康乾盛世是中国帝制时代绝对专制的最高峰，它集中国政治权术之大成，主要依靠三位谨慎、能干、具有高度责任心的船长卓越领导，以及八旗统治集团的团结、高效，是在一个相对封闭体系中发展而来的盛世。纵向比较，康乾盛世创造了中国政治、经济实力的空前高峰，它不仅统一了中原汉族地区，也统治了东北亚、中亚、青藏高原等广大游猎地区，建立起一个版图空前广大且稳定的大一统帝国，中国人口第一次突破了2亿、3亿；但不幸的是，从横向比较，它与当时世界最先进文明之间的差距却越拉越大。康乾盛世是中国传统帝制的最后一抹斜阳，最后一首挽歌，虽然辉煌，却已经走到了尽头。

后记

本书是拙著《盛世启示录》下编的增补修订本，主要增补了清朝空前规模的人口数量与美洲作物无关的内容。

“一切历史都是当代史”，这句话已经耳熟能详，但究竟是什么意思？

以我的理解，一切历史的叙述与建构都由当代撰写者的认识能力、价值判断以及个人审美决定，更与其身处的现实环境息息相关。从来不存在全面、客观、中立的历史叙述，因为即使是最简单的史料详略取舍，都一定会带有强烈的个人色彩。

原书写于2010年，当时我已经隐隐感觉到了时代变化的到来，这一感触深深融入了本书的撰写。现在回首，当时的感觉非常正确，这本书可以说是一种预言。

我从来不认为历史学是一门科学，因为科学必须可以证伪，必须能重复检验，而人类迄今还无法穿越，目睹历史上发生的一切，历史更不可能重复发生。当然更进一步讲，即使目睹历史也未必真实，更未必全面。但历史叙事必须经得起基本史料的检验，必须经得起基本逻辑的检验，更必须经得起现实甚至未来预言的检验。因为连现实问题都看不清楚的人，也不可能看清楚未来，当然更不可能清楚、理解几百年甚至两千年前的历史。

因此，虽然历史无法用历史检验，但历史却要经得起现实与未来的检验。

侯杨方

2019年5月27日